陕西省软科学研究计划项目（2014KRM75-02）

科技金融发展的理论与实践

以陕西科技金融体系构建为例

杨　琳／著

THEORY AND PRACTICE
OF THE DEVELOPMENT
OF SCI-TECH FINANCE

TAKING THE CONSTRUCTION OF
SHAANXI SCI-TECH FINANCE SYSTEM
AS AN EXAMPLE

社会科学文献出版社
SOCIAL SCIENCES ACADEMIC PRESS (CHINA)

前 言

　　"科技金融"是一个有中国特色的合成词，其基本含义是科技创新和金融资本的深层次结合。科学技术是第一生产力，金融是现代经济运行的核心，近代以来每一次产业革命的兴起无一不源于科技创新、成于金融创新。实践证明，科技创新及其成果的产业化需要金融的大力支持，同时也为金融行业的快速发展拓展了广阔的空间。当前，在全球经济进入新一轮创新周期和我国经济发展进入新常态的双重背景下，加大金融资源向科技领域配置的力度，促进科技金融体系健康快速发展，是我国加快科技成果转化和新兴产业培育的重要举措，也是深化科技体制和金融体制改革的必然要求。

　　作为一名青年科研人员，笔者深感促进科技金融发展对我国经济转型和创新能力提升具有重要意义，同时也认为科技金融是一个多学科和跨学科的复杂研究领域，既需要开展理论探讨，也需要在实践层面发现科技金融研究的真问题。为此，笔者从 2012 年开始，专注于国内科技金融领域理论、政策、业界实践等的跟踪和学习，并基于自身系统工程研究的专业背景，逐步形成了对科技金融发展的一些基本认识。2013 年，笔者申报并获批陕西省软科学研究计划项目"陕西科技金融体系构建的理论与实证研究"（2014KRM75 - 02）。此后两年里，结合对大量一、二手调研资料以及国内外新近文献的研读和思考，特别是在与项目组成员、省市有关部门负责人和业内专家等充分沟通、交流、讨论的基础上，笔者顺利主持完成了项目的研究写作和结题验收。2016 年以来，随着国内特别是陕西省内科技金融工作的快速发展，笔者认为有必要将前述项目的研究成果拿出来做交流，于是又花了半年多的时间，对原有研究报告进行了大幅的充实、调整和完善，以尽可能增加新知、减少谬误。

　　全书共分九章。第一章是科技金融的理论基础。基于对科技金融、科技型中小企业等重要概念的深入解析，分析了科技型中小企业的不同发展阶段以及各个时期的金融资源配置；搜集整理了关于科技创新和金融资本融合的国内外文献，并做了归纳研究和简要评述。

第二章是科技金融的政策进展。对近年来国家层面以及北京、上海、广东、江苏等省市层面科技金融政策的进展进行了梳理归纳，重点分析了陕西省、西安市及陕西省其他地市科技金融政策的最新进展。

第三章是发达国家或地区的科技金融实践。研究了发达国家的科技金融发展历程，分析了美国、德国、英国、法国、日本等国家的科技金融实践对我国的启示。

第四章是我国的科技金融实践。首先从典型实践和基本特征的角度分析了我国科技金融发展的总体情况；其次从北京、上海、广东等省市的角度评述了科技金融实践的成果。

第五章是科技金融的主要运作模式。通过对美国、欧盟等发达国家和地区科技金融实践与我国科技金融发展的比较研究，分析得出科技金融的三种主要运作模式；针对政府主导的科技金融运作模式、与政府合作的科技金融运作模式和新型民营科技金融运作模式进行深入分析，指出其主要成效和存在问题。

第六章是陕西科技金融的工作进展。总结了近年来陕西科技金融工作的主要成效和经验，重点分析了陕西省内两批试点地区的科技金融工作进展。

第七章是陕西科技金融体系的理性构建。基于对科技金融体系的界定和一般性系统分析，结合陕西省"追赶超越"的总体发展要求，从加大陕西科技金融工作的力度和深度出发，构建了"三聚焦"（聚焦区域开发核心、聚焦特色科技资源和聚焦重点金融业务）、"三全面"（全面转变政府职能、全面提升市场功能和全面发展中介服务）的陕西科技金融体系模型，并给出了陕西科技金融体系的总体发展建议。

第八章是陕西科技金融发展水平和服务能力的评价研究。对科技金融发展水平和科技金融服务能力的定义进行内涵解析；基于评价指标的选取原则，分别建立了陕西科技金融发展水平和服务能力的基本评价指标体系。

第九章是促进陕西科技金融体系健康发展的对策建议。综合上述对国内外科技金融发展相关政策、实践和主要模式的分析，特别是对陕西省科技金融工作已有进展、体系构建等方面的考察研究，侧重从强化统筹管理、优化科技金融平台与生态环境建设、创新财政科技投入方式、加大科技信贷支持以及发展科技金融中介等方面，提出促进陕西科技金融体系全面快速发展的对策建议。

　　研究写作是一项既有艰辛也有快乐的工作，其中滋味，尝过便知。在本书付梓之际，笔者由衷感谢项目组成员在前期研究中给予的协力支持，感谢陕西省社会科学院各位领导和同事在研究工作上给予的关心爱护，感谢父母和家人对科研工作的理解和包容，特别感谢社会科学文献出版社冯咏梅老师为书稿编辑付出的辛勤努力。希望本书的出版，能够对科技金融领域的实务工作者和研究人员有所助益。

杨　琳

2016 年 7 月 23 日

第一章 科技金融的理论基础

第一节 科技金融核心概念解析

一 科技

关于科技，通常可以解释为科学技术（Science and Technology）的简称。科学是关于自然、社会和思维的知识体系，是人们认识客观事物发展规律的结果，是人们行动的指南。而技术是指在实践经验基础上产生出来并加以理论总结的各种工艺方法和操作技能。技术最突出的特征是关于工具的使用与制作，由于各种工具的产生、发展和完善，人类改造客观世界的能力也不断提高。科学是一种认识自然的活动，属于"知"的范畴；技术是一种控制和改造自然的活动，属于"行"的范畴[①]。科学和技术虽有区别，但也是紧密联系、不可分割的。科学的成果，尤其是自然科学的成果，往往要通过技术来发挥其效益；而技术的成果，尤其是高技术的成果，又离不开科学的指导。

科学技术是生产力，这是马克思早就提出的命题。科学技术，既是一种认识现象，也是产生这种知识体系或社会意识的活动和实践。因此，科学技术不仅是静态的学说，而且是一个获得这种理论成果的动态过程。当这种理论成果通过人这个中介应用于生产活动时，科学技术就变成社会的直接生产力[②]。改革开放以来，我国的科学技术有了很大的发展，生产力迅

[①] 刘立：《科技政策学研究》，北京大学出版社，2011，第13页。

[②] 吕庠：《科技发展史是世界近、现代史的重要内容》，《齐齐哈尔大学学报》（哲学社会科学版）2004年第7期。

速提高，经济发展，国力大增。中国改革开放的总设计师邓小平同志，以战略家的远见卓识总结了科学技术在当代国际和国内经济社会发展中的作用，提出"科学技术是第一生产力"的论述。这是对当代科技发展特征和趋势的准确把握，发展了马克思关于科技学说和生产力理论，有着丰富的内涵和极为深刻的实践意义。

科学技术作为生产力，在世界近、现代历史上的三次技术革命中显示了它的伟大力量。第一次技术革命开始于18世纪60年代，主要标志是蒸汽机的广泛应用，这是牛顿力学和热学结出的一个硕果。它大大推动了纺织、采矿、冶炼、机械加工等工业的迅猛发展和交通运输工具实现蒸汽动力化，使人类进入了"蒸汽时代"。第二次技术革命发生在19世纪70年代，主要标志是以电机为代表的电力技术的广泛应用。这是在科学技术全面发展的基础上，电磁学带来的一个光辉成果。人类历史从此跨进了以电用于动力、照明、通信生产的"电气时代"，社会生产又一次实现巨大飞跃。第三次技术革命发生在20世纪40年代，目前还在持续发展，主要标志是原子能、电子计算机和空间技术的广泛应用。这是现代物理学和各门技术科学综合发展的必然结果。这次技术革命规模之大、速度之快、内容之丰富、影响之深远，都是历史上空前的。它不仅显著地改变着生产方式、社会结构，而且改变着社会阶级状况，使阶级关系、国家关系都发生了深刻变化。世界近、现代史上三次技术革命的历史生动地说明了科学技术是第一生产力，是推动人类社会历史前进的伟大力量。

二　金融

关于金融，通常可以解释为货币资金的融通，即货币资金在盈余者和短缺者之间的流通和周转。由于这种货币的融通往往同信用联系在一起，因此金融又是货币流通的调节和信用活动的总称。从金融实际活动来看，金融包括金融机构的活动、金融工具的运用以及金融宏观调控的实施等。金融作为整个社会资金活动的枢纽，对整个社会经济运行发挥着核心作用。

金融和实践密切相关，随着社会经济的发展，金融的概念也在不断演变。从经济运行的层面看，现代经济是以货币、信用为媒介的经济，银行、保险、证券、基金等各类机构的活动自然成为整个金融活动的基础，它们向社会提供广泛的金融服务，使社会储蓄高效地转化为社会投资，社会资源得以实现合理配置，经济和社会的发展目标顺利实现。从表现形式上看，现代金融主要有货币的借贷、兑换、买卖、款项的支付，票据的流通，证券的买卖，金融衍生工具的交换，实物的租赁，事物的保险，贵金属的交换等，尽管不同的形式有各自的特点，但它们都是一种资产，其价值都以货币计量，其增值状况都以利息为尺度。并且，它们的活动形成了交易市场，活动的目的不仅是调剂货币资金的余缺，而且要实现资产的流动性、安全性和营利性等。从上述两个方面看，现代金融可以看作以货币或与货币相关的交易工具形式存在的资产的流通。总之，金融的含义取决于金融活动的发展、运作以及人们对它的认识、评价，而金融活动的发展又取决于经济金融化的程度①。

三 科技金融

科学技术是第一生产力，金融是现代经济的核心，历次产业革命的实践都充分证明，科技创新和金融创新紧密结合是人类社会变革生产方式和生活方式的重要引擎。在我国，"科技金融"一词是伴随着中国科技体制改革和金融发展的不断深化而逐渐产生的。据有关学者考证，"科技金融"一词最早出现在1993年，而科技金融概念真正被使用是在1994年广西南宁中国科技金融促进会首届理事会上，即"我国科技金融事业是根据科技进步与经济建设结合的需要，适应社会经济的发展，在科技和金融体制改革的形势推动下成长发展起来的"。

国内很多学者对科技金融的概念做了研究和阐述，大体上可以分为工具论、本质论、平台论和生态论等观点。赵昌文等（2009）认为，科技金融是促进科技开发、成果转化和高新技术产业发展的一系列金融工具、金融制度、金融政策与金融服务的系统性、创新性安排，是由科学与技术创新活动提供金融资源的政府、企业、市场、社会中介机构等各种主体及其在科技创新融资过程中的行为活动共同组成的一个体系，是国家科技创新体系和金融体系的重要组成部分②。房汉廷（2010）研究了国内外科技金融的理论与实践，认为科技金融的本质可以概括为四点：一是一种创新活动，

① 高翔、陈东：《金融概念的定义演变》，《兰州学刊》2005年第3期。
② 赵昌文等：《科技金融》，科学出版社，2009，第35页。

即科学知识和技术发明被企业家转化为商业活动的融资行为总和；二是一种技术——经济范式，即技术革命是新经济模式的引擎，金融是新经济模式的燃料，二者合起来就是新经济模式的动力所在；三是一种科学技术的资本化过程，即科学技术被金融资本孵化为一种财富创造工具的过程；四是一种金融资本有机构成提高的过程，即同质化的金融资本通过科学技术异质化的配置，获取高附加回报的过程。他认为科技金融的关键作用在于：让金融资本参与创新活动，分散科技创新风险，分享科技创新收益；让科技创新更快、更大地财富化，为金融资本带来更为丰厚的回报[1]。李心丹、束兰根（2013）从企业生命周期理论和金融资源整合的角度，提出科技金融是金融资源供给者依托政府的科技与金融结合的创新平台，通过对创投、银行、保险、证券、担保等其他金融资源进行全方位的整合创新，为科技型企业提供贯穿其整个生命周期的具有创新性、高效性、系统性的金融资源配置、金融产品设计和金融服务安排[2]。王元认为科技金融已经演变成一个融合和统一的概念，并提出了科技金融生态的概念，认为科技金融本质的功能是从市场的角度发现科技创新的价值。科技金融生态是指财政性工具与市场性工具、政府性作用与社会资本作用相互影响、相互纠错和相互学习成长的共进动态过程[3]。通过持续深入的研究，房汉廷（2015）指出，科技金融是以培育高附加价值产业、创造高薪就业岗位、提升经济体整体竞争力为目标，促进技术资本、创新资本与企业家资本等创新要素深度融合、深度聚合的一种新经济范式，是创新经济学的一个组成部分[4]。

在《国家"十二五"科学和技术发展规划》的重要指标和名词解释中，科技金融是指通过创新财政科技投入方式，引导和促进银行业、证券业、保险业金融机构及创业投资等各类资本，创新金融产品，改进服务模式，搭建服务平台，实现科技创新链条与金融资本链条的有机结合，为初创期到成熟期各发展阶段的科技企业提供融资支持和金融服务的一系列政策和制度的系统安排。加强科技与金融的结合，不仅有利于发挥科技对经济社

---

① 房汉廷：《关于科技金融理论、实践与政策的思考》，《中国科技论坛》2010 年第 11 期。
② 李心丹、束兰根：《科技金融——理论与实践》，南京大学出版社，2013，第 27 页。
③ 《王元：科技金融本质是发现价值》，东方网，2015 年 10 月 27 日，http://sh. eastday. com/m/20151027/u1ai9079408. html。
④ 房汉廷：《科技金融本质探析》，《中国科技论坛》2015 年第 5 期。

会发展的支撑作用，而且有利于金融创新和金融的持续发展。

第二节　科技型中小企业的发展阶段
及其金融资源配置

一　科技型中小企业的定义

在经济发展实践中，科技型中小企业是最需要提供融资支持和金融服务的一类企业，也是科技金融的主要服务对象。研究科技型中小企业必须先明确科技型中小企业的界定标准，由于地域、时间和行业的相对性，目前关于科技型中小企业尚无统一的定义①。

科技型中小企业是一个复合概念，是科技型企业的科技特性与企业规模特性的结合。一些学者认为科技型企业（等同于高技术企业）是指那些研制、开发、生产、销售高技术产品或大规模运用高技术的企业，其中技术密集程度、科技活动人员比例、研发投入强度等指标是其主要的认定依据。在 2003 年 2 月国家公布的《中小企业标准暂行规定》中，工业中小型企业的条件为：职工人数在 2000 人以下，或销售额在 3 亿元以下，或资产总额在 4 亿元以下。1999 年，科技部设立了科技型中小企业技术创新基金，文件中首次定义了科技型中小企业。科技型中小企业具备的主要条件包括：主要从事高新技术产品的研制、开发、生产和服务业务，业绩良好；职工人数原则上不超过 500 人，其中具有大专以上学历的科技人员占职工总数的比例不低于 30%；企业负责人应当具有较强的创新意识、较高的市场开拓能力和经营管理水平；每年用于高新技术产品的研发经费不低于销售额的 3%，直接从事研究开发的科技人员占职工总数的 10% 以上。根据 2010 年发布的《天津市科技型中小企业认定管理办法（试行）》，科技型中小企业是指拥有一定科技人员，掌握自主知识产权、专有技术或先进知识，通过

---

① 创新基金管理中心受理处：《关于科技型中小企业界定标准的研究报告》，科技部火炬中心网站，2013 年 12 月 21 日，http://www.chinatorch.gov.cn/cxjj/llyj/201312/74e99c984a5d42c48a78785779a09bd1.shtml。

科技投入开展创新活动，提供产品或服务的中小企业①。

综合理论研究和政府文件中对科技型中小企业的定义，考虑到科技型企业范围比目前我国实践中高新技术企业范围更宽泛，关于量化指标的设定应该具有一定的灵活性和时效性。本书认定的科技型中小企业是指拥有一定科技人员，具有较强的技术创新能力，掌握专有技术或先进知识，通过持续的科研经费投入开展创新活动，提供产品或服务的中小型企业。其主要量化指标包括：职工人数原则上不超过 500 人；年销售收入在 3 亿元以下或资产总额在 3 亿元以下；具有大学本科以上学历的科技人员占职工总数的比例不低于 30%，或直接从事研究开发的科技人员占职工总数的比例不低于 10%；近三年每年用于高新技术产品研究开发的经费不低于当年销售额的 3%。

二 科技型中小企业的发展阶段及融资需求

根据上述科技型中小企业的定义，科技型中小企业具有科研人员占比高、研发经费投入大、组织扁平化、高成长性和高风险等基本特征。这些特征直接影响科技型中小企业发展过程中的各项经济活动，并表现出自身所特有的成长规律。根据大量科技型中小企业成长案例和统计分析，可以将科技型中小企业的发展阶段大致划分为种子期、初创期、成长期和成熟期。科技型中小企业的每一个时期都对应着特殊的融资需求，具有不同特性和作用的融资中介与不同时期企业的融资需求相匹配，这些融资中介就构成了科技创新的金融支持体系。以下将分别论述科技型中小企业在不同时期的融资需求和金融资源配置。

（一）种子期

种子期是指科研人员对已选定的具有商业开发前景的科技产品或服务进行可行性研究、技术难点攻关和样品开发。在这个阶段，科技项目或产品仅有构想和概念或者很原始的产品原型；企业规模很小，只有创办者和技术专家，没有管理人员；企业规划尚未完成，未进行正式的市场研究。

---

① 《天津市科技型中小企业认定管理办法》（津科计〔2010〕196 号），科服网，2010 年 9 月 15 日，http://www.tten.cn/trs/zcfg/kjcx/201308/t20130812_ 34023.html。

处于种子期的企业具有强烈的创新特征，需要持续稳定的资金投入来支持研发人员的产品开发，研发人员的智力成本是该阶段的主要资金需求，因而资金需求量并不大。但是这一阶段创业的不确定性和风险最大，大部分企业在这一阶段会被淘汰。研发中的科技产品和服务的经济价值与市场价值都比较模糊，并且不存在任何投资收益，资金供给方所承担的投资风险是非常大的，一旦技术的可行性和先进性出现问题，就会给企业和投资者带来巨大损失。

处于种子期的科技型中小企业的高风险、无收益特征使其从外部获得资金的可能性非常小，但由于这一阶段的资金需求量不大，所以不存在太大的资金缺口。在此阶段，企业资金来源主要是自有资金、天使基金和政府专项基金（如科技部设立的科技型中小企业技术创新基金）。因此，处于种子期的科技型中小企业的金融资源配置以企业自有资金为主、天使基金和政府专项基金为辅，另外也可考虑民间融资渠道（如小额贷款公司）和互联网金融。

（二）初创期

初创期是指科研人员将其经过种子期探索、研究开发所形成的项目成果，通过商品化来实现科技成果转化的阶段。在这个阶段，新产品或技术完成商品化并进入试销阶段，由于新产品的市场需求量不大，还仅局限于小批量的产品生产。

处于初创期的企业需要建立一定规模的产品生产能力，进行细致的市场研究并且构建营销网络，因此企业在这一阶段需要大量的营运资金，但由于企业初创缺乏信用记录和抵押品，债务融资能力弱，通过外界筹措资金的可能性相对较小，主要是利用权益资本支撑企业的各项资本支出。对于初创期的企业来说，尽管这一时期的技术风险有所降低，但市场风险和资金风险则变得较为突出。因此，初创期是实现从样品到"现实商品"这一关键性跳跃的重要阶段，也是较为耗费时间和财力的阶段，依然存在较高风险，对资金的需求较大。资金不足是初创期科技型中小企业的突出矛盾，如何解决该问题成为决定科技型中小企业命运的关键。

在此阶段，企业利用银行贷款融资的可能性极低，加之企业自身实力尚不具备在公开资本市场上融资的条件，所以，处于初创期的企业只能依靠政策性金融，如政府设立的创业投资引导基金、专项基金，以及青睐"高风险、高收益"的创业投资机构来解决资金问题。因此，处于初创期的科技型中小企业的金融资源配置以政策性金融和创业投资机构为主。

（三）成长期

成长期是指企业从关注技术创新到技术与市场并重，从产品到商品并进入产业化开发阶段。这个阶段的特点是企业有了一定规模，作为一个自主经营、自负盈亏的经济实体，开始进入其正常的成长发展时期，资金需求量较大。

在成长期，随着科技型中小企业技术的不断成熟和完善，企业的产品日益被市场所接受，企业面临的主要风险已经从市场风险和技术风险转移到管理风险以及因规模化生产而形成的资金需求缺口风险。此时，企业的销售收入、现金流量逐渐趋向稳定，盈利能力和抵押能力迅速提高，从而增强了企业的抗风险能力。由于企业已经建立了较好的商业信誉，拥有可抵押资产和信用记录，其资金融通的困难程度会降低，企业的融资能力也大为提高，可供选择的融资渠道和方式也增加了。

在此阶段，由于企业产品的市场份额上升，可预见的营利性增大，投资的风险也相对降低，所以创业投资机构仍然是企业获取资金的重要来源且对企业的投资额会加大。另外，掌握科技型中小企业信息的商业银行也逐渐开始介入。因此，处于成长期的科技型中小企业的金融资源配置以创业投资机构和银行资金为主。

（四）成熟期

成熟期是指企业产品得到广泛认可并占有一定的市场份额，技术成熟、产品销售稳定增长，企业现金流稳定、盈利能力强的阶段。在这一阶段，企业具备一定的社会知名度和信誉度，伴随企业实力的增强已具有足够的资信信贷能力，企业的融资环境大为改善。

但是，由于市场竞争激烈、商业环境变幻莫测，处于这一阶段的企业也会涉及各种资源要素的流动转移。原有资本可能会退出，新资本又不断投入；原有技术产品会被淘汰或转移，新技术产品又不断开发生产；原有人才、客户、市场等都会发生改变。因此，企业在这一阶段的风险主要是转型风险，在转型过程中会涉及更多的资源重组和置换，因而转型风险比较大。为了降低风险，企业应尽可能地采用渐进式的转型发展。企业一方面可通过闲置资产或技术的变现来取得部分资金，另一方面可通过新的筹措方式来筹集资金。发达的金融市场和完善的资本流动机制是企业资金满足转型需要的关键。

在成熟期，首先，企业的各种风险大幅度降低，企业规模扩大，资产结构改善，企业信用提高，使得企业可以在贷款市场上获得稳定的资金来源。其次，企业可以利用多层次资本市场融资。在资本市场比较完善的条件下，企业选择融资的方式更趋多样化，主要包括股权融资、债权融资、产权交易和场外交易等。最后，企业通过并购或收购对资产进行重组，从而可以充分利用被兼并或被收购企业的资产而减少其他融资，实现间接上市。因此，处于成熟期的科技型中小企业的金融资源配置以银行资金和资本市场为主。

综上所述，处于不同发展阶段的科技型中小企业具有不同的规模特征、风险特征和融资需求，并由此内在特征决定了与其相适应的最优融资中介。直观地看，科技型中小企业四个发展阶段的融资特点表现为种子期的小投入、初创期的中投入、成长期的大投入以及成熟期的企业融资环境改善[①]。表1-1总结了科技型中小企业不同发展阶段的主要特征、面临风险、资金需求/企业收益及融资方式。政策性金融、创投基金、以商业银行为代表的金融中介和资本市场，即成为适应科技型中小企业不同发展阶段和融资需求的主要供给主体。

表1-1　科技型中小企业不同发展阶段的主要特征、面临风险、
资金需求/企业收益及融资方式

发展阶段	主要特征	面临风险（由大到小）	资金需求/企业收益	融资方式
种子期	产品或服务处于构想和技术研发阶段，尚未进入市场	技术风险 资金风险 市场风险	小/无	天使基金、政府专项基金、民间融资渠道（如小额贷款公司）、互联网金融（如P2P）等

① 黄俊毅：《中国科技型中小企业不同发展阶段的融资策略》，《企业论坛》2006年第4期。

续表

发展阶段	主要特征	面临风险 （由大到小）	资金需求/ 企业收益	融资方式
初创期	产品或服务处于商品化阶段，有小批量产品进入市场	资金风险 市场风险 技术风险	中/较少	天使基金、政府专项基金、创投基金、民间融资渠道（如小额贷款公司）、互联网金融（如 P2P）等
成长期	产品或服务进入产业化开发阶段，企业有一定规模	管理风险 资金风险 市场风险	大/较多	创投基金、商业银行的科技贷款等
成熟期	产品或服务占有一定的市场份额，技术成熟、产品销售稳定增长，企业盈利能力强	转型风险 管理风险 资金风险	大/很多	商业银行的各种融资产品以及资本市场的股权融资、债权融资等

第三节　科技创新与金融资本结合的文献综述

一　国外研究

（一）银行、资本市场促进科技创新的研究

早在 1912 年，熊彼特就在《经济发展理论》一书中指出，功能齐全的银行通过识别和支持那些能够成功开发并商品化、产业化创新产品的企业家来促进技术创新[①]。20 世纪 60 年代，Goldsmith（1969）研究了金融机构在墨西哥经济发展中的作用，提出金融机构通过为工业部门提供中期技术贷款及赞助创新，在该国快速工业化过程中起到了重要作用[②]。Saint-Paul（1992）认为，金融市场通过为经济主体从事风险和生产率水平均较高的创新活动提供必要的保障，来促进技术进步和经济发展[③]。Rajan（1992）指

---

① 〔美〕熊彼特：《经济发展理论》，孔伟艳等译，北京出版社，2008，第 106 页。
② Goldsmith Raymond, *Financial Structure and Development*, Yale University Press, 1969.
③ Saint-Paul G., "Technological Choice, Financial Markets and Economic Development", *European Economic Review*, 1992, 36 (4).

出，在与创新主体的交往过程中，银行能够获得通过一般渠道难以掌握的大量信息并形成利用信息获取信息租金的动力，结果是银行的市场力量减少了企业从事有利润项目的动力，阻碍了创新[1]。Morck 和 Nakamura（1999）认为，银行在进行信贷投资时将表现出厌恶和回避风险的本性，导致那些创新程度较高、效益较大但风险较大的项目难以获得银行信贷的支持，所以以银行为主导的金融体系不利于创新[2]。Stulz（2000）认为，通过对创新项目的监控，银行能够根据项目进展及资金需求情况来为创新项目提供额外的资金支持，因此银行在为需要分阶段融资的创新活动提供外部融资方面更为有效[3]。

进入 20 世纪 90 年代，国外学者开始对银行和资本市场在科技创新中的作用进行实证研究，强调金融系统提高了全要素生产率，即基本意义上的科技进步。近年来，国外学者出现了从微观角度研究金融对企业尤其是小企业创新活动影响的迹象。Aghion 等（2005）分析了金融约束对引进国外先进创新技术的影响[4]。Alessandra 和 Stoneman（2008）采用欧盟第二轮和第三轮创新共同体调查数据，分析了金融在英国创新活动中的作用，结果表明，金融对创新活动具有重要影响，尤其是对高技术产业和规模较小企业的创新[5]。

（二）风险投资促进科技创新的研究

国外学者的主流研究表明，风险投资与技术创新存在正向的相关关系，有利于高新技术的发展与创新。卡萝塔·佩蕾丝在其专著《技术革命与金融资本》中描述了技术创新与金融资本的基本范式，即新技术早期的崛起是一个爆炸性增长时期，会导致经济出现极大的动荡和不确定性，风险资

---

[1] Rajan R. G., "Insiders and Outsiders: The Choice between Informed and Arm's-length Debt", *Journal of Finance*, 1992 (47).

[2] R. Morck, M. Nakamura, "Banks and Corporate Control in Japan", *Journal of Finance*, 1999, 54 (1).

[3] Stulz R. M., "Financial Structure, Corporate Finance and Economic Growth", *International Review of Finance*, 2000, 1 (1).

[4] Aghion P., Howitt P., Mayer-Foulkes, "The Effect of Financial Development on Convergence: Theory and Evidence", *The Quarterly Journal of Economics*, 2005 (1).

[5] Alessandra C., Stoneman P., "Financial Constraints to Innovation in the UK: Evidence from CIS2 and CIS3", *Oxford Economic Papers*, 2008, 60 (4).

本家为获取高额利润，迅速投资于新技术领域，继而产生金融资本与技术创新的高度耦合，从而出现技术创新的繁荣和金融资产的几何级数增长①。Kaplan 和 Stomberg（2003）认为，风险投资不仅能够满足科技企业在创立时对资金的需求，而且能够通过参与董事会、制定发展战略、监管公司行为和雇用管理层等方式来迅速促进科技型企业的成长②。Casamatta（2003）的研究表明，风险投资是提高企业盈利能力的重要手段和方式，风险资本的支持成为企业创新成功的重要因素③。Keuschnigg（2004）阐释了大量风险投资机构和有经验的投资家的存在，可以大大提高创新的成功率，提高均衡状态下的技术创新效率④。实证方面的研究，也支持了风险投资促进创新的结论。

二　国内研究

赵昌文等的《科技金融》一书，是国内首部系统研究科技金融理论与实践的专著，该书深入阐述了科技金融的原理、概念和特征，总结了金融创新与科技创新的互动理论，对建立科技金融体系具有重要借鉴意义。李心丹、束兰根的《科技金融——理论与实践》一书从全新视角对国内外科技金融实践的时代性、区域性、创新性进行经验总结和理论概括，结合不同参与主体具体分析了科技金融发展的障碍及应对策略。赵昌文主编的《创新型企业的金融解决方案：2011 中国科技金融案例研究报告》、张晓原等编著的《中国科技金融发展报告（2012）》等著作，对中国科技金融创新的特点、领域、瓶颈以及政策环境、工作机制、工作成效等进行了全面阐述，对进一步深化促进科技和金融结合试点工作具有重要参考价值。

（一）金融体系与科技创新的关系研究

李松涛等（2002）认为，技术创新包括自主创新和模仿创新两种模式，

---

①　房汉廷：《关于科技金融理论、实践与政策的思考》，《中国科技论坛》2010 年第 11 期。

②　Kaplan S. N., Stomberg P., "Financial Contracting Theory Meets the Real World: An Empirical Analysis of Venture Capital Contracts", *Review of Economic Studies*, 2003, 70（2）.

③　Casamatta, Catherine, "Financing and Advising: Optimal Financial Contracts with Venture Capitalists", *Journal of Finance*, 2003, 58（5）.

④　Keuschnigg Christian, "Venture Capital Backed Growth", *Journal of Economic Growth*, 2004, 9（2）.

技术领先者多倾向于以直接融资为主的金融支持模式，而技术追赶者则多倾向于以银行信贷资金支持为主的间接融资支持模式①。孙伍琴（2004）分析了不同金融结构（以市场为主的金融结构与以银行为主的金融结构）对技术创新的影响，指出银行中介的风险内部化，使其不适合为高风险、高收益的高科技产业融资，而金融市场有利于投资者通过资产组合分散风险，使其更能支持技术创新②。李悦（2008）指出，金融市场在支持创新性产业成长和处于生命周期初级阶段的新兴产业融资上具有优势，从而在技术创新的长期阶段具有优势，而银行中介在学习推广成熟产业技术上的效率更高③。

（二）资本市场促进科技创新的研究

目前，国内学者对资本市场在科技创新中的作用已达成共识，即加快建设多层次的资本市场是推进科技创新与创业的必由之路。陈凤娣、吴有根（2006）对资本市场在自主创新战略实施进程中的巨大作用、中国资本市场已经具备支持科技自主创新的有利条件、存在的问题以及发展思路等做了详尽分析④。辜胜阻等（2007）认为，创新的层次性和阶段性以及企业所具有的不同规模和所处的不同生命周期，决定了为企业技术创新提供融资支持的资本市场必然是一个多层次的资本市场⑤。

（三）风险投资促进科技创新的研究

辜胜阻（2000）指出，风险投资作为一种有效的企业实现技术创新的制度安排，具有激励创新、市场筛选、产业培育等功能，是高技术产业的"孵化器"和新经济的"发动机"⑥。王亮（2003）认为，通过风险投资的

---

① 李松涛、董櫆、余莜箭：《浅议技术创新模式与金融体系模式的相互关系》，《软科学》2002 年第 3 期。
② 孙伍琴：《论不同金融结构对技术创新的影响》，《经济地理》2004 年第 2 期。
③ 李悦：《产业技术进步与金融的市场化趋势：基于银行与市场功能比较的分析》，《财经科学》2008 年第 2 期。
④ 陈凤娣、吴有根：《大力发展资本市场　积极支持自主创新》，中国《资本论》研究会第 13 次学术研讨会福建师范大学代表论文集，2006。
⑤ 辜胜阻、洪群联、张翔：《论构建支持自主创新的多层次资本市场》，《中国软科学》2007 年第 8 期。
⑥ 辜胜阻：《风险投资孵化高科技产业的制度创新》，《科技进步与对策》2000 年第 9 期。

发展，在既有企业组织外部产生一个符合风险企业成长要求的资源支持系统，推动了原有技术创新系统从"慢速溢出"到"快速溢出"的变革[1]。王松奇（2005）认为，创新型国家的根本特征是有一个保障新技术应用具有足够激励和风险承担能力的完善的金融制度安排，其具体化就是发达完善的风险投资机构[2]。程昆等（2006）采用中国 1994～2003 年的数据，实证分析了技术创新与风险投资间的关系，结果表明，风险投资对中国技术创新有促进作用，但与美国风险投资对技术创新的作用效率存在较大差距[3]。王雷、党兴华（2008）运用典型相关分析对1994～2006 年中国 R&D 经费支出、风险投资与技术创新及高新技术产业产出的相关性进行实证研究，结果表明，风险资本退出渠道不畅与风险资本市场波动性较大，是导致中国风险投资对技术创新以及高新技术产业发展支撑作用不显著的主要原因[4]。王玉荣、李军（2009）以 2007 年有风险投资股东的中国中小企业板上市公司为样本，运用回归分析法实证研究风险投资对中小企业自主创新的影响，结果表明，风险投资在技术创新投入活动中发挥了相对积极的作用，但风险投资股东持股比例与企业自主创新效果指标之间呈现不显著的负相关关系[5]。

（四）政策性金融促进科技创新的研究

黄刚、蔡幸（2006）对美、日、韩及中国台湾等地区支持高新技术企业发展的金融制度和政策的对比研究表明，以高新技术企业政策性贷款机构为核心，构建政策性担保机构、风险投资基金和证券市场等多元化、多层次的融资体系是解决中小高新技术企业融资难问题的主要途径之一，并总结了中国在利用开发性金融打破高新技术企业融资瓶颈的四种典型模

---

① 王亮：《风险创业提升国家技术创新能力机理研究》，《江西社会科学》2003 年第 5 期。
② 王松奇：《创业投资与自主创新体系建设》，《银行家》2005 年第 9 期。
③ 程昆、刘仁和、刘英：《风险投资对我国技术创新的作用研究》，《经济问题探索》2006 年第 10 期。
④ 王雷、党兴华：《R&D 经费支出、风险投资与高新技术产业发展——基于典型相关分析的中国数据实证研究》，《研究与发展管理》2008 年第 8 期。
⑤ 王玉荣、李军：《风险投资对中小企业自主创新影响的实证研究——基于中小企业板的经验数据》，《山东科技大学学报》（社会科学版）2009 年第 2 期。

式①。李志辉、李萌（2007）认为，中小企业融资的开发性金融支持模式
能够使中小企业获得潜在外部利润，扩大中小企业融资的可能性边界，降
低融资双方的信息不对称程度，从而缓解中小企业的融资困境②。买忆
媛、聂鸣（2005）认为，开发性金融机构积极参与企业的技术融资，可
以有效补充资本市场尚不发达的发展中国家风险投资的不足，从而提高企
业的技术创新效率③。李坤、孙亮（2007）认为，开发性金融能够有效地
将中小企业与资本市场连接起来，既可解决中小企业资金短缺问题，又能
提高其技术创新能力，改善经营管理，对中小企业的发展有很大的促进
作用④。

三　文献述评

整体而言，国内外对科技金融相关领域的研究取得了一定的成果，对
政府和学界客观认识中国科技金融发展的内在规律、存在问题以及瓶颈的
突破等具有指导意义，也为后续研究奠定了较好的理论基础，提供了充分
的方法准备。

同时也应看到，国内外对科技金融的研究还存在一些不足。第一，专
业性的研究比较缺乏。在"建设创新型国家"发展战略背景下，中国国内
已经出现了金融支持创新型国家建设的研究热潮。与提高自主创新能力和
创新型国家建设相关的文献，大多认为金融在科技创新中具有重要的促进
作用，并给出一系列政策建议。但这些研究整体上还处在一般性的研究、
探讨层面，人云亦云的成分较多，既缺乏专门、专业性的理论构建研究，
也较少开展细致深入的实证分析研究，因此其理论意义和实践价值均有局
限。第二，整体性、系统性的研究还不多见。分析发现，已有文献的主体
主要是单独研究资本市场、风险投资、商业性金融、政策性金融等在科技

① 黄刚、蔡幸：《开发性金融对广西高新技术企业融资支持模式初探》，《改革与战略》2006
　　年第 5 期。
② 李志辉、李萌：《中小企业融资的开发性金融支持模式分析》，《南开经济研究》2007 年
　　第 1 期。
③ 买忆媛、聂鸣：《开发性金融机构在企业技术创新过程中的作用》，《研究与发展管理》
　　2005 年第 4 期。
④ 李坤、孙亮：《开发性金融理论发展与实践创新研究——从解决企业融资瓶颈的角度》，
　　《北方经贸》2007 年第 10 期。

创新中的作用，且多强调资本市场和风险投资的作用。而在中国目前以银行为主导的金融体制下，对商业性金融和政策性金融支持科技创新的不重视，显然与实际有所脱离。此外，从系统理论角度开展的相关研究也不多见。因此，现有研究在一定程度上存在片面性和局部性，难以发现并发挥科技金融的整体功能和系统效应。

第二章　科技金融的政策进展

随着我国经济体制、科技体制以及金融体制改革的不断推进，科技与金融的结合不断深入，科技创新的资金来源从最初的单一行政拨款扩展到了目前的多元化金融工具，包括财政科技投入、科技贷款、创投基金、科技资本市场、科技保险、科技担保等。2006 年，国务院发布《国家中长期科学和技术发展规划纲要（2006～2020 年）》和若干配套政策，明确提出搭建科技金融合作平台，并将金融支持列为建设创新型国家的十大内容之一。

第一节　国家科技金融相关政策进展

近年来，我国陆续出台的各类相关文件法规为科技金融的发展提供了有力的政策支持。为促进金融与科技的结合，2006 年国务院正式发布《实施〈国家中长期科学和技术发展规划纲要（2006～2020 年）〉的若干配套政策》，提出了 7 条金融支持科技自主创新的金融扶持政策，从国家层面正式推动科技金融的发展，把科技和金融结合工作推向了新的历史阶段。

为了深化科技和金融结合，2010 年科技部、中国人民银行、中国银监会、中国证监会、中国保监会联合发布《关于印发促进科技和金融结合试点实施方案的通知》。随后，2011 年五部门又联合发布《地方促进科技和金融结合试点方案提纲》，进一步明确了申请试点地区应结合本地区科技资源和金融资源的现状及特点，加强组织领导，集成相关资源，研究制定地方促进科技和金融结合试点方案。在政策大力推进科技和金融结合的背景下，2011 年 10 月科技部联合中国人民银行、中国银监会、中国证监会、中国保监会发布《关于确定首批开展促进科技和金融结合试点地区的通知》，确定了中关村国家自主创新示范区、天津市、上海市、江苏省、浙江省"杭温湖甬"地区、安徽省合芜蚌自主创新综合实验区、武汉市、长沙高新区、广东省"广佛莞"地区、重庆市、成都高新区、绵阳市、关中-天水经济区（陕西）、大连市、青岛市、深圳市 16 个地区为首批促进科技和金融结合试点地区。

2011 年 5 月，科技部发布《关于进一步促进科技型中小企业创新发展的若干意见》，明确提出要拓展科技型中小企业的融资渠道，具体意见包括：开展促进科技和金融结合试点工作，为科技型中小企业创造良好的投融资环境；引导银行业金融机构积极支持科技型中小企业技术创新；建立和完善科技型中小企业融资担保体系；加快科技型中小企业股权投资体系建设；利用多层次资本市场支持科技型中小企业发展；等等。2011 年 7 月，财政部、科技部发布《国家科技成果转化引导基金管理暂行办法》，探索综合运用设立创业投资基金对银行贷款进行风险补偿和对企业、科研单位及人员进行绩效奖励等方式，推动财政资金支持科技成果转化。2011 年 10 月，科技部、财政部、中国人民银行、国务院国资委、税务总局、中国银监会、中国证监会和中国保监会八部门制定的《关于促进科技和金融结合加快实施自主创新战略的若干意见》（国科发财〔2011〕540 号）发布，被认为是"十二五"时期科技和金融结合的总纲领，对科技金融的发展意义深远。

2012 年 8 月，国家发改委、科技部、财政部等九部委与北京市政府联合发布《关于中关村国家自主创新示范区建设国家科技金融创新中心的意见》。这是我国首个科技金融领域的国家级指导性文件，是一个具有系统性、纲领性意义的文件。该意见围绕科技企业信用体系、知识产权投融资体系等 9 个重点领域阐述了中关村建设国家科技金融创新中心的主要任务，就中关村科技金融发展环境、资源聚集规模、科技金融对接机制、资本市场服务效能、辐射带动作用等方面提出了建设规划和阶段目标。2012 年 9 月，中共中央、国务院发布的《关于深化科技体制改革加快国家创新体系建设的意见》明确提出，要加大对中小企业、微型企业技术创新的财政和金融支持，落实好相关税收优惠政策。扩大科技型中小企业技术创新基金规模，通过贷款贴息、研发资助等方式支持中小企业技术创新活动。建立政府引导资金和社会资本共同支持初创科技型企业发展的风险投资机制，实施科技型中小企业创业投资引导基金及新兴产业创业投资计划，引导创业投资机构投资科技型中小企业①。

2014 年 8 月，为促进科技成果资本化、产业化，加快实施国家科技成果转化引导基金，规范引导基金设立创业投资子基金工作，科技部、财政部又联合发布了《国家科技成果转化引导基金设立创业投资子基金管理暂行办法》（国科发财〔2014〕229 号）。这是促进科技和金融结合、改善科技型中小企业融资环境、打破"融资难、融资贵"瓶颈的有效途径。下面将对一些重要的国家关于科技金融的政策进行分析和解读。

一 《促进科技和金融结合试点实施方案》

为全面贯彻党的十七大和十七届五中全会精神，加快实施《国家中长期科学和技术发展规划纲要（2006～2020 年）》及其配套政策，促进科技和金融结合，加快科技成果转化，培育发展战略性新兴产业，支撑和引领经济发展方式转变，开展"促进科技和金融结合试点"工作。2010 年 12 月，科技部、中国人民银行、中国银监会、中国证监会、中国保监会联合发布了《促进科技和金融结合试点实施方案》（以下简称《实施方案》）。

《实施方案》明确了促进科技和金融结合的指导思想、基本原则、总体目标、试点内容及组织实施。《实施方案》要求，组织开展"促进科技和金融结合试点"，要深刻把握科技创新和金融创新的客观规律，创新体制机制，突破瓶颈障碍，选择国家高新区、国家自主创新示范区、国家技术创新工程试点省（市）创新型试点城市等科技金融资源密集的地区先行先试。在试点工作中，要着力做好七个方面的工作：一是要优化科技资源配置，创新财政科技投入方式；二是要引导金融机构加大对科技型中小企业的信贷支持；三是要引导和支持企业进入多层次资本市场；四是要进一步加强和完善科技保险服务；五是要建设科技金融合作平台，培育中介机构发展；六是要建立和完善科技企业信用体系；七是要组织开展多种科技金融专项活动。通过开展试点工作，为全面推进科技金融工作提供实践基础，为地方实施科技金融创新营造政策空间，以试点带动示范，不断完善体制，创

---

① 张鹏：《政策发力 科技金融体系建设稳步推进》，中国创新网，2013 年 3 月 4 日，http://www.chinahightech.com/html/684/2013/0304/104141.html。

新机制模式，加快形成多元化、多层次、多渠道的科技投融资体系。

根据《实施方案》，科技部将会同中国人民银行、中国银监会、中国证监会、中国保监会等部门共同推进试点工作，建立与财政部、国家税务总局的沟通协调机制，定期召开部门协调会议，研究决定试点的重大事项，统筹规划科技与金融资源，督促检查试点进展，组织开展调查研究，总结推广试点经验，共同指导地方开展创新实践。

二 《国家科技成果转化引导基金管理暂行办法》

为破除制约科技成果转化的体制机制障碍，打破"创新孤岛"现象，引导全社会力量加大科技成果转化投入，加快推动科技成果转化应用，财政部、科技部于 2011 年 7 月发布了《国家科技成果转化引导基金管理暂行办法》（财教〔2011〕289 号），通过设立创业投资子基金、贷款风险补偿和绩效奖励等方式，支持利用财政性资金形成科技成果的转化。

国家科技成果转化引导基金（以下简称转化基金）主要用于支持转化利用财政资金形成的科技成果，包括国家科技计划、地方科技计划以及其他由事业单位产生的新技术、新产品、新工艺、新材料、新装置及其系统等。转化基金的资金来源为中央财政拨款、投资收益和社会捐赠。转化基金的支持方式包括设立创业投资子基金、贷款风险补偿和绩效奖励等。转化基金遵循引导性、间接性、非营利性和市场化原则。转化基金与符合条件的投资机构共同发起设立创业投资子基金，为转化科技成果的企业提供股权投资。科技部负责按规定批准发起设立子基金。财政部鼓励地方创业投资引导性基金参与发起设立子基金。转化基金不作为子基金的第一大股东或出资人，对子基金的参股比例为子基金总额的 20% ~ 30%，其余资金由投资机构依法募集。子基金应以不低于转化基金出资额 3 倍的资金投资于转化成果库中有科技成果的企业，其他投资方向应符合国家重点支持的高新技术领域。

三 《关于促进科技和金融结合加快实施自主创新战略的若干意见》

2011 年 10 月，科技部、财政部、中国人民银行、国务院国资委、税务总局、中国银监会、中国证监会和中国保监会八部门联合制定的《关于促进科技和金融结合加快实施自主创新战略的若干意见》（国科发财〔2011〕540号）发布，该文件被认为是"十二五"时期科技和金融结合的总纲领，对科技金融发展具有十分深远的意义。

该意见提出，要充分发挥创业投资引导基金的重要作用。扩大科技型中小企业创业投资引导基金规模，综合运用阶段参股、风险补助和投资保障等方式，引导创业投资机构向初创期科技型中小企业投资，促进科技型中小企业创新发展。鼓励民间资本进入创业投资行业，逐步建立以政府资金为引导、以民间资本为主体的创业资本筹集机制和市场化的创业资本运作机制，完善创业投资退出渠道，引导和支持民间资本参与自主创新。

在加强信用环境和金融生态建设的基础上，依托国家高新区建立科技企业信用建设示范区，优化区域投融资环境。根据科技型中小企业融资需求特点，加强对新型融资模式、服务手段、信贷产品及抵（质）押方式的研发和推广。依托国家高新区等科技型企业聚集的地区，在统筹规划、合理布局、加强监管、防控风险的基础上建立科技小额贷款公司，引导银行业金融机构加大对科技型中小企业的信贷支持。此外，要大力发展多层次资本市场，扩大直接融资规模。包括支持科技型企业通过债券市场融资，利用信托工具支持自主创新和科技型企业发展，探索利用产权交易市场为小微科技型企业股权流转和融资服务，促进科技成果转化和知识产权交易。

四 《关于大力推进体制机制创新扎实做好科技金融服务的意见》

为贯彻落实党的十八届三中全会精神和中共中央、国务院《关于深化科技体制改革加快国家创新体系建设的意见》（中发〔2012〕6号）等中央文件要求，大力推动体制机制创新，促进科技和金融的深层次结合，支持国家创新体系建设，2014年1月，科技部会同中国人民银行、中国银监会、中国证监会、中国保监会和知识产权局联合制定印发了《关于大力推进体制机制创新扎实做好科技金融服务的意见》（银发〔2014〕9号）。

文件重点从七个方面对科技金融工作提出了部署和要求。一是大力培育和发展服务科技创新的金融组织体系。鼓励银行业金融机构设立专门从事中小科技企业金融服务的专业或特色分支行，支持发展科技小额贷款公司、科技融资租赁公司等非银行金融机构，培育发展科技金融服务中心等多种形式的服务平台。二是加快推进科技信贷产品和服务模式创新。完善科技企业贷款利率定价、贷款审批等机制，丰富科技信贷产品体系，创新服务模式，推动发展投贷结合、投保结合、知识产权质押融资等金融产品，开展还款方式创新。三是拓宽适合科技创新发展规律的多元化融资渠道。支持科技企业上市、再融资、并购重组和发行债券，以及在全国中小企业股份转让系统实现股份转让和定向融资；完善创业投资政策环境和退出机制，推动创业投资发展壮大。四是探索构建符合科技创新特点的保险产品和服务。建立和完善科技保险体系，创新科技保险产品，为科技企业提供贷款保障；创新保险资金运用方式，支持保险资金为科技创新提供长期、稳定的资金支持。五是加快建立健全促进科技创新的信用增进机制。大力推动科技企业信用示范区建设，积极发挥融资性担保增信作用，创新科技资金投入方式，引导金融机构加大对科技企业的融资支持。六是进一步深化科技和金融结合试点。完善促进科技和金融结合试点工作部际协调机制，适时启动第二批试点工作，推动高新区科技与金融的深层次结合。七是创新政策协调和组织实施机制。探索建立科技金融服务监测评估体系，建立科技、财政和金融监管部门参加的科技金融服务工作协调机制，综合运用多种金融政策工具，拓宽科技创新的资金来源。

五 《关于大力推进大众创业万众创新若干政策措施的意见》

推进大众创业、万众创新，是发展的动力之源，也是富民之道、公平之计、强国之策，对于推动经济结构调整、打造发展新引擎、增强发展新动力、走创新驱动发展道路具有重要意义。2015 年 6 月，国务院印发了《关于大力推进大众创业万众创新若干政策措施的意见》（国发〔2015〕32号），这是推动大众创业、万众创新的系统性、普惠性政策文件。

文件指出，推进大众创业、万众创新要按照"四个全面"战略布局，坚持改革推动，加快实施创新驱动发展战略，充分发挥市场在资源配置中的决定性作用，更好地发挥政府作用；加大简政放权力度，放宽政策、放开市场、放活主体，形成有利于创业创新的良好氛围，让千千万万创业者活跃起来，汇聚成经济社会发展的巨大动能；不断完善体制机制、健全普惠性政策措施，加强统筹协调，构建有利于大众创业、万众创新蓬勃发展的政策环境、制度环境和公共服务体系，以创业带动就业、创新促进发展。

文件从 9 个领域、30 个方面明确了 96 条政策措施。一是创新体制机制，实现创业便利化；二是优化财税政策，强化创业扶持；三是搞活金融市场，实现便捷融资；四是扩大创业投资，支持创业起步成长；五是发展创业服务，构建创业生态；六是建设创业创新平台，增强支撑作用；七是激发创造活力，发展创新型创业；八是拓展城乡创业渠道，实现创业带动就业；九是加强统筹协调，完善协同机制。

第二节　其他省市的科技金融政策进展

一　北京市

2010 年 10 月，北京市出台了《关于推进首都科技金融创新发展的意见》（京政发〔2010〕32 号），这是第一个以北京市政府名义发布的面向全北京市、专门针对科技金融发展的政策文件，它指明了全市科技金融创新发展的方向。按照科技型企业特别是科技型中小企业不同发展阶段的融资特点，针对股权投资、信贷专营机构建立、知识产权质押贷款、企业上市、融资租赁等重点问题，先后制定出台了《关于促进股权投资基金业发展的意见》（京金融办〔2009〕5 号）、《关于促进银行业金融机构在中关村国家自主创新示范区核心区设立为科技企业服务的专营机构的指导意见》（中科园发〔2009〕51 号）、《关于加快推进中关村国家自主创新示范区知识产权质押贷款工作的意见》（中示区组发〔2010〕19 号）、《关于进一步推动企业上市工作的意见》（京政办发〔2010〕35 号）、《关于中关村国家自主创新示范区促进融资租赁发展的意见》（中科园发〔2012〕33 号）等政策①。

2011 年，《北京市"十二五"时期金融业发展规划》（京金融〔2011〕279 号）明确了"十二五"时期首都金融业发展的目标和重点任务，并把科技金融发展作为其中一个重要部分进行了安排和部署。随后出台了一些配套文件，如《关于促进北京市融资性担保行业规范发展的意见》（京金融〔2012〕88 号）是为了规范融资性担保机构的发展；《中关村国家自主创新示范区企业信用星级评定管理办法》（中科园发〔2010〕47 号）是为了加快推动促进信用体系的建立；《关于促进首都知识产权服务业发展的意见》

① 白敏：《北京市科技金融创新发展研究》，首都经济贸易大学硕士学位论文，2013。

（京政发〔2011〕71 号）是为了完善知识产权中介服务系统；等等。

2011 年 10 月，北京市中关村经国务院批复成为国家自主创新示范区，这就要求北京市在深化科技金融改革创新方面大胆开辟天地。2012 年 8 月，北京市为贯彻落实中央的要求，联合九部委制定并出台了《关于中关村国家自主创新示范区建设国家科技金融创新中心的意见》。该意见全篇共四十三条，分为十二部分。第一部分阐述了建设国家科技金融创新中心的重大意义。建设国家科技金融创新中心是提升自主创新能力、建设创新型国家的战略需要。中关村建设国家科技金融创新中心有利于充分发挥中关村的创新资源密集优势和科技金融领先优势，更好地体现示范带动作用。第二部分明确了建设国家科技金融创新中心的指导思想、原则与目标。提出到2020 年，实现科技创新和金融创新紧密结合，把中关村建设成为与具有全球影响力的科技创新中心地位相适应的国家科技金融创新中心。第三到第十一部分围绕九大重点领域，阐述了中关村建设国家科技金融创新中心的主要任务：一是完善科技企业信用体系，建设信用首善之区；二是完善知识产权投融资体系，促进科技成果市场转化；三是完善创业投资体系，促进科技创新创业；四是完善多层次资本市场，支持科技企业做强做大；五是创新金融产品和服务，强化科技信贷支持；六是创新风险管理机制，培育发展科技保险市场；七是创新科技项目管理机制，引导社会投资积极参与；八是完善配套服务体系，优化科技金融发展环境；九是深化金融支撑作用，激发科技创新活力。第十二部分提出了建设国家科技金融创新中心的组织保障、政策协调与监测评估机制和分阶段实施路径①。通过近年来的努力，北京市逐步建立起与首都科技地位相匹配、金融资源相适应的科技金融体系。

二 天津市

作为首批科技与金融结合试点城市，天津市已基本形成了完备的科技金融体系。2010 年，为贯彻落实党中央、国务院关于加快提高自主创新能力，加快科技成果向现实生产力转化，促进科技资源优化配置、开放共享

---

① 《中关村建设国家科技金融创新中心意见正式发布》，中关村科技园区管理委员会网站，2012 年 8 月 29 日，http://www.zgc.gov.cn/dt/gwh_2012/83819.htm。

和高效利用的要求，推动自主创新与科技金融发展，努力建设与北方经济中心发展和滨海新区开发开放相适应的创新型城市及现代金融服务体系和金融改革创新基地，借鉴国内外科技与金融相结合的发展经验，天津市政府制定了《关于推动我市科技金融改革创新的意见》，明确了科技金融发展思路、发展目标和主要内容。提出本市将率先探索科技资源与金融资源相结合的方式与模式，率先突破科技型企业融资瓶颈，为全国科技金融改革创新提供借鉴与示范。其中，天津市科技金融改革创新的重点是：以企业、金融、中介和政府为主线，建立健全企业价值链、金融服务链、中介服务链和政府服务链；申办科技银行，发展科技与金融紧密结合、与科技自主创新相适应的现代科技金融服务体系。

2011 年天津市出台了《关于推动金融促进科技型中小企业发展工作的实施意见》，旨在运用金融手段加快科技型中小企业发展。在市场化运作机制框架下，建立起政府专项资金引领放大、金融服务机构全面参与、科技与金融联动发展的新模式，逐步形成以科技金融信息平台建设为基础、以金融资源综合集成运用为手段、以优化科技型中小企业融资环境为保障的"三位一体"的发展格局，大力推动金融促进科技型中小企业发展。鼓励综合运用推广履约保证保险、贷款保证保险等产品为科技型中小企业服务，其中"担保 + 保险"模式或将成为解决中小企业融资难问题的新渠道。

2012 年天津市科委等九部门联合拟定了《天津市促进科技和金融结合试点城市建设的意见》，这是一部加快天津市促进科技和金融结合试点城市建设、推动科技型中小企业和战略性新兴产业发展、促进经济发展方式转变和产业结构调整的意见性文件。该文件明确了试点城市建设的目的意义、指导思想和建设目标，并提出七个方面的具体任务：一是着力提升科技企业融资意识和能力；二是大力发展科技金融专营机构；三是加快科技资源与金融资源的有效对接；四是不断创新财政科技投入方式；五是着力打造一批科技金融示范区；六是建立科技金融培训、统计制度；七是加强组织领导与政策支持。

为了加快科技型中小企业发展，解决科技型中小企业融资难问题，天津市政府出台了一系列扶持企业上市的政策措施，如《关于进一步支持我市企业上市融资加快发展的意见》《关于优化商务环境促进投资融资的意见》《天津市支持企业上市专项资金管理办法》《支持中小企业发展若干财税政策》等。

三 上海市

2011年12月，上海市政府出台了《关于推动科技金融服务创新促进科技企业发展的实施意见》，着重通过政策引导推动金融机构完善科技金融服务体系，不断创新科技金融产品和工具，持续改善科技金融服务环境。该实施意见提出了六个方面的重点工作任务：一是完善科技企业信贷服务体系和融资担保体系；二是加快拓展资本市场直接融资；三是依托科技园区，建立科技企业与金融机构的对接机制；四是加大科技金融创新力度；五是加大对早期科技企业的资金支持力度；六是加强科技金融信用和服务环境建设，进一步推进科技企业信用征信、评级等中介服务体系建设。

在贯彻落实国家有关缓解科技型中小企业融资困难、加强科技资源和金融资源结合的政策要求方面，上海市委、市政府先后出台了《关于本市加大对科技型中小企业金融服务和支持实施意见的通知》《关于本市促进知识产权质押融资工作实施意见的通知》《关于加强金融服务促进本市经济转型和结构调整的若干意见》《关于推进本市中小企业上市工作的实施意见》《上海市促进科技和金融结合试点实施方案》等一系列政策。

2015年，上海市委和市政府发布了《关于加快建设具有全球影响力的科技创新中心的意见》，这是一个统筹推动全市创新驱动发展的总体性意见，重在明确大的目标方向，厘清基本思路和重大举措，聚焦难点推动改革创新。文件共22条，涉及奋斗目标和总体要求、建立市场导向的创新型体制机制、建设创新创业人才高地、营造良好的创新创业环境、优化重大科技创新布局五大方面的内容。在推进科技与金融紧密结合方面提到以下内容。一是扩大政府天使投资引导基金规模，强化对创新成果在种子期、初创期的投入，引导社会资本加大投入力度，对引导基金参股天使投资形成的股权，5年内可原值向天使投资其他股东转让。二是创新国资创投管理机制，允许符合条件的国有创投企业建立跟投机制，并按照市场化方式确定考核目标及相应的薪酬水平。三是支持保险机构开展科技保险产品创新，探索研究科技企业创业保险，为初创期科技企业提供创业风险保障。支持保险机构与创投企业开展合作。支持商业银行设立全资控股的投资管理公司，与银行形成投贷利益共同体，探索实施多种形式的股权与债权相结合的融资服务方式，实行投贷联动。四是发挥民营银行机制灵活优势，创新科技金融产品和服务。鼓励商业银行科技金融服务专营机构加大对科技企业信贷投放力度。组建政策性融资担保机构或基金。建立政策性担保和商业银行的风险分担机制，引导银行扩大贷款规模，降低中小企业融资成本。五是加快在上海证券交易所设立"战略新兴板"，推动尚未盈利但具有一定规模的科技创新企业上市。

四 广东省

在开展科技金融工作过程中，广东省一直依照"大科技、大开放、大合作"的工作思路，以科技发展为先，重视科技金融发展过程中的政府作用，不断完善科技金融政策以促进科技金融新模式和新方法的探索。

为推进金融加大对高新技术产业的支持作用，广东省政府先后颁布了有关科技金融的各类发展计划及促进办法。例如，2010年，广东省经济信息化委员会发布《关于印发广东省战略性新兴产业基地建设实施方案的通知》（粤经信创新〔2010〕494号），积极推进金融与产业发展的结合，将完善产业基地投融资体系为主要工作目标，引导产业创投及担保投资基金对产业基地优质项目的支持；2010年，广东省政府发布《广东省现代产业体系建设总体规划》，从广东省结构转型升级角度设计未来广东省产业发展规划，强调积极推进财政资金贷款贴息、中小企业集合债券发行及上市融资、设立高新技术产业投资基金等金融措施对重点发展产业与项目的支持。

在各有关部门积极规划并推进金融对科技创新及高新技术产业发展后，2013年8月27日，广东省政府办公厅推出《关于促进科技和金融结合的实施意见》（以下简称《实施意见》），从发展战略角度提出广东省科技金融的发展规划，形成以市场为导向、产业为支撑，政府、产业、院校、研发机构及金融机构密切合作的科技金融服务体系。《实施意见》共包含6部分26条，分别从创业投资、科技信贷、资本市场以及科技金融服务体系和体制机制四个方面做出指引。《实施意见》中明确指出，由广东省粤科金融集团着手打造促进科技型中小企业孵化与培育的种子基金，并由政府引导社会资金逐年扩大种子基金规模，至 2015 年达到 5 亿元，发展多种股权投资机构，如种子基金、孵化基金和"创投基金"等多种科技金融组织机构为处于种子期及初创期的高新技术企业提供支持；支持商业银行在高新技术产业开发区、专业镇和孵化器等创办具有独立法人资格的科技银行；支持广州、深圳、佛山、东莞等市开展"国家专利保险试点"和科技保险试点，探索科技金融产品的开发，鼓励高新技术产业开发区及专业镇设立专项科技保险补贴及担保补偿资金；完善多层次资本市场，设立区域集优集合票据政府偿债基金以推进战略性新兴产业区的集优集合票据试点，扩大区域集优融资工作试点规模和范围，开展以知识产权组合为基础的资产管理、信托等业务，完善产权交易市场；完善科技金融服务体系，开展科技金融发展的评估及风险监测工作[①]。2014 年，广东省又进一步出台《2014 年科技·金融·产业融合创新发展重点行动》和《科技金融支持中小微企业发展专项行动计划》，提出了一系列科技金融服务中小企业的措施。其中包括：调整专项科技资金的投入方式，改变以往"事前评审立项并无偿拨款资助"的单一科技经费投入模式，加强对企业的技术创新和产业化项目的引导性投入，建立健全财政资金与社会资本投向科技产业的联动机制。支持粤科金融集团建成省级科技金融大平台，设立总规模达 5 亿元的粤科天使投资基金，加大对早中期、成长期科技企业的投入。通过"银河粤科""中环粤科"等产业投资基金，以及小额贷款、融资担保、融资租赁、典当、股权质押、知识产权评估与交易等业务系列，为科技企业的发展提供多层次、全方位的融资服务。

五 江苏省

江苏省是全国首个科技与金融结合的试点省份，在加快推进科技金融产品和服务方式创新方面，有多项工作走在全国前列。2010 年，中国人民银行南京分行提请江苏省政府转发了《关于加快江苏科技金融创新发展的指导意见》，提出了促进江苏科技金融加快发展的政策措施。2011 年，江苏省委、省政府出台《关于实施创新驱动战略推进科技创新工程加快建设创新型省份的意见》，明确提出要加快构建适应创新型省份建设要求的新型科

---

① 林伟光：《我国科技金融发展研究》，暨南大学博士学位论文，2014。

技金融体系。

为进一步推动科技与金融的紧密结合，2012 年 6 月，江苏省政府发布《省政府关于加快促进科技和金融结合的意见》，提出构建多元化、多层次、多渠道的科技金融融资体系，促进创新驱动战略实施和科技创新水平提升，加快科研成果转化和高新技术产业、战略性新兴产业培育发展。对江苏省"十二五"期间科技金融工作进行系统部署，明确提出到 2015 年，确保科技贷款余额及科技企业境内外上市数和融资额在"十一五"的基础上实现翻一番，创业投资管理资金规模达到 2000 亿元。

加快建设科技与金融结合建设的五大体系分别是：发展科技支行和科技信贷业务部，创新与科技结合的有效信贷支持体系；发展创业投资企业和创业投资基金，构建与科技结合的多层次资本市场体系；发展科技小额贷款公司，打造与科技结合的新型金融机构体系；发展科技保险和科技担保业务，健全与科技结合的金融风险分散体系；开发建立科技金融支撑平台，完善促进科技和金融结合的综合配套服务体系。围绕五大体系的措施包括：加快科技信贷专营机构建设，实行专门的信贷管理和考核机制，确保"十二五"期间科技贷款年均增长率高于各项贷款平均增长水平；扩大科技小额贷款公司覆盖面，目标是科技企业和科技项目的贷款总量占全部贷款的比重不低于 70%，小额贷款总量占全部贷款的比重不低于 70%，3个月以上期限的贷款总量占全部贷款的比重不低于 70%；鼓励有条件的保险公司在科技企业和科研单位集聚的省级以上高新区设立科技保险支公司或科技保险业务部，并实行专门的考核管理办法；等等。

2012 年 8 月，江苏省政府又发布了《关于印发国家促进科技和金融结合江苏省试点实施方案的通知》（苏政发〔2012〕117 号），指导全省科技和金融结合试点工作深入开展。为缓解不同阶段科技型中小企业的融资问题，江苏省设立了创业投资引导资金。2012 年 8 月，江苏省科技厅、江苏省财政厅发布《关于鼓励和引导天使投资支持科技型中小企业发展的意见》。2012 年 12 月，江苏省财政局出台了《江苏省金融机构科技型中小企业贷款风险补偿资金池管理实施细则》，资金池由市、县财政出资设立，省财政按一定比例安排配套资金，合作银行根据协议按资金池额度的一定比例放大，为科技型中小企业提供信贷资金。

六　浙江省

浙江省作为科技与金融资源密集地区，紧抓政策契机，加快科技金融体系建设，努力推动创新型省份建设。2011 年，浙江省科技厅会同浙江省政府金融办、浙江省银监局、中国人民银行杭州中心支行等九部门联合起草了《关于进一步促进科技与金融结合的若干意见》，致力于引导和促进金融机构、投资机构等各类资本进行金融服务创新，致力于为科技型企业搭建金融服务平台，致力于促进科技创新链条和金融资本链条的有机结合，推进浙江省科技金融结合的政策和措施落到实处。按照信贷一块、风险资本投资一块、知识产权质押一块、科技担保一块、科技保险一块、财政支持一块的"六个一块"思路，大力营造促进科技与金融结合的政策环境。

另外，浙江省还出台了一系列相关配套政策，如 2012 年先后制定出台了《关于浙江省金融支持科技发展的指导意见》和《浙江省专利权质押贷款管理办法》等文件，2015 年发布了《关于进一步推进专利权质押融资发展工作的若干意见》（浙科发知〔2015〕7 号）。

七　四川省

2012 年，四川省科技厅、四川省财政厅等十部门联合制定了《关于加强科技和金融结合加快科技成果转化促进战略性新兴产业发展的意见》（川科财〔2013〕4 号），十部门联合出台 26 条措施，引导银行、风险投资、保险等金融机构支持科技型中小企业发展，强大阵容形成了强大推动力，为深入实施创新驱动发展战略提供了重要保障。

2013 年 9 月，成都市委、市政府正式出台《关于实施创新驱动发展战略加快创新型城市建设的意见》，明确提出"完善科技金融服务体系"的工作要求，进一步完善了科技金融服务体系，对种子期、初创期、成长期和成熟期四个阶段的科技企业均制定了相应的金融服务措施。成都将鼓励社会资本组建"天使投资基金"，对获得天使基金投资的本市种子期、初创期企业，按所获投资额的 10%，给予最高 100 万元的创业补助。对投资市域内种子期、初创期企业的天使投资人和风险投资基金管理人，按其个人投资额相对应的个人收入所产生的个人所得税的市级地方留存部分给予资助。同时，将设立企业债权融资风险资金池，引导和鼓励金融机构进行科技金融产品创新。对以信用贷款、股权质押贷款和知识产权质押方式融资贷款的企业，按贷款担保费用的 50%，给予最高 20 万元的补助，并按中国人民银行同期贷款利息的 30%，给予最高 50 万元的利息补助。在支持企业上市融资方面，成都市首次设立全国中小企业股份转让系统挂牌补贴专项，对在"新三板"实现挂牌的企业给予 50 万元的经费补贴。同时，对在主板、中小板、创业板及海外证券市场发行上市的企业分阶段给予最高 500 万元的奖励。

在此纲领性行动指针之下，2013 年成都市科技局、成都市财政局、成都市金融办联合出台了《成都市科技金融资助管理办法》，旨在进一步完善成都市从股权融资、债权融资到上市融资以及建立创新创业保障机制的科技金融服务体系，提升创新型企业投融资能力，促进科技和金融紧密结合，加快企业创新发展。同时，将科技项目的财政资金支持方式调整为后补贴，是对"企业出题、先行投入、市场验收、政府补助"组织实施方式的有益探索。

2014 年 10 月，成都市再出科技金融"新政"，发布了《成都市市级科技企业债权融资风险补偿资金池资金管理暂行办法》和《成都市科技创业天使投资引导资金管理暂行办法》，通过建立债权融资风险补偿资金池和天使投资引导资金，缓解科技型中小微企业融资难、融资贵问题。建立了一个以财政引导示范、政策机制保障为基础，联动市政府、银行、担保机构、社会投资机构、地方区县各方优势资源，围绕科技企业"全生命发展周期"的科技金融服务"生态链"。这个办法的创新点主要体现在以下两个方面：一是改变了财政科技资金使用方式，由原来的直投、"天女散花"模式，变为政府拿出一部分财政引导资金，通过财政资金的放大作用、杠杆效应，撬动更大规模的社会资本参与科技企业发展，扩大了受益的企业面和受益金额；二是通过政府资金参与、政策支持、政府让利，降低金融机构放贷的成本与风险，进而降低企业贷款利息，降低企业贷款成本，使企业得到了实惠，融资从梗阻变为通畅。

成都高新区积极营造科技金融政策环境，先后出台了《成都高新区支持金融总部商务区建设的实施办法》《成都高新区加快股权投资产业发展工作方案》《成都高新区创业天使投资基金管理办法》《成都高新区加快移动互联网产业发展的若干政策》等科技金融政策，在天使投资、担保贷款、改制服务等方面对科技企业进行扶持。

第三节　陕西省内的科技金融政策进展

一　陕西省

陕西省把建立科技金融结合的政策法规体系摆在重要位置，2012 年以来，陆续出台了多个重要地方法规和政策性文件，初步构建起保障科技和金融结合试点工作顺利开展的法规政策体系[①]。2012 年 5 月，陕西省人大颁布的《陕西省科学技术进步条例》明确规定鼓励金融机构开展知识产权质押业务，鼓励和引导金融机构在信贷等方面支持科学技术应用和高新技术产业发展，鼓励保险机构根据高新技术产业发展的需要开发保险品种，建立风险投资补偿机制，鼓励金融机构支持科学技术创新创业。这些相关条文已经从法律角度确保了科技金融工作的有序开展。随后，陕西省委、省政府出台的《关于深化科技体制改革加快区域创新体系建设的意见》（陕发〔2012〕4 号）进一步明确了推进科技金融结合试点工作的主要任务是建立科技贷款风险补偿机制，探索建立科技保险补贴机制，支持科技型企业上市融资；设立陕西省科技成果转化引导基金，引导社会资本组建若干子基金。

2012 年 9 月，陕西省政府出台了《关于进一步促进科技和金融结合的若干意见》，全面安排部署促进科技和金融结合工作，要推进科技和金融结合试点，根据各地科技发展和金融资源聚集特点，在科技和金融结合方面先行先试；创新财政科技投入方式，建立风险补偿机制，支持金融机构、风险投资机构投资创新创业活动；加强对科技信贷的引导，创新科技金融组织和金融产品；鼓励开展科技保险、科技担保、知识产权质押融资、科技型中小企业集合债等金融业务；大力发展多层次资本市场，建立科技型企业股权流转和融资服务产权交易平台；成立省促进科技和金融结合工作领导小组，协调解决科技金融结合问题以及陕西省开展国家试点工作中的有关重大问题。

---

① 《政策法规：为科技金融结合试点工作保驾护航》，科技金融信息服务平台，2013 年 8 月 9 日，http://kjjr. snstd. gov. cn/TechFinance/kjjrWeb/kjjrWebAction_ getNewsInfoById。

2012 年 10 月，陕西省政府出台了《关于进一步促进金融业发展改革的意见》，对陕西省金融业发展改革提出了具体的任务和措施，其中一项就是加强科技金融服务体系建设，以国家促进科技和金融结合首批试点为契机，积极开展科技投融资服务模式创新；鼓励商业银行设立专门为科技企业服务的科技支行；提高金融机构考核中对科技企业贷款指标的评分比重；鼓励商业银行、担保公司、创业投资公司等开展"投贷联动""投贷保联动""保贷联动"等服务创新，扩大知识产权质押、股权质押、应收账款质押等融资业务总量；重点引导和扶持具有高成长性的科技型中小企业在创业板或中小板上市；积极推动科技保险，建立保险补贴机制，创新科技保险产品。

按照陕西省委、省政府的工作部署，陕西省科技厅会同有关部门，相继出台了相关配套政策，如《陕西省科技型中小企业贷款风险补偿资金使用管理细则》《陕西省创业投资引导基金管理暂行办法》《陕西省科技成果转化引导基金管理暂行办法》《陕西省科技金融中介服务机构补贴奖励实施细则》《陕西省人民政府关于大力推进大众创业万众创新工作的实施意见》等。

二　西安市

2010 年初，西安市科技局、西安市财政局、西安市金融办联合出台《关于科技金融创新合作试点的实施意见》，与中国建设银行陕西省分行签订《科技型中小企业金融合作协议》，正式启动科技金融合作试点工作。该实施意见提出，围绕集成电路、软件、通信设备和新型电子元器件、生物医药、光机电一体化、航空航天、新材料、新能源等重点领域，在科技产业"两区两基地"等高新技术产业和科技企业主要聚集区内，引导金融机构加强科技型中小企业的信贷支持力度①。

2011 年，西安市科技局、西安市财政局共同发布《西安市科技金融合作试点业务风险补偿暂行办法》，并设立了科技金融合作试点工作小组，与多家银行及担保公司开展合作，以鼓励商业银行加大对科技型中小企业的信贷支持力度，缓解企业融资难的问题。该暂行办法主要是确立风险共担

---

① 张平阳：《开展科技金融创新合作试点》，《西安日报》2010 年 3 月 26 日，第 2 版。

和利益补偿机制，降低企业提供抵押和反担保条件门槛，简化贷款手续和创新服务模式，其主要内容包括以下几个方面。一是建立独特的风险分担机制。通过财政风险补助、银行授信额度、担保降低条件促进合作。二是诚信合作，用好用足政策。合作银行承诺为政府推荐需要支持的科技企业全部放款，其中不经担保公司担保直接放款比例不低于60%，其余部分通过担保公司担保放款。三是引入担保，有效化解部分风险。四是搭建合作平台，实现多方共赢。政府部门牵头、金融担保合作、孵化机构参与、中介服务支撑。设计合理的多方协作机制，有效地降低了金融机构对企业实物抵押物的要求，缓解了成长期高科技轻资产型企业的融资难题①。

2012年，西安市出台了《关于深化统筹科技资源改革加快创新驱动发展的实施意见》，提出将深化科技和金融结合试点，建立科技金融服务中心，搭建科技金融合作服务平台，支持科技创新创业。同年底，根据一年来科技金融结合工作的实际情况，西安市科技局、西安市财政局联合出台新的《西安市科技金融结合业务风险补偿办法》，进一步深化科技金融合作机制和试点工作。新的补偿办法再次明确科技金融合作信贷业务的宗旨是通过转变财政科研资金投入方式，调动金融机构向科技型中小企业贷款的积极性。简化科技型中小企业贷款手续，降低贷款门槛，推进科技型中小企业快速成长、规模扩张。

2014年，为了加强市、区两级科技金融合作，西安市科技局与高新区管委会联合下发《关于促进科技和金融结合加快实施自主创新战略的合作方案》，将在科技小巨人企业贷款利息补贴、科技创业种子投资基金、建设业务和数据共享平台、科技集合信托业务、科技保险补贴五个方面加强合作。

西安高新区作为陕西省首批促进科技和金融结合试点区，经过多年发展，金融与科技的结合日益成熟。近年来，西安高新区在促进金融与科技结合方面的力度更大，在政策、体系方面开拓创新，引导金融资源向科技领域配置，探索出了更多有效措施。2015年5月，西安高新区管委会又进一步出台了《关于促进科技与金融结合的若干政策》，通过科技企业保险、

---

① 张毅：《西安：科技金融携手助力中小企业创新》，《经济日报》2011年10月26日，第16版。

出口信保、融资贴息、鼓励上市上柜、风险补偿、担保补贴、融资租赁补贴以及综合信用等级评价补贴等方式，降低企业的融资成本，提高企业的信用评级，降低投资机构的风险损失，加速资本要素在高新区的快速聚集，促进科技与金融实现融合发展。

三　其他地市

咸阳市在中小科技企业担保体系建设等方面的成效显著，为国家开展科技金融结合试点，探索出了创新财政科技投入方式的新模式。一是增强科技贷款信用担保平台服务能力；二是大力发展民营担保公司，丰富担保手段，畅通担保渠道；三是大力发挥科技主管部门的组织协调作用；四是强化科技项目导向作用；五是营造科技企业信用担保氛围。

宝鸡市在 2013 年出台了《宝鸡市促进科技和金融结合试点实施方案》，将专利保险、知识产权质押贷款作为重点任务列入其中。该实施方案在重点任务中要求设立科技保险专项资金，建立科技保险保费补助机制，对参加专利保险的科技型中小微企业给予补贴。鼓励保险公司积极开展专利保险业务，利用保费补贴引导企业投保，提高企业专利维权积极性。该实施方案还要求面向拥有自主知识产权的科技型企业积极开展知识产权质押贷款，建立健全知识产权价值评估、质押登记和流转机制，支持借（贷）款机构或担保机构开展专利权质押、商标专用权质押等借（贷）款业务。

渭南市出台了《关于进一步促进科技和金融结合的实施意见》，提出各银行业金融机构要把支持科技产业发展作为信贷投放重点，支持具有自主知识产权的科技型中小企业发展，要创新信贷产品，开展多种抵（质）押融资模式，拓宽科技型中小企业融资渠道。各县（市、区）科技主管部门要落实科技担保专项基金，探索融资担保、风险补偿等新型财政科技投入方式；各银行业金融机构与担保机构开展合作，共同促进科技型中小企业信贷融资。各县（市、区）科技主管部门要建立科技成果转化项目库，向银行金融机构推荐科技贷款项目；各县（市、区）监管办事处和科技主管部门要共同建立科技型中小企业信用体系，构建科技与金融发展统计调查和检测体系，共同营造信贷支持科技型中小企业发展的良好环境；各县（市、区）监管办和科技主管部门要进行政策协调，加强合作，共享信息，共同建立银行业支持科技型中小企业的长效机制①。

榆林市高新区作为陕西省第二批促进科技与金融结合试点区域，积极推动科技资源和金融资源对接工作，全面提升科技与金融结合工作的层次和水平。为加快试点区域建设，出台了《榆林市科技与金融结合试点实施方案》，标志着榆林市科技和金融结合工作进入了实施阶段。

延安市委、市政府高度重视科技工作，为促进科技和金融结合试点工作，延安市政府成立了延安市促进科技和金融结合试点工作领导小组。同时，延安市市委、市政府出台了《关于深化科技体制改革加快创新驱动发展的实施意见》和《延安市促进科技和金融结合试点实施方案》等相关配套政策，全面推进科技与金融结合试点工作。综合运用无偿资助、贷款贴息、知识产权质押等方式，引导社会资本投入科技创新；加强与长安银行等各大金融机构的合作，为科技型企业做好服务工作；有力引导社会各界参与科技金融创新活动，确保延安市科技金融工作试点工作顺利完成。

---

① 王晓宁：《渭南市金融支持科技型中小企业发展意见出台》，陕西传媒网，2013 年 7 月 22 日，http://www.sxdaily.com.cn/n/2013/0722/c49-5180176.html。

第三章　发达国家或地区的科技金融实践

第一节　美国科技金融发展历程及其启示

一　美国金融体制的发展历程

第二次世界大战以来，美国金融结构的演变过程大致可以分为三个阶段：从 1945 年第二次世界大战结束至 20 世纪 70 年代初期，美国银行业占据着金融体系的主导地位；20 世纪 70 年代中期至 20 世纪末，美国的金融市场迅速发展，金融结构从银行主导逐渐演变为市场主导；21 世纪以后，美国的金融市场在金融创新的推动下进入高度发达的阶段。在此过程中，美国金融体制经历了由分业经营向综合经营的变迁。这在很大程度上推动了金融市场的发展和创新，从而大幅提升了美国金融结构中的市场导向性，提高了金融体系的资源配置功能和效率。

然而，从分业经营转向综合经营经历了长达 66 年的制度变迁历程，美国金融业在很长一段时期，一直因受严格的政府管制而缺乏效率，尤其是美国针对 1929～1931 年经济大萧条期间爆发的金融危机，于 1933 年颁布了《银行法》，即《格拉斯－斯蒂格尔法案》，确立了银行业、证券业和保险业分立的制度，建立了分业经营、分业监管的金融体制框架。随着分业经营体制弊端的不断显露，资本市场作为无效率银行的替代物得以迅速发展。

自 20 世纪 70 年代开始，美国经济开始陷入"滞胀"的困境。同时，随着经济的发展，劳动力成本越发高昂，传统产业的竞争力逐渐下降。在这种情况下，美国的经济发展开始出现转型的需要和倾向，而推动产业结构转型升级，培育高技术、高附加值的新兴产业成为当务之急。之后，美国的资本市场开始加大对高科技中小企业的支持力度，纳斯达克股票市场等迅速崛起，风险投资体系规模也迅速扩大，在整个金融结构中的占比显著提升。与此同时，严格管制也迫使金融机构想方设法规避管制获取高额利润，对利润的追求刺激着金融机构不断进行组织形式和金融产品的创新，开始通过成立银行控股公司从事多元化经营。

进入 20 世纪 80 年代中期以后，英国、日本等发达经济体先后进行了大刀阔斧的金融自由化改革，史称"金融大爆炸"。金融自由化使得这些国家的商业银行可以不受地区、业务限制从事任何形式的金融创新活动。但美国因受制于《格拉斯－斯蒂格尔法案》，商业银行无法真正从事投资银行业务，从而将银行置于极为不利的竞争环境中，市场份额不断下降。尤其是 20 世纪 90 年代国际银行界掀起了一股并购浪潮，一系列并购案使美国银行业的地位受到严重威胁。于是，美国政府开始重新审视分业经营的弊端，并认识到银行分业经营尽管有助于实现银行专业化经营、控制银行风险及保证银行业稳定发展，但美国银行规模较小且分散，不利于多元化业务的开展，也无法实现规模经济，因而难以经受国外巨型金融机构的竞争冲击。面对国际银行业的激烈竞争以及非银行金融机构向银行业的渗透，银行业的分业经营已经成为美国银行业发展的重大障碍。放弃不适应现实经济发展要求的银行分业经营，确立适应金融全球化发展趋势的制度规则，势在必行。1999 年 11 月，美国政府颁布了《金融服务现代化法案》。该法案对美国 20 世纪 30 年代以来有关银行分业经营的法律规范做了实质性修订，废除了《格拉斯－斯蒂格尔法案》，修改了《银行控股公司法》等一批在分业经营体制下为综合经营预留发展空间的过渡性法律，整合为一部规范综合经营体制的法律。该法案将银行控股公司转化为金融控股公司，并允许其可以自由选择金融业务的组合，确立了银行业、证券业、保险业之间相互参股和业务渗透的综合经营体制，从而为美国金融业乃至金融市场的发展奠定了坚实的制度基础。

综上所述，美国金融体制的演变是由经济环境的变化引起的，并适应了经济环境的变化需求。任何立法、修法和废法，都要适应当时的经济环境和经济体制。随着技术因素和市场条件的变化，金融机构不断创造各种新的金融产品和工具，监管者需要不断调整和修正法律法规以适应市场的变化。这种交互作用最终导致了美国金融体制的根本性变革①。

二　美国科技金融发展的实践及启示

（一）典型实践

美国是典型的金融市场主导的金融体系，风险投资市场最早也出现在美国。高度发达的风险投资市场和资本市场有力地支持了美国高技术中小企业的发展。20 世纪 50 年代初，美国出现了一种新的科技企业集群模式：科技园模式。科技园的出现推动了科技的发展以及科技与金融的结合。1951年，世界上第一个高技术科学园区便建立在美国加利福尼亚州旧金山以南地区，即举世闻名的"硅谷"。这里聚集着几千家高科技公司，是一个规模巨大的高技术科学城，已成为美国九大制造业中心之一，年销售额超过 400亿元。"硅谷"由此成为高技术科技园区的代名词。目前，在美国有 100 多家这样的园区，数量和规模均居世界之首。如波士顿的"128 号公路"沿线地区、北卡罗来纳州的"高技术走廊"等。

1. 小企业投资公司

美国小企业投资公司（Small Business Investment Companies，SBIC）由美国小企业管理局（SBA）于 1958 年设立，是一项致力于弥补美国小企业融资需求和融资来源之间巨大缺口的金融援助项目，其核心任务是为"获得融资不足"的小微企业"补充私募投资和长期贷款的资金"。SBIC 计划以政府资金和私有资金合作的方式来运作。在该计划之下，符合条件的私营投资基金可以向 SBA 申请注册，成为美国小企业投资公司。SBA 会向成为 SBIC 的私营基金提供长期融资支持，以便它们更好地开展业务，为高风险的小微企业提供长期的债务和权益融资。截至 2014 年 6 月，在 SBA 注册过的 SBIC 累计已有 2100 多家，这些 SBIC 已累计进行了超过 16.6 万笔投资，为美国的中小企业配置了超过 670 亿美元的资金（其中约 64% 为私人资本）。苹果、英特尔、联邦快递、惠普等许多知名企业都是在该计划的支持下诞生和发展壮大起来的。

---

① 孙立行：《改革中的金融开放——中国金融体制创新与市场开放风险研究》，上海社会科学院出版社，2014，第 30~32 页。

2. 风险投资市场

美国创业风险投资的发展一直处于全球领先的地位。1946 年，全球第一家真正意义上的风险投资公司在美国成立，即美国研究发展公司（ARD）。在这之后的 20 多年时间内，美国风险投资市场发展平缓。1971 年，美国 NASDAQ 成立；1973 年，全美风险投资协会成立；1978 年，国会将长期资本收益税的税率从 49% 降至 28%。在这一系列重要事件发生后，美国风险投资开始迅速发展。20 世纪 80 年代，大量风险资本进入高新技术领域，高科技行业因此得到迅速发展。

受 2008 年金融危机的持续拖累，近年来，美国创业风险投资持续低迷，截至 2014 年底，美国共有 803 家创投企业、1206 只创投基金。2014 年，风险投资业的资本管理量延续了下降的趋势，但下降的程度有所缓和，管理的资本额达到 1565 亿美元[1]。按照行业划分，信息技术与生物医疗领域一直是美国风险投资的重点。其中，软件行业一直是投资的主导产业，2014 年投资金额占 41%，较 2013 年上升 3.7 个百分点；位居第二大行业的是生物技术，2014 年投资金额占总投资额的 12%，较 2013 年下降 3.4 个百分点。传媒和娱乐业，以及社交网络涉及的产业目录，获得了 12% 的投资占比，较 2013 年有所上升。

3. 科技银行

作为一种专门为快速成长的企业尤其是中小企业提供风险贷款的金融机构，科技银行能够提供一般商业银行所无法提供的金融产品和金融服务，其目标是初创企业尤其是处于初创期的科技型企业。美国的硅谷银行（Silicon Valley Bank，SVB）是世界上科技银行发展最好的实践范例。硅谷银行创立于 1983 年，总部设在美国加利福尼亚州硅谷地区，经过 30 多年的发展，硅谷银行发展得颇具规模。具有成长潜力的中小企业尤其是科技型中小企业能够逐步从硅谷银行获得以下金融支持：一是在初创期可以获得 SVB 的创业贷款；二是在发展期可以获得企业资产贷款；三是在成熟期可以从硅谷银行过渡到与商业银行金融服务实现对接，从而获得进一步的金融支持。由此可见，科技银行作为专项支持银行，能够弥补科技型中小企业发展过程中金融服务的缺位，具有重要的桥梁作用。

---

[1] 张俊芳：《美国风险投资发展回顾》，《中国科技金融》2015 年第 10 期。

（二）基本启示

美国作为世界上科技最发达的国家，其经济增长的 70% 来源于科技创新。美国强大的科技实力与其完善的以金融市场为主导的金融体系的支持是密不可分的。概括来说，主要体现在以下三个方面。

1. 政府的政策性金融扶持

美国政府对科技创新的金融支持首先表现在直接参与科技创新的投资。联邦政府设有专门的研究与发展经费预算，除了直接投向政府各个机构所属的科研单位外，还以直接拨款的形式对私人工业企业、高等院校和其他科研机构的科技项目进行投资，政府通过对科技研发的直接参与来引导社会投资的流向。不仅如此，美国政府还通过设立政策性金融机构，利用直接经费资助、信贷支持和税收优惠等财政手段来支持企业增加科研投入。

2. 间接融资体系的融资支持

在美国的科技融资体系中，以银行为主导的间接融资的作用也不容小觑。在间接融资中，贷款风险是一个不容忽视的问题，它直接决定着科技型创新企业融资活动的成功与否。美国利用完善的担保体系和发达的资本市场，建立了比较完善的间接融资风险分担体系，为间接融资的开展提供了必要的便利条件。美国专门设立小企业管理局，为广大科技型中小企业提供融资担保。不仅如此，美国还利用其发达的资本市场，通过资产证券化等手段，让银行以小企业管理局担保的企业贷款为抵押，在债券市场出售债券，加快回收资金，以提高银行资产的流动性。

3. 高效的资本市场

美国的资本市场大体可以分为四个层级，形成一个"金字塔"式的结构。第一层级即处于最顶端的纽约证券交易所（NYSE）和纳斯达克（NAS-DAQ）市场。纽约证券交易所定位于全球性的蓝筹股市场，纳斯达克市场则主要面向成长性企业。目前，纳斯达克市场已成为美国科技创新的孵化器。据统计，美国高科技产业中 80% 以上的上市公司在纳斯达克挂牌交易。第二层级是公开报价系统。主要包括全国性的场外交易市场和粉单市场，主要为未上市公司证券和下市股票提供交易的平台。第三层级是地方性的柜台交易市场。据统计，大约有 10000 家区域性小型公司的股票在该市场交易。第四层级是私募股票交易市场，该市场通过 Portal 系统，为合格的机构投资者交易私募股份提供平台。总的来说，美国多层次高度细分的资本在不同的层级有不同的上市标准，分别与不同规模、不同发展阶段的企业融资需求相适应，从而为企业的科技创新活动提供有效的资金支持。

伴随着美国资本市场发展的是为数众多的风险投资。目前，美国是世界上风险投资最发达的国家，硅谷已经成为高科技与风险投资完美结合的典范。据统计，美国的风险投资主要集中于高科技行业，如在计算机软硬件、生物、医药、通信等高新技术产业的投资比重高达90%以上。不仅如此，美国风险投资的投资阶段也集中于创新企业的导入期和成长期，通常这两个时期也是企业融资需求最旺盛的阶段。另外，美国发达的资本市场尤其是纳斯达克市场的建立，也为风险投资提供了畅通的退出机制。

第二节　欧盟科技金融发展历程及其启示

成立于1993年的欧盟是世界上经济最发达的地区之一，其经济一体化的深化促进了该地区经济的进一步繁荣。欧盟设有经济和社会委员会、欧洲中央银行、欧洲投资银行、欧洲银行业联盟等机构，为欧盟成员国提供金融服务。欧洲中央银行（以下简称欧央行）总部设在德国金融中心法兰克福，是根据1992年《马斯特里赫特条约》规定而设立的欧元区中央银行，是共同货币政策的制定者、实施者、监督者。欧央行是欧洲经济一体化的产物，是世界上第一个管理超国家货币的中央银行，也是为了适应欧元发行和流动而设立的金融机构。欧央行的主要任务是维持欧元购买力，保持欧元区物价稳定。欧央行管理主导利率、货币储备与发行，以及制定欧洲货币政策。欧元区货币政策的权力虽然集中了，但是具体执行仍由欧元区成员国央行负责。欧央行管理委员会是最高决策机构，负责制定利率和执行货币政策，由6名执行董事会成员和欧元区成员国央行行长组成，每月定期召开会议。随着欧洲银行业联盟的建立，欧央行被赋予了监管欧盟内主要银行的职能，从2014年11月起与成员国主管机构共同履行该职能。

欧洲投资银行总部设在卢森堡，是欧盟的政策银行，由欧盟成员国出资合营，享有独立法人地位，其宗旨是促进欧盟政策目标的实现。欧洲投资银行可向公共部门和私人部门提供贷款，具体投向欧盟区域发展、中小企业、环境工程、交通、能源、研发与创新以及欧盟与140多个国家或地区签署的合作协议。为了信贷的安全，欧洲投资银行从不对一个项目进行全额贷款，一般只提供项目投资额的 30% ~ 40%。欧洲投资银行对外的主要目标是根据欧盟与第三国签订的发展援助或合作计划，对欧盟以外地区的项目进行投资。1993 年以来，其贷款额已经超过世界银行，成为世界上最大的多边优惠信贷提供者。

德国、英国、法国作为欧盟的创始成员国，其科技金融经过较长时间的发展，体系比较完善，在促进本国经济增长的同时也成为欧盟经济发展的主导力量。

一　德国

德国既是经济强国也是科技强国，其在科技上取得的进步离不开科技金融体系的强大支持。德国中小企业的金融体系主要由以下几个组成部分。

（一）金融扶持

第二次世界大战后德国就开始组建复兴信贷银行（KFW）、储蓄银行、合作银行和大众银行等专门金融机构，为中小企业提供长期、稳定的融资服务。如复兴信贷银行主要从国际市场融资并以低息向中小企业发放贷款，其基金"马歇尔计划援助对等基金"是德国为中小企业提供金融扶持的重要资金来源之一。复兴信贷银行利用自己较高的信用等级从国际市场筹集资金并向中小企业发放贷款，打破了中小企业的融资瓶颈。另外，政府通常以净资产援助项目的形式（用贷款代替净资产）向新创立的企业提供金融援助。德国的 BYU 计划，一部分就是通过联邦银行向新创小企业（少于50 名雇员且不足 5 年）的新技术项目提供再融资，其向企业提供中等利率水平的贷款融资，允许每次股权投资后立即重新得到 70% 的资金，贷款的全部拖欠风险 100% 由国家承担。被投资企业每次融资最大金额为 140 万欧元，利率视企业的回报情况而定。

德国在全国范围内建立起较为完善的担保体系，在全国 16 个州中，每个州至少有 1 家担保银行。经过 50 年的发展，担保银行已经取得了较为显著的经济和社会效益。德国在联邦层次上尽管没有出台专门的中小企业法律，但在相关法律中，涉及促进中小企业发展的法律和政策规定都比较健全，绝大部分州都制定了中小企业促进法。这些法令主要用于调节企业在社会福利、劳资合同、税收、竞争等领域的活动，为中小企业的发展起到了积极作用。

（二）贷款担保

德国的信贷担保机构由手工业和行业工会、储蓄银行、合作银行和大众银行联合成立。信用担保方面，德国联邦政府和州政府为促进担保业的发展，每年拿出资金约 5000 万欧元（近 5 亿元人民币）给予支持。虽然中小企业信用担保资金主要来源于政府，但政府出资的担保机构不一定由政府部门直接运作，德国则由政府出资，鼓励私人银行对中小企业进行信用担保，重点发挥私人银行的中介功能。德国的中小企业银行主要有储蓄银行、合作银行和国民银行等，还款期最长达 10 年。

经过多年的发展，德国担保银行已形成了一套风险分担机制：担保银行承担 80% 的贷款风险，而商业银行仅需承担 20% 的贷款风险。然而，当担保银行发生代偿损失时，政府会承担其损失的 65%（其中州政府承担 26%，联邦政府承担 39%）。换句话说，担保银行实际上仅承担 28% 的最终信贷损失（注：80% × 35% = 28%）。担保银行虽然以市场化方式运作，但在运作中得到了政府的支持。如政府规定若担保银行的新增利润仍用于担保业务，则可享受税收优惠。在政府的支持下，德国担保银行获得了健康的发展，相应的，德国担保银行通过担保业务，改善了放贷银行的收益风险分布和中小企业的融资环境，完善了银行融资体系，并通过银企互动合作机制，支持了德国中小企业，尤其是科技中小企业的发展。2010 年，担保银行撬动银行贷款 8.38 亿欧元，为近 7000 家中小企业提供了 7983 笔担保，缓解了中小企业因缺乏担保物而无法融资的问题，也支持了科技中小企业的发展。可以说，德国发达的间接融资市场是其科技金融模式的核心竞争力。

（三）政府资助

德国政府与银行共同出资组建中小企业发展基金（资金主要来源于财政补贴），通过对中小企业的直接投资和贷款项目的补贴，为其提供融资支持。中小企业发展基金根据不同行业、不同地区和不同项目规定了贷款限额，额度为投资总额的 5% ~ 50%。凡符合政府补贴的中小企业，均可向当地财政局申请贷款，并提供有关投资额度、投资构成、投资用途和投资效益等内容的详细投资计划。政府或委托咨询公司对其进行评估，投资计划一经评估通过即可获得资助。

德国政府实施减免税收等优惠政策，为中小企业减负卸重，以此扶持中小企业发展。如对新建企业所消耗完的动产投资，免收 50% 的所得税；对中小企业盈利用于再投资部分，免缴财产税；对在落后地区创立的中小企业，5 年内免缴营业税。

（四）科技扶持

德国政府非常重视科技创新，自 20 世纪 70 年代开始先后制订了 5 次革新资助计划，对中小企业高科技项目予以资金倾斜扶持，进一步提高了中小企业的核心竞争能力。国家研究与技术部、经济部都单列了扶持中小企业的专项资助资金，并设立中小企业开发促进奖金，对中小企业开展技术创新进行专项贷款和补贴，为具有较强市场潜力的中小企业提供风险资本支持，对中小企业科研开发人员的经费和技术项目的投资给予补助。德国政府自 1995 年始实行资本参与计划，专项拨款加强联合研究，为高科技中小企业化解创业风险，并成立了专门科技成果转让机构，推动科研成果迅速向生产力转化，使中小企业受益匪浅。

此外，德国政府还提供低息贷款支持企业研发。具体措施包括：鼓励企业自主开发项目，员工在 250 人以下的企业自行开发的项目可以获得投资总额 35% 的低息贷款；员工在 250 人以上的企业可以获得投资总额 25% 的低息贷款。鼓励企业加强国内外科研合作开发项目，并予以贷款支持。鼓励企业与科研机构联合开发项目，属于高科技项目和高效益联合开发项目的，一般可申请到投资总额 40% 的低息贷款。

二 英国

英国中小企业融资体系主要包括信用担保、银行贷款、风险投资基金和税收优惠政策四个方面。

英国威尔逊委员会最早于 1979 年提出"小型企业信用担保计划"，旨在为具有市场潜力但缺乏足够抵押物的小型企业提供贷款担保，担保比例一般为 70%，最高可达 85%。英国自 1981 年起开始实施"中小企业信贷担保计划"，规定可为最高限额为 10 万英镑的中小企业贷款项目提供 80% 的担保。1995 年后，英国政府又加大了贷款担保计划的实施力度，并于 2000年成立了小企业服务局，用以指导中小企业信用体系的发展，提升中小企业的融资能力。贷款银行由商业银行及其他金融机构组成，零售商业银行的贷款约占 95%，其余贷款由小型银行、风险资本公司提供，期限为 2 ~ 7 年。

英国银行着力支持中小企业发展，在银企所达成协议的规定和约束下，中小企业可以在一定数量和一定期限内通过透支的方式在本企业现金账户上进行超额提取，还可以在商业银行取得普通的定期贷款，且在政府提供贷款保证金等多种计划的推动下，商业银行能够在更大程度上为中小企业提供定期贷款。

尽管风险投资基金是世界范围内一个较为流行且颇具实效的措施，在英国也的确存在，但并不是英国的主流模式，其风险投资基金主要着眼于管理层收购，而对于初创型中小企业的投入比例仅停留在 5% 左右。

英国对中小企业提供多种类型的税收优惠：一是减免收入税，小企业投资者收入的 60% 可以免税；二是豁免资本税，幅度包括 25%、50%、75% 和 100%；三是降低公司税，1983 年将中小企业公司税率从 38% 降至 30%，1999年进而降至 20%，并将利润的纳税起点由 4 万英镑提高至 5 万英镑（税率下调至 10%）；四是削减印花税，从 2% 削减至 1%，征税起点从 2.5 万英镑提高至 3 万英镑；五是取消投资收入税和国民保险附加税；六是对企业科研和开发投入实行税收减免，延长对企业生产线投资的税收减免期限。

三　法国

法国成立了中小企业发展银行，主要职能是为中小企业提供商业银行的贷款担保，也会直接向中小企业提供一部分贷款，其中小企业的融资体系主要包括以下机构。

（一）中小企业融资专门机构

法国于 1996 年成立了中小企业发展银行，旨在巩固和拓展中小企业资金来源，赋予中小企业更多的贷款优惠和便利。中小企业发展银行由国家直接投资，部分民营投资银行入股，筹集资金向中小企业投放。政府还设

立了专门机构为中小企业的银行贷款提供担保，并将中小企业税收从 30%
降低到 19%。

（二）政府扶持

法国政府针对困难的中小企业创办者和经营者进行重点资助，并在政
府工业部下设立了中小企业发展局，具体制订支持中小企业的发展计划。
法国政府还设立专门为中小企业推广新技术的基金，以鼓励中小企业加强
科研和新技术的运用。设立国家科研推广局，向中小企业提供科研贷款和
技术开发津贴，后者最高可达投资的 70%。推动技术和资本的联动，不断
加强中小企业与金融机构在科研方面的合作。在税收优惠方面，法国规定
中小企业的继承税可缓缴 5 年，并可以减免部分出口税，且凡雇员达到或超
过 10 人的中小企业在 5 年内可以逐步减轻建筑税和运输税。

（三）风险投资基金

法国风险投资事业始于 20 世纪 70 年代。当时成立了一批技术创新投资
公司和地区股份协会，1979 年又成立了风险投资共同基金。至 20 世纪 80
年代末，法国已有 120 多个机构在进行风险投资，资本超过 1 亿法郎的风险
投资机构有 20 家。此外，法国还成立了具有互助基金性质的会员制中小企
业信贷担保集团，如大众信贷、互助信贷和农业信贷等集团。2015 年，法
国风险投资基金 Partech Ventures 完成了 2 亿欧元的募集，投资方包括欧洲
最大的零售商家乐福以及代表法国政府进行投资的 Bpifrance 等，此轮募集
的资金将主要投向科技和电子信息行业的欧洲创业公司①。

第三节　日本科技金融发展历程及其启示

一　日本金融体制的发展历程

日本自明治维新以后，开始大力发展现代化的工业经济，并同时构建

---

① 人人酱：《欧洲的创业者有福了，法国风险投资基金 Partech Ventures 完成 2 亿欧元募集》，
36 氪网，2015 年 1 月 26 日，http：//36kr. com/p/219126. html。

与现代经济发展相适应的金融体系。1882 年日本银行的成立标志着现代金融体系正式形成。此后，日本的民间商业银行得到快速发展。第一次世界大战之后，日本的多层次银行体系已基本成型，其中作为中央银行的日本银行和战前的财阀系大银行是其中的核心部分，主要为大企业提供融资服务，而中小企业的短期贷款则主要由全国性的都市银行和地方银行提供。

20 世纪 30 年代，日本金融市场尤其是股票市场在产业融资领域发挥了相当重要的作用，股票融资为当时产业发展提供了 31.7% 的资金，而来自私人金融机构的贷款仅为 27.3%。但是，第二次世界大战结束以后，日本为了赶超发达国家，在资金短缺、证券市场发展滞后和金融机构弱小的不利条件下，为确保经济发展所需的资金，建立了政府控制下的"护航舰队式"的金融体制，使银行在受到政府高度管制的同时亦受到相当严密的保护，从而使当时还很脆弱的民族金融业得以生存和发展。在此背景下，日本股票市场的重要性迅速下降，而逐渐形成的银行和企业关系密切的"主银行制度"则为日本战后经济发展提供了重要的制度支持。银行体系在日本金融体系中的地位变得越来越重要，远远超过了资本市场。

自 20 世纪 80 年代开始，日本股票市场进入了一个崭新的发展阶段，在"土地价格上扬—信贷宽松—股价上扬"这样一个带有投机性质的经济机制的作用下，日本股票市场在 20 世纪 80 年代后期一跃成为世界第二大市场，其在金融体系中的重要性得到极大的强化。但由于 1989 年的"股市泡沫破灭"，此后日本股票市场就一直处于低迷阶段，不但导致市场在金融体系中的作用相对受到抑制，而且成为日本金融体系不稳定的一个重要原因。正是由于金融体系不稳定，银行和企业相互持股，股市暴跌使金融机构不良债权迅速增加，导致许多金融机构财务状况严重恶化，资本充足率大幅下降。这些使得日本金融业存在严重危机，日本经济从此一蹶不振，长期处于停滞状态。

为解决日本经济、金融存在的内在矛盾，改变僵化的金融体制，提高金融业的效率与国际竞争力，为日本经济的进一步发展创造一个良好的金融环境，日本政府于 1997 年 6 月公布了《金融体制改革规划方案》，其核心是全面废除金融限制，推动金融自由化，建立起一个既健全、稳定，又充满竞争性和创新力的市场机制下的金融体制。围绕这一宗旨，日本政府主要采取了以下四项改革措施：加速金融机构业务自由化的进程；提高日本银行的独立性和决策的透明度；进一步开放金融和资本市场；加强对金融机构的监管，强化维护金融安全的监督体系。然而，一方面，日本经济的持续萧条无法为金融改革提供一个良好的国内环境，亚洲金融危机的爆发又使本不景气的日本经济雪上加霜；另一方面，防范国际金融风险的难度也在大幅增加。这些不利因素最终导致日本的《金融体制改革规划方案》未能彻底实施①。

二 日本科技金融发展的实践及启示

（一）科技融资以银行信贷为主导

1951 年，美国诞生了世界上第一家科技园，日本紧随其后于 1963 年开始兴建科技园。与美国不同的是，日本的科技园大部分是政府规划和建设的，将大批研究机构和科学家集中到高质量的城市空间，从而让其协同进行研究。日本的科技融资主要来自银行贷款，这与日本中介（银行）主导型的金融体系有关。日本的银行体系非常发达，主要包括以都市银行为代表的大型金融机构和以地方银行、信用金库、信用组合、劳动金库等为代表的中小金融机构。都市银行的业务范围以大城市为基础，并在全国设有为数众多的分支机构，与财团资本有着十分密切的联系，实力雄厚，放款对象偏重于大企业。其他众多的中小金融机构主要服务于地方经济，经营灵活，它们的存在较好地弥补了大银行业务的空白。

（二）日本政府对科技金融的高度重视

日本政府对科技金融的重视主要体现在通过设立政策性金融机构，向科技企业提供资金支持。日本先后成立了日本输出入银行、日本开发银行、国民金融公库、中小企业金融公库和中小企业信用保险公库等政策性金融机构。这些政策性金融机构的资金来源主要是政府拨款、财政借款和发行债券。它们虽然分工不同，但目的和宗旨基本一致，都是通过以较商业金融机构优惠的利率水平、贷款期限和融资条件为企业科技创新提供贷款和

① 孙立行：《改革中的金融开放——中国金融体制创新与市场开放风险研究》，上海社会科学院出版社，2014，第 33～35 页。

金融服务，确保企业创新获得充足的金融支持。

同时，日本政府也出台相应的政策来支持企业的科技创新活动。例如，日本于 1963 年制定了《中小企业基本法》，以此来保护中小企业各方面的利益。在税收优惠方面，2000 年 4 月修订了天使投资税制度，将税收激励政策由原先只对亏损企业扩展到盈利企业，一方面保留了原优惠，另一方面只对天使投资人交易时产生的 25% 的资本所得额征税。

（三） 完善的信用担保体系

为了分担银行机构的风险，帮助中小企业在科技创新的过程中获得融资，日本政府设立了中小企业信用保证协会和中小企业信用保险公库两个机构，经过多年的发展已经形成了比较科学完善的信用担保体系。在该担保体系中，日本政府建立了以政府公用资金为主，联合银行、大企业等成立的中小企业信用保险公库，这是担保体系的最高层，主要为中小企业信用保证协会提供再担保。地方政府、公共团体共同出资成立信用保证协会，接受中小企业贷款担保申请，为中小企业融资提供信用担保。同时，担保项目自动获得信用保险公库提供的再担保，以分担担保风险。一旦企业经营不善或破产而不能按时还贷，在信用保证协会向银行代为清偿后，可以就损失的部分向信用保险公库要求赔偿，信用保险公库在核实后，向信用保证协会支付保险金。信用保证协会及信用保险公库都要接受政府监督，以确保资金的合理使用。信用担保体系的建立及有效运作，降低了企业融资的难度，有力地促进了日本企业科技创新活动的开展。

第四章　我国的科技金融实践

第一节　我国科技金融发展的总体情况

一　我国科技金融的发展状况

我国科技金融的发展基本上是与改革开放同步进行的，其成长和发展与政府政策的支持和保障密切相关。从《中共中央关于科学技术体制改革的决定》（1985 年）中提出设立创业投资企业、开办科技贷款到知识产权质押贷款再到科技支行，从创新基金到创业投资引导基金再到多层次资本市场，可以说政府的政策支持几乎遍及科技型企业的所有融资渠道。2011 年 2 月，国家正式启动了科技和金融结合试点工作，为科技成果转化、科技型中小企业发展和培育新兴产业提供了支撑。自此，科技金融工作进入组织化推进阶段，各项支持政策全面推进，各地科技金融试点工作持续推广，各类科技金融产品不断涌现，科技型企业的金融服务环境呈现加速改善的发展趋势。

在各地积极创新探索科技金融服务新模式和新业态的同时，中央层面的支持政策密集出台，尤其是在改善科技型中小企业股权融资方面已形成较为系统化的市场体系，明确了多层次股权市场的体系结构，提出要壮大主板、中小企业板市场，改革创业板市场，加快完善全国中小企业股份转让系统，在清理整顿的基础上将区域性股权市场纳入多层次资本市场体系。同时，政府为互联网金融提供了宽松的发展环境。在此环境下，众筹、P2P 网贷、第三方支付等互联网金融为全民支持科技创新和科技型中小企业提供了新型通道。近年来，多层次资本市场体系迅速布局，天使投资基金、创业投资基金、股权投资基金等快速发展，科技型中小企业的股权融资环境得到突破性改善，各种类型的股权融资渠道几乎全部开通。

在债券融资方面，中央层面的政策侧重于通过贴息、风险补偿、支持担保业发展等方式支持商业银行等机构增加对科技型中小企业的服务，降低对科技型中小企业服务的门槛，倡导通过科技支行等专业化机构提供服务，知识产权质押融资等为科技型中小企业量身定做的债券融资方式已经起步，但受制于产权交易等方面的因素，尚未得到普遍应用。在地方层面，省一级政府对创业投资担保公司、城市商业银行提供直接支持，在一定程度上使其发挥了地方政策性金融机构的作用，对拓宽科技型中小企业的信贷融资渠道发挥了积极作用

在科技金融服务平台方面，各级政府通过支持产业园区服务机构、孵化器、生产力促进中心以及各类众创空间，增进了金融机构与科技型中小企业的了解和联系，有利于科技型中小企业获得更多的金融服务。

二　我国科技金融服务的典型实践

我国支持科技型中小企业发展的金融服务政策基本覆盖金融领域，在各自领域内，金融机构也根据自身经营的特点和风险收益特征给予科技型中小企业不同类型的金融服务支持。

（一）　商业银行信贷市场

商业银行在为科技型中小企业提供信贷资金支持方面发挥着重要作用，由于我国实行的是以间接融资为主的金融体系，商业银行在其中发挥着关键作用，因此商业银行信贷的投入对科技型中小企业的发展至关重要。国务院、中国人民银行和中国银监会等监管机构先后出台了多个文件以鼓励商业银行支持科技型中小企业的发展，并支持商业银行除了为科技型中小企业提供流动性资金贷款之外，还可以开展固定资产投资贷款、研究开发费用贷款；在抵押品的选择上，可以用固定资产抵押，也可以根据科技型中小企业"轻资本、重无形资产"的特征，允许科技型中小企业使用其所拥有的知识产权进行质押融资，从而提高了科技型中小企业获得银行贷款的灵活性和便利性。目前，全国已有24家商业银行和16家担保机构直接参与了知识产权质押融资工作；农业银行在无锡高新区、建设银行在成都高新区、杭州银行在杭州高新区、北京银行在中关村科技园、交通银行在苏

州高新区，都设立了科技银行或中小企业贷款融资中心。

（二）债券市场

近年来，随着相关金融监管政策的放开，中小企业已经可以发行短期融资券和中期票据，而且为清除小微企业发行债券融资存在的障碍，中国人民银行还允许一些特定的科技型小微企业（如同一开发区内的科技型中小企业）集合在一起，共同发行统一的中小企业集合票据或中小企业集合融资券，从而在一定程度上为规模较小的科技型中小企业发行低成本债券融资提供了条件。2012 年，以上海证券交易所和深圳证券交易所为主体，推出了中小企业私募债，放开中小企业面向合格投资者直接发行债券的渠道，为中小企业的债务融资提供直接渠道。截至 2014 年 6 月，在两个交易所发行的中小企业私募债余额已经超过 600 亿元。

（三）股权交易市场

我国构建了以证券交易所场内市场为龙头、以股份转让代办系统和产权交易所为基础的科技型中小企业股权流通市场。目前，我国在证券交易所推出的涉及科技型中小企业的板块主要有中小企业板市场和创业板市场。据统计，在中小企业板市场上市公司中，科技型企业占到 70% 以上；在创业板上市公司中，科技型中小企业占到 90% 以上。在证券交易所之外的场外市场，我国推出中关村股权代办转让系统，主要为科技型中小企业股份转让提供服务。2012 年，经国务院批准，决定扩大非上市股份公司股份转让试点，首批扩大试点新增上海张江高新技术产业开发区、武汉东湖新技术产业开发区和天津滨海高新区。2013 年底，"新三板"方案试点突破国家高新区限制，扩容至所有符合"新三板"条件的企业。2014 年以来，我国开始推行覆盖全国的"新三板"市场，目的是组成一个覆盖全国的交易所场外股权转让系统，方便尚未达到上市要求的科技型中小企业股份转让及流通。截至 2015 年 12 月 31 日，已经有 5129 家企业在"新三板"挂牌，其中排名第一的行业是软件和信息技术服务业，挂牌数量为 773 家。另外，我国还在北京、上海、天津、武汉等多个中心城市建立了产权交易所，为包括科技型中小企业在内的所有企业提供股权转让等相关服务。

（四） 股权投资基金

我国在支持科技型中小企业发展的过程中，借鉴国际经验，把加强股权投资基金对科技型中小企业的支持作为重要内容，为此，我国出台了一系列促进股权投资基金发展壮大的支持政策，这些政策主要分为两大类。一类是通过设立中小企业创新基金或产业引导基金，直接或间接为科技型中小企业提供资金支持，如贷款贴息、无偿资助、资本金投入、产业投资引导基金等。据清科集团旗下私募通统计，2014 年政府引导基金新设立的有 39 只，共管理资本量 1956.12 亿元，分别是 2013 年引导基金设立数量和管理资本量的 3.5 倍和 9.4 倍①。2015 年 9 月 1 日，李克强总理主持召开国务院常务会议，中央财政通过整合资金出资 150 亿元，创新机制发挥杠杆作用和乘数效应，吸引民营和国有企业、金融机构、地方政府等共同参与，建立总规模为 600 亿元的国家中小企业发展基金，通过设立母基金、直投基金等，用市场化的办法，重点支持种子期、初创期成长型中小企业发展。另一类是为股权投资基金设立和运营提供政策支持，特别是北京、天津、深圳、上海、重庆等地，都把股权投资基金作为争取地方性金融中心的重要举措，出台的相关措施较为全面。

（五） 保险公司

科技保险业务是 2006 年底中国保监会和科技部联合推出的，主要目的是分散高技术创新风险，激励企业自主创新。华泰财产保险股份有限公司、中国出口信用保险公司和中国人民财产保险公司 3 家公司获准经营科技保险业务。2007 年 7 月，北京、天津、重庆、深圳、武汉和苏州国家高新区成为首批国家科技保险创新试点。2008 年 8 月，上海、成都、沈阳、无锡、西安、合肥高新区被批准为第二批科技保险创新试点城市（区）。2013 年，中国保监会放开了保险公司投资创业板的限制，保险资金成为创业投资及创业投资基金的重要资金提供方。

---

① 清科研究中心：《2015 年中国政府引导基金发展报告简版》，投资界，2015 年 2 月 28 日，http://research.pedaily.cn/report/free/960.shtml。

（六）信用担保机构

目前，我国所有的省份都设立了省级信用担保公司，为大批科技型中小企业融资提供担保。为了降低信用担保机构运行的风险，保障这些机构的正常运行，中央和地方财政也拿出了部分资金，为信用担保机构承担的理赔损失提供一定的风险补偿。另外，为了提高财政资金的使用效率，一些地方政府财政部门也与信用担保机构合作，将部分财政资金委托信用担保机构运营，按照政府的相关标准和要求，为符合条件的科技型中小企业提供信用担保业务。

三 我国科技金融发展的基本特征

在我国科技金融体系建设中，政府不断创新资本投入方式，以撬动社会资本为主、财政税收优惠为辅，创造扶持战略性新兴产业发展的政策环境。在政府参与的情况下，以银行为主导的金融体系不断创新产品、服务模式，缩短审批流程，提高风险容忍度，着力加大对科技型中小企业的信贷支持。为分散风险，担保及保险机构与政府、银行共担风险，共同为科技型中小企业融资服务。科技促进金融发展，金融助推科技进步，从科技金融体系主要参与者——政府、银行类金融机构、非银行类金融机构的视角来观察，我国科技金融的发展具备以下基本特征。

（一）出台政策利好，支持科技金融发展

在国家"十二五"规划支持战略性新兴产业发展的政策指导下，各地方政府贯彻落实中央政策并制定相应的市、区、县政府科技金融文件，在人才引进、创业环境、厂房及住房租金优惠和税收优惠政策等方面创造条件，吸引国内外创新型人才入驻创业。同时，政府还出台关于风险补偿、知识产权、中小企业信用担保、股权投资市场等方面的相关文件，旨在建立多层次、全方位的保障体系，为企业提供良好的融资环境。此外，各地政府还不断创新财政科技投入方式，提高资金使用效率，如以高效利用政府资金为导向，利用杠杆效应撬动更多社会资本投资科技型中小企业。政府在科技金融体系建设中就像一个规划者和引导者，以政策利好、财政补贴为导向，鼓励金融机构向中小企业倾斜资源，助推企业发展。

（二）银行创新金融产品，全方位服务科技型中小企业

无论是政策性银行、国有大型银行还是地方性商业银行，均抓住国家支持中小企业尤其是科技型中小企业发展的战略机遇，通过创新金融产品、审批流程、服务模式等为企业提供全方位、覆盖整个生命周期的金融服务。在金融产品方面，银行根据科技型中小企业的特征，创新性地提出专利权质押、合同能源管理等金融产品；在审批流程方面，银行专设"一个窗口"为企业提供便捷有效的服务，并针对企业特征加入专家评审，设立专门的审批通道和审批标准；在风险控制方面，为鼓励银行支持科技型中小企业发展，与创投基金、信用担保和保险机构积极合作，实现利益共享、风险共担。

（三）搭建科技金融合作平台，提供一揽子服务

《国家中长期科学和技术发展规划纲要（2006～2020年）》明确提出要"搭建多种形式的科技金融合作平台"。各省市在科技部门的统筹下，为科技型中小企业的创立和发展搭建众多公共服务平台，包括政务信息公开平台、科技金融服务公司或平台、技术成果转化中心、中小企业上市培育工程、企业培训、中小企业投融资公共服务平台、银企对接会等多方面、综合性的服务平台。以"一个平台"构建包括银行、创投、担保、保险、科技小贷公司在内的金融服务体系，为不同生命周期的企业提供财务信息、金融产品、中介服务等。

目前，成都、杭州、苏州、深圳、武汉、南京等地都纷纷搭建了区域性的科技金融服务平台，主要为科技型企业实现投融资功能、引导功能以及其他综合功能服务。同时，区域性的科技金融服务平台还通过自身的集聚效应推动科技产业与金融产业的综合化经营，为科技金融产业的发展提供综合化的金融服务。

第二节 省市科技金融发展的基本情况

一 北京市

近年来，北京市以建设中关村国家自主创新示范区为契机，坚持先行

先试原则，通过创新科技金融产品、完善科技金融市场、聚合科技金融组织、聚集科技金融人才，建立起与首都科技地位相匹配、与首都金融资源相适应的科技金融服务体系，加快首都科技金融创新发展，力争把北京建设成为具有国际影响力的科技金融创新中心。

（一）加快建设中关村科技金融创新中心

积极推进首都科技金融综合改革试验，支持海淀区充分发挥创新资源优势，在科技金融主体聚集、多层次资本市场服务体系建设、金融工具创新、公共服务平台建设等方面开展先行先试。着力集聚各类科技金融主体和要素，支持以科技企业为主要服务对象的金融机构总部及区域总部落户发展。研究探索在中关村科技金融创新中心开展区域性股权交易市场、保险机构（含社保机构）股权投资业务、小额贷款公司引入外资和吸引民间资本等试点工作，综合运用短期融资券、中期票据、集合票据、集合资金信托计划、企业债券、无担保债券等各种金融工具支持科技企业发展。

统筹利用中关村发展专项资金和海淀区相关资金，研究制定鼓励天使投资发展的政策，健全和完善创业投资风险补偿政策，落实好本市促进股权投资基金发展的政策措施。进一步加大对入驻中关村科技金融创新中心金融机构的政策扶持力度。打造科技金融公共服务体系，建立科技金融综合统计分析平台，协调整合政策、资金、项目、信息等资源，为创新中心内的金融机构提供全面高效的工作、人才和生活服务支持。

（二）加快完善科技信贷支持体系

1. 建立政银企专项工作机制

由北京市金融局会同中国人民银行营业管理部、北京银监局、中关村管委会等相关部门以及各区县政府、在京银行业金融机构，共同构建政银企科技金融专项工作机制，推动建立协调联动机制、合作创新机制、信息共享机制、风险共担机制、联合信贷机制和信用增进机制，建设网上信息交流和融资服务平台。

2. 建立风险评估咨询机制

组建科技信贷风险评估咨询专家库，建立科技信贷风险评估专家咨询机制，为商业银行审批科技企业贷款提供专家人选，鼓励金融机构对重点科技项目提供专业化的融资咨询服务，组织金融专家和科技专家为科技企业融资活动提供志愿服务。

3. 鼓励设立科技信贷专营机构

积极落实相关支持政策，鼓励银行业金融机构进一步增加为科技型企业服务的特色支行、信贷专营机构、科技金融事业部等机构，并实施单独的考核和奖励政策，建立授信尽职免责制度，简化贷款审批流程，提高审批效率和放款速度。

4. 深化小额贷款公司试点工作

积极探索多种形式的小额贷款公司设立模式，实施贷款投向的分类指导和监管，鼓励结算银行为小额贷款公司提供融资支持，构建良好的小额信贷支持服务体系。鼓励小额贷款公司为中关村国家自主创新示范区内的科技企业提供资金支持，适当放宽小额贷款的额度限制。

5. 逐步扩大科技信贷创新产品规模

在中关村国家自主创新示范区内，鼓励扩大中小企业信用贷款试点规模，增加合作银行数量，鼓励其在风险可控的前提下提高对中小企业信用贷款的审批效率。积极开展知识产权质押贷款，北京市知识产权局和北京市工商局等有关部门要为开展知识产权质押贷款创造条件；推广海淀区知识产权质押贷款贴息政策，鼓励有条件的区县研究制定业务风险补贴等政策措施支持开展知识产权质押贷款。探索知识产权质押贷款质权处置途径，扩大知识产权质押贷款规模。

6. 鼓励开展科技金融服务创新

鼓励银行业金融机构开发适合多个企业参与的集合信贷产品，对技术联盟、战略联盟、销售联盟，或是紧凑的上下游企业自律组织联盟进行集合授信支持。鼓励通过并购贷款支持科技企业发展；支持金融机构开展软件外包贷款、集成电路贷款、文化创意贷款、节能减排贷款等产品和服务创新；采用股权质押贷款、保付代理、融资租赁等多种融资手段，拓宽企业融资渠道。鼓励金融机构及相关中介机构为科技企业提供结算咨询、财务顾问等金融服务。

（三）加快拓展科技企业市场融资体系

1. 推动科技企业在创业板上市

加快建立推动企业创业板上市的政策支持体系、上市培育体系和信息支撑体系。加强对科技企业改制、上市过程的综合配套服务，鼓励科技企业改制并给予费用补贴，有针对性地组织上市培训工作，建立北京市企业上市资源数据库和企业上市网。发挥中关村国家自主创新示范区科技企业资源丰富的优势，集中力量培育一批创新能力强、成长快、前景好的创业板上市企业，做大做强中关村板块。

2. 推动债务融资创新

加快推动科技企业在银行间市场融资，与银行间市场交易商协会建立长期全面合作机制，积极支持中债信用增进投资公司在京发展。建立科技企业在银行间市场融资的绿色通道，鼓励其发行短期融资券、中期票据、集合票据等融资工具。大力发展企业票据融资市场，扩大票据发行规模。拓宽科技企业债券融资渠道，满足企业中长期发展资金需求。积极推动科技中小企业发行集合债券，并给予政策支持。

3. 发展中关村代办股份转让系统

支持中关村代办股份转让系统制度创新，探索建立做市商制度和资本市场转板制度，增进市场流动性和活跃度。大力培育试点企业资源，进一步扩大试点规模。把中关村代办股份转让系统建设成为统一监管下的全国性场外交易市场。

4. 发展各类产权交易市场

创新技术交易服务模式，大力扶持技术投资机构发展，推出技术投资基金和科技信托基金，广泛吸引社会资本参与科技成果产业化，支持中国技术交易所发展成为具有国际影响力的技术交易市场。加快发展知识产权交易市场，创新版权产业投融资模式，鼓励设立新媒体版权权益投资基金，推动设立文化产权交易所。依托北京环境交易所建立环境权益交易平台，以市场化机制推动节能减排创新试点和节能环保技术发展。

（四）加快发展股权投资服务体系

1. 发展天使投资和创业投资

积极落实国家对创业投资企业发展的税收优惠政策，创业投资企业采取股权投资方式投资于未上市中小高新技术企业 2 年以上的，可以按照其投资额的 70%，在股权持有满 2 年的当年抵扣该创业投资企业的应纳税所得额；当年不足抵扣的，可以在以后纳税年度结转抵扣。推动国家产业技术研发资金在京参股设立创业投资基金。鼓励天使投资和创业投资对具有创新精神、自主技术和市场潜力的科技企业直接投资。

2. 发展股权投资基金

充分发挥北京股权投资发展基金的引导作用，发挥科技产业投资基金、绿色产业投资基金和文化创意产业投资基金的带动作用，鼓励市场化股权投资机构在京注册发展，形成"1+3+N"的股权投资市场机构体系。鼓励各类资金投资于北京股权投资发展基金和其他市场化股权投资基金，鼓励社保基金、银行资金、保险资金、信托资金、境内外合格机构投资者和成熟个人投资者支持本市股权投资基金业发展。

3. 发展股权投资基金管理机构

鼓励在京股权投资管理机构提升管理水平，加强团队建设，优化投资管理。吸引一批优秀的外资股权投资机构在京设立管理公司，发起设立股权投资基金，对外资股权投资基金在资本金结汇等方面给予先行先试的政策支持。推动外资与境内股权投资机构的合资合作，提升股权投资管理的国际化水平和国际竞争力。

4. 建设股权投资服务平台

加强股权投资基金与银行、证券、保险等相关金融机构的合作，为股权投资机构在基金设立募集、中介服务、项目退出等环节提供专业化服务。建立市、区县两级政府和北京股权投资基金协会"一体化""一站式"股权投资服务体系。北京市金融局和相关部门要加大对股权投资机构吸引聚集力度，制定有利于股权投资在京注册、发展的便利机制和激励机制；区县政府要做好落地服务工作；北京股权投资基金协会要加强对会员的服务与自律管理。

（五） 加快完善科技保险创新体系

1. 完善创新科技保险产品

创新保险对科技企业的服务模式，将保险服务拓展到企业成长的各个阶段。鼓励和推动科技企业投保企业财产险、高管和关键研发人员意外与健康险、关键研发设备险等科技保险，按照规定对投保企业给予保费补贴。建立科技企业保险理赔绿色通道，提高科技保险理赔服务水平。

2. 推进中关村科技保险创新试点

加大对中关村自主创新产品的保险支持力度，建立并完善政府采购首台（套）重大技术装备、自主创新产品首购风险的保险补偿机制，通过政府保费补贴、投保与招投标评分相结合等办法，降低首台（套）使用方风险。鼓励中关村企业、保险公司和商业银行联合开展国内外应收账款信用保险及贸易融资创新。积极争取中关村科技企业商业补充养老保险、补充医疗保险的税收优惠政策。鼓励保险资金通过债权、股权等方式投资中关村科技企业。

3. 发挥高新技术企业出口信用保险作用

推动中国出口信用保险公司加大对中关村高新技术企业的支持力度，提供专业、高效的风险管理咨询和评估服务，对企业自身信用评级和海外买家资信调查费用给予优惠，对购买统保保险的科技企业给予保险费率优惠。按本市支持企业短期出口信用险的相关规定，对有关投保企业给予保费补助。

（六）加快发展科技企业信用增强体系

1. 加大融资性担保支持

积极落实国家对融资性担保机构的各项奖励政策，鼓励担保机构加入再担保体系。加大市与区县对政策性担保机构的支持力度，鼓励政策性担保机构对战略性新兴产业领域的高新技术企业扩大担保规模。

2. 建立信用信息归集和共享机制

充分利用中国人民银行企业和个人征信管理系统，依法归集和整合工商、税务、海关等部门的科技企业基础信用信息，建立北京市科技企业信用信息系统，完善科技企业信用信息库。建立和完善企业信用信息共享机制，进一步促进科技企业信用信息的采集、使用和共享，推动统一征信平台建设。

3. 强化科技企业信用评价

政府部门、金融机构、投资机构、信用评级机构、会计师事务所等机构共同开展对科技企业的综合信用评定，充分发挥信用自律组织作用，建立完善的企业信用评价体系。建立信用增进机制，创新信用增进模式，采取企业集合增信、担保公司联合增信、再担保公司放大增信规模、投保信用保险增信的方式，为科技企业融资提供信用增进服务。树立守信企业典型，每年评选奖励若干信用良好企业，鼓励金融机构为其降低综合融资成本。

4. 发展科技金融中介组织

发展律师、注册会计师、资产评估、信息咨询、资讯、信用管理等科技金融中介服务。规范信用评级机构及其从业人员的行为，提高信用评级机构的公信力，推动提高评级报告质量，扩大评级报告的应用范围。培育一批首都金融中介机构优质资源，发挥行业协会作用，推动中介机构加强科技金融服务。

（七）加快构建科技金融组织保障体系

1. 发挥投融资服务平台作用

加大对重点领域和重点项目的投融资支持力度，通过金融手段促进中央企业科技成果转化和项目落地，为科技企业和自主创新项目提供综合性金融服务。

2. 创新组合金融服务模式

组合银行、证券、保险、基金、信托、租赁、天使投资、创业投资、股权投资、担保等各类机构，创新融资方式和服务模式，形成满足不同类型、不同成长阶段科技企业的金融服务联盟。金融服务联盟以多种形式搭建覆盖范围广、功能齐全的融资支持服务平台，为科技企业提供集中统一的结构融资服务。

3. 聚集科技金融专业人才

支持各类高等院校培训高层次的科技金融创新人才。引进国际著名工商管理培训机构，加强本土培训机构发展。组织科技企业金融培训班，建立由金融管理部门、金融机构、专家学者、专业人士和科技创业者等参与的科技金融讲师团。组织在京金融和科技人才开展国内外交流合作，加大海外高层次科技金融人才引进力度。每年从金融机构和科技企业中评定若干科技金融人才，并给予政策奖励。

二 天津市

"十二五"以来，天津市不断加大对科技金融的扶持力度，积极建设科技金融对接平台，提升金融对科技的服务水平。

（一）加大财政支持力度，转变财政科技投入方式

1. 加大对科技企业的财政支持力度

2010～2014 年，天津市中小企业技术创新资金累计支持 3000 余家企业，仅市级财政投入就达 3.3 亿元。贷款贴息资金累计支持 1300 余家企业，财政贴息贴保经费达 11.4 亿元。天津市还出台规定，在津高校、科研院所和国有企事业单位具有自主知识产权的职务发明成果的所得收益，按 60%～95% 的比例，划归参与研发的科技人员及其团队所有。科技型中小企业购买高校、科研院所的科技成果或进行产学研合作项目，给予其技术交易额或合同额的 10%、最高 50 万元的财政补贴。与此同时，天津市规定，对投资初创期和成长期科技型中小企业的创投机构等，给予最高 50 万元的奖励；鼓励担保机构为科技型中小企业提供贷款担保，担保额增量部分给予 0.4% 的财政资金补贴。"十二五"期间，天津市共筹集财政资金 200 亿元，加大了对科技型中小企业的财政资金扶持力度[①]。

2. 设立天使投资引导基金

设立天使投资引导基金，支持在天津国家自主创新示范区内建立天使投资子基金。天使投资引导基金最高可按 30% 的比例参股，财政资金比例最高不超过 50%。每只基金规模不低于 1000 万元，主要用于投资本市种子期、初创期科技型中小企业和创新创业项目。预计到 2020 年，天津市将围绕众创空间成立 100 个创新创业预孵化种子基金；设立 5 亿元规模的天使投资引导基金，成立 50 只以上天使投资基金，建立一支由 100 名天使投资人组成的队伍，支持科技型中小企业发展[②]。

3. 扩大创业投资引导基金规模

对新设立的创业投资基金，市财政资金最高可按 30% 的比例参股。天津市将引导创业投资基金、战略性新兴产业投资基金投资于自创区内初创期、成长期的科技企业，根据其投资于初创期、成长期科技企业的实际投资额，按一定比例给予专项财政补贴。计划到 2020 年，创业引导基金规模

---

① 靳博：《"小巨人"蕴含大能量》，《人民日报》2015 年 1 月 2 日，第 2 版。
② 张璐：《成立 100 个创新创业预孵化种子基金》，《天津日报》2015 年 6 月 18 日，第 1 版。

将达到 15 亿元，参股创业投资基金将达到 50 只，新增科技型中小企业信贷规模 1000 亿元，推动 1000 家科技型中小企业完成股份制改造以及一批股改企业上市或挂牌融资①。

（二）加强自主创新示范区建设，构建科技金融生态圈

引导银行业等金融机构设立天津国家自主创新示范区创业基金，大力发展国家自主创新示范区科技型企业直投和投贷联动。此前天津市政府颁布了《天津国家自主创新示范区发展规划纲要（2015～2020 年）》《天津国家自主创新示范区"二十一园"空间布局规划》《天津国家自主创新示范区核心区空间布局规划》等一系列文件。2014 年 12 月，天津国家自主创新示范区获得国务院批复。为支持天津国家自主创新示范区建设，发挥示范区先行先试、辐射带动作用，天津市专门设立示范区发展专项资金，并制定出台《天津国家自主创新示范区发展专项资金管理暂行办法》。专项资金初步预算规模为每年 10 亿元，重点支持示范区建设创新平台、培育创新型企业、构建科技服务体系、推进科技金融发展四大方面。

1. 建设创新平台

聚集科技创新要素，引进共建新型研发机构，推动建立创新机构、产学研协同创新平台等科技创新体系。培育众创空间、创客工场、专业孵化器等创新创业新型孵化器，支持其开展培训、合作对接等公益性服务和创新创业活动。

2. 培育创新型企业

围绕培育战略性新兴产业和新业态，推动核心技术和"撒手锏"产品开发，支持企业引进转化重大科技成果，实施重大创新项目，大力推动科技型中小企业发展，加快发展科技小巨人，培育具有国际竞争力的领军企业。

3. 构建科技服务体系

支持产业技术创新战略联盟、各类协会等社会组织建设，推动研发、专利、检测检验、创业孵化、科技咨询等专业服务机构发展，打造服务机

---

① 李子涵：《专项基金助力初创期科技企业，本市发布科技金融创新行动计划》，《今晚报》2015 年 6 月 18 日，第 2 版。

构电商化网上服务平台，建立创新人才、创业辅导、融资服务一体化的创新创业社区。

4. 推进科技金融发展

设立天使投资引导基金和创业投资引导基金，设立科技信用贷款风险补偿资金，大力发展科技信用贷款、科技担保、科技保险、科技租赁等，促进面向科技型中小企业的天使投资基金、科技众筹基金、创业投资基金等发展。鼓励企业进行股份制改造和上市发展，提升科技金融对接平台的服务水平①。

自主创新示范区的企业除了能享受6项已经推广到全国范围内实施的国家自主创新示范区政策外，还能享受4项在天津国家自主创新示范区实施的政策，这4项政策主要体现在税收方面的优惠。例如，对国家自主创新示范区等试点地区内的高新技术企业转化科技成果，以股份或出资比例等股权形式给予该企业的相关技术人员奖励，对于技术人员一次缴纳税款有困难的，经主管税务机关审核，可分期缴纳个人所得税，但最长不能超过5年。

（三）构建股改绿色通道，助力企业进入多层次资本市场

天津市出台了《科技型中小企业股份制改造三年工作计划》《科技型中小企业股份制改造补贴资金管理办法》等文件。天津市科委通过与渤海证券等证券机构合作，联合各类中介服务机构，打通科技企业股份制改造和上市挂牌绿色通道，加快科技企业股份证改造和上市挂牌速度。天津市科委联合天津市证监局、天津市金融局于2014年7月共同召开了天津市科技型中小企业股份制改造工作推动会，组织成立4支股份制改造服务队，赴各区县开展了一系列股份制改造培训和宣讲活动，推荐优质券商和中介机构合作，市区联动为有意愿股改的企业提供全方位服务。在市、区两级科委的共同努力下，截至2014年底，全市共有67家科技型中小企业完成了股份制改造，并有22家企业在"新三板"、天交所等资本市场成功登陆，实现融资9856.8万元②。

---

① 张璐：《每年10亿元助力"四轮驱动" 天津市设立国家自主创新示范区发展专项资金》，《天津日报》2015年7月6日，第1版。

② 天津市金融处：《2014年我市67家科技型中小企业完成股份制改造》，外宣材料，2015年1月12日。

（四）完善科技金融服务平台

科技金融服务平台包括科技金融对接服务平台和互联网金融平台等。天津市规定，对科技金融对接服务平台开展有效的融资服务活动，给予最高 100 万元的财政资金支持。各科技金融对接服务平台自成立以来，除了做好日常工作外，还组织专门人员开展中小微企业贷款风险补偿政策宣传，并组织银企对接活动。截至 2014 年底，滨海新区、武清区、宝坻区、南开区、静海县、蓟县等 22 家科技金融对接服务平台先后组织 50 多场与中小微企业贷款风险补偿相关的政策宣讲、银企对接活动，服务企业 962 家，帮助近百家企业获得融资 2 亿多元。科技金融对接服务平台利用资源优势，为有融资意向的企业就近提供政策支持和信贷服务，为个性化需求制订融资解决方案，起到了政策聚焦、资源聚集、专业化融资的"一条龙"企业帮扶作用[1]。大力撮合国内科技企业和海外科技企业开展技术交流、企业并购、成果交易等对接业务。到 2020 年，预计将有 200 家以上科技企业与海外科技企业开展洽谈与合作。

2015 年 7 月 7 日，天津股权交易所倾力打造的天津自贸区首个互联网金融平台正式上线运行。该平台凭借天津股权交易所全国性业务网络和强大的优质企业资源以及上千家高水平服务机构队伍，将为天津市科技金融改革创新探索道路，为天津市众多科技型中小企业提供网络化融资支持[2]。至 2020 年，天津要基本建成科技金融政策、产品、服务、支撑和保障五大体系，建成全地域的科技金融对接、政府融资、互联网众筹、网络化对接四类科技金融服务平台。

三 上海市

近年来，上海金融机构在积极推进上海国际金融中心建设的进程中，把服务高新技术产业化作为促进结构调整、发展转型的一项重要内容。上海金融机构积极完善科技企业融资环境，在科技园区开设科技金融服务特

---

① 天津市金融处：《科技金融对接服务平台助力中小微企业贷款》，外宣材料，2015 年 3 月 3 日。

② 天津市金融处：《天津自贸区首个互联网金融平台正式上线》，外宣材料，2015 年 7 月 10 日。

色支行，并制定专门的科技信贷政策，重点做好科技企业的金融服务，同时探索和推进知识产权质押、股权质押、订单质押、科技型中小企业履约保证保险贷款等创新业务，科技企业融资环境明显改善，中小企业贷款额明显增加。"十二五"期间，上海以建设世界一流国际金融中心为目标，同时又承担具有全球影响力的科技创新中心的任务，在推动科技金融方面进行了不断的尝试，取得了一定的效果，主要表现在以下五个方面。

（一）出台一系列支持政策

上海市政府及各部门制定了许多鼓励和促进金融资源与科技企业有效结合的政策文件，为科技企业解决融资难题营造良好的政策和金融环境。2009 年，上海市政府出台了《关于本市加大对科技型中小企业金融服务和支持实施意见的通知》，包括建设信贷业务体系、加大信贷投放力度、健全担保体系，以及建立专家库为科技型中小企业提供专业咨询服务等方面。2010 年上海市相继颁布了《关于鼓励和促进科技创业的实施意见》《关于推进上海市中小企业上市工作的实施意见》《关于印发促进科技和金融结合试点实施方案的通知》（国家级）等一系列文件。2011 年底，上海市人民政府制定了全面的纲领性文件《关于推动科技金融服务创新促进科技企业发展的实施意见》，发挥政府引导作用，鼓励和促进科技金融体系中的其他参与者向科技型中小企业供给金融资源，有效解决融资难题。

（二）搭建两类科技金融平台

1. 建立科技型中小企业融资服务平台

主要是收集科技企业，特别是中小型科技企业各方面的信息。融资服务平台由线上信息系统和线下服务工作站构成多渠道的服务平台，拥有针对科技金融体系中企业和金融机构两大主要参与主体的数据库。企业方面的数据库包括融资需求信息库、信用档案数据库及上市企业数据库，金融方面的数据库即产品及服务信托信息库。融资服务平台实现了信息服务、信用服务、决策咨询服务、债券融资服务、股权融资服务及上市培育服务六大服务功能。

2. 建立上市后备企业培育平台

为创业中心内发展潜力巨大、具备上市前景的重点企业提供孵化服务，大力倾斜服务资源，培育上市后备企业上海市科技创业中心根据企业生命周期不同阶段的需求，依托科技企业孵化器、加速器等为其提供恰当的服务和帮助。上市后备企业培育平台覆盖企业生命周期的融资需求，尤其为培育一批上市企业而努力；融资服务平台则为银行和企业搭建起信息桥梁。

（三） 不断开拓融资渠道

直接融资方面，根据整个资本市场的发展，加强对传统的银行贷款、包括 PE/VC 在内的各类股权融资和股票债券的三个直接融资渠道的进一步运用。推动中小企业板和创业板、全国中小企业股份转让系统"新三板"、上海股权托管交易中心三个直接融资渠道扩大资本市场与科技型中小企业对接。上海市财政通过中小企业发展专项转移支付项目，重点对各区县实际发生的支持中小企业改制上市经费补助支出给予专项转移支付扶持。实际上，上海市各区县对创业板、中小企业板上市以及在"新三板"和上海股权交易中心挂牌的科技企业都给予了不同程度的财政补贴。设立了上海股权托管交易中心，为本市非上市科技企业的改制、股权登记、托管及非公开转让交易等提供服务，为多层次资本市场培育更多的上市科技企业资源。积极推动上海张江高新技术产业开发区内具备条件的非上市企业进入代办股份转让系统，进行股份转让。

（四） 加大财政支持力度

1. 出台科技型中小企业信贷风险补偿及奖励政策

通过运用坏账损失的分担政策鼓励商业银行加强对科技型中小企业的支持。按照"政策引导、市场化运作"以及"市、区县联动，以区县为主"的原则，完善科技金融财政支持措施，扩大市、区县两级财政的中小企业融资担保专项资金规模，建立健全科技型中小企业信贷风险分担机制，进一步调动商业银行在信贷投向方面支持和促进本市科技型中小企业发展的积极性。自 2011 年起的 3 年内，对各商业银行在上海张江高新技术产业开发区、上海紫竹国家高新技术产业开发区、上海杨浦国家创新型试点城区等区域内发放的科技型中小企业贷款所发生的超过一定比例的不良贷款净损失，在按照有关规定提供风险补偿的基础上，由市、区县两级财政进一步加大风险补偿力度，补偿比例从现行的 20% ~ 40% 提高到 40% ~ 60%[①]。商业银行对在信贷方面做出贡献的科技型中小企业进行奖励。提高对科技型中小企业不良贷款风险容忍度，加大对单户授信总额在 500 万元及以下小企业贷款的支持力度。

2. 设立上海市创新资金和上海创业投资引导基金

为激发科技型中小企业的创新活力，引导社会资金投入，推动上海市产业结构转型升级，特设立上海市科技型中小企业技术创新资金（以下简称上海市创新资金）。上海市创新资金支持的项目类型分为初创期企业项目、成长期企业项目和重点项目，采取定额补助方式，其中初创期企业项目为 10 万元/个，成长期企业项目为 15 万元/个，重点项目为 30 万元/个（后补助）。上海市创新资金支持的重点领域包括：一是新一代信息技术、高端装备制造、生物、新能源、新材料、节能环保等战略性新兴产业领域的关键技术创新和产品；二是融合新技术、新模式和新业态发展的关键技术创新和商业模式创新；三是促进区（县）重点产业领域的科技型中小企业成长，推动区域创新型产业集群建设。

上海创业投资引导基金由上海市政府设立，是在新形势下转变政府职能、提高财政资金使用绩效、提升企业融资能力、促进实体经济发展的重要手段。自 2010 年上海创业投资引导基金开始运作以来，截至 2015 年底，共参股设立基金 38 家，撬动社会资本近 104 亿元。2015 年引导基金认缴出资的基金共投资 186 个项目，其中新增项目 159 个，共计完成投资 194 项次。

3. 参股商业性融资担保机构

上海市安排了 20 亿元专项资金，通过国资平台投资参股信用良好、管理规范的融资担保机构来加大对科技型中小企业的融资担保。上海市在财政政策上设立总量规模为 10 亿元的市级财政专项资金，通过市有关国有投资公司以投资参股商业性融资担保机构的方式，支持和引导本市商业性融资担保机构做大做强。

———————————

① 《关于推动科技金融服务创新促进科技企业发展的实施意见》，上海市人民政府网站，2011 年 12 月 15 日，http://www.shanghai.gov.cn/nw2/nw2314/nw2319/nw10800/nw11407/nw25262/u26aw30195.html。

（五）推动与科技金融服务相关的机构发展

1. 成立科技金融专业特色银行

2012 年 8 月，浦发硅谷银行在上海成立，这是我国第一家独立法人的科技银行，借鉴美国硅谷银行的经验全方位服务于科技创新型企业。作为浦发银行与国外成功的创新型服务模式的完美结合，标志着上海国际金融中心建设又迈出了新的一步。浦发硅谷银行聚焦于上海的科技创新型企业，进而辐射长三角地区，最终面向全国的科技型企业。鼓励商业银行在上海张江高新技术产业开发区、上海紫竹国家高新技术产业开发区、上海杨浦国家创新型试点城区等区域内，设立专门为科技企业服务的科技金融支行，制定专门的科技型中小企业信贷政策和考核机制。目前商业银行在上海张江、紫竹和杨浦区域设立了 34 家科技金融专业特色支行（科技支行），加大了对科技企业的贷款支持力度。

2. 鼓励社会资本参与设立融资担保公司

鼓励商业银行与担保公司、科技园区开展科技融资服务业务合作，简化信贷手续，更好地服务科技企业和小微企业。从 2011 年开始，上海市财政部门安排总量规模为 10 亿元的市级财政专项资金，2012 年新增 10 亿元。通过上海市有关国有投资公司，对管理规范、信用良好、风控完善的本市商业性融资担保机构，以投资参股的方式参与商业性融资担保机构的运作，以支持和引导本市各类商业性融资担保机构不断扩大资本规模，逐步放大融资担保资金倍数，切实提升为中小企业融资服务的能力和水平。此前，上海市财政局、上海市金融办已选定了国盛集团、科投公司和上海国际集团作为市级投资公司开展此项工作。并且，国盛集团和科投公司已与 9 家单位开展了注资的意向洽谈或协议签订。至 2011 年底，已完成了对联合担保、汇金担保、创业接力三家商业性担保机构的资本金注入，注资金额为 3.6 亿元。上海国际集团完成了对上海市再担保有限公司的资本金注入，注资金额为 1.5 亿元，专项用于扩大对中小企业融资担保和再担保业务。

3. 积极发展小额贷款公司

目前上海市的小额贷款公司数量众多，在支持中小微型的科技企业方面有着经营管理比较灵活的地域性优势。近年来上海市加大对小额贷款公司等"草根金融"的财政支持力度，鼓励国资、民资等各类资本特别是各类大型集团公司积极投资设立小额贷款公司。2013 年，上海市小额贷款公司总量规模从开业时的 64 家增加到 100 家，年发放贷款额达到 350 亿元左右①。

四　广东省

近年来，广东省将科技金融作为实施创新驱动发展战略、推动产业转型升级的重要载体，大力推动金融、科技、产业融合创新工作。2014 年 2 月，广东省出台了《科技·金融·产业融合创新发展重点行动》和《科技金融支持中小微企业发展专项行动计划》，全面部署建设科技金融结合的相关工作。在政府各部门的共同努力、协调联动下，科技金融结合工作进展顺利，并在探索实践中形成了一些有力促进创新驱动发展的典型经验。

（一）科技与金融结合的发展成效

1. 科技金融服务体系不断健全

一是推动设立科技支行。目前，广东省 9 家国家级高新区都设立了科技支行，针对科技创新企业"量身定做"，不断创新运行机制、业务模式和金融产品。例如，惠州仲恺高新区依托广发银行设立仲恺科技园支行，建立了"区财政专项补助基金 + 银行融资资金 + 人保公司担保机制"的"政银保"合作贷款体系，通过政府、银行、保险三方共同分担风险，累计向区内优质科技企业提供贷款超过 2 亿元。二是引导扶持创投机构集聚发展。广东省各高新区通过吸引创投企业投资、参股成立新基金、跟进投资等多种形式，持续加大对科技创新企业的风险投资力度，取得了积极效果。例如，中山火炬高新区引进文化产业基金五期和时代伯乐健康产业股权基金，落户 11 个品牌创投、18 只股权投资基金和 5 家基金管理公司，到位资金 38.4 亿元。三是探索科技小贷、科技担保、科技保险等服务新模式。广州高新区 4 家融资担保公司累计为 100 多家区内企业提供贷款担保服务，担保金额超过 15 亿元，4 家保险公司共为区内 33 家高新技术企业办理科技保险保费

---

① 屠光绍：《上海要建设具有全球影响力的科技创新中心》，新浪财经，2015 年 10 月 27 日，http://finance.sina.com.cn/hy/20151027/100223592288.shtml。

补贴 54 万元①。

2. 科技金融服务能力不断提升

一是创新科技金融服务方式与手段，推进银行与证券、保险以及其他机构开展合作，开展供应链融资、行业平台担保、互助平台担保、小额贷款保证保险、仓单订单质押、知识产权质押等新方式，有效扩大信贷支持规模。二是以三个区域性股权交易中心为平台，为企业股权质押融资、知识产权质押融资、上市辅导等提供支持服务。三是积极开展债权融资。如珠海高新区中小企业"成长之翼"融资平台吸引 21 家债权融资平台机构加入，其中的 14 家合作银行累计为 38 家企业 77 次放款共 2.99 亿元。四是试水互联网金融融资方式。如中山火炬高新区成立了科技类 P2P 网贷平台，帮助普利斯微创介入医械公司以 P2P 融资方式实现融资 100 万元。五是积极引导社会资本开展风险投资。如东莞市在"科技东莞"工程中统筹安排了首期 5000 万元的种子基金、2 亿元的信贷风险补偿资金池、每年 6000 万元的贷款贴息资金、每年 2000 万元的创业投资机构风险补助资金和 1000 万元的科技金融服务体系建设资金。

3. 科技金融服务环境不断优化

广东省先后出台一系列支持科技金融创新发展的政策，各高新区结合实际情况，制定相应的财政、人才等支持政策和配套措施。如广州高新区出台《关于加快科技金融发展的实施意见》及系列配套办法，珠海高新区制定《珠海市高新区科技金融创新实施方案》等文件，中山火炬开发区出台《中山火炬开发区关于促进股权投资基金发展的暂行办法》，江门高新区制定《江门高新区科技创新能力战略提升行动纲要（2014～2020 年）》等。同时，各高新区注重搭建科技金融专业化服务平台。如江门高新区搭建科技金融服务中心，构建中小企业信用体系。佛山在广东金融高新技术服务区组建"蓝海众投"投融资平台，以股权、债权、权益类产品等作为标的对接民间资本。珠海高新区联合金融机构和融资中介机构，依托"珠海市投融资增信平台"网络虚拟载体和集市大厅等物理载体，共同打造珠海高新区科技金融广场，集中解决资金供需双方信息不对称的问题。

---

① 《广东：多举措促金融和科技融合发展》，《科技日报》2014 年 3 月 10 日，第 12 版。

4. 高新区经济结构转型升级不断加速

广东省九个国家级高新区紧紧围绕产业结构优化，通过科技金融试点加快传统产业改造和新兴产业培育。一方面，运用金融杠杆强化对传统产业的改造，提高传统产业的科技含量，加快产业结构优化升级；另一方面，通过科技和金融结合，引导金融资本和社会资本向新技术集聚，推动战略性新兴产业发展，大力培育新一代信息技术、新材料、生物、节能环保、新能源等产业。例如，江门高新区以科技支行为抓手，积极利用多层次资本市场，重点发展以绿色光源为主的战略性新兴产业和以光机电一体化为主的高附加值先进制造业，重点规划建设绿色光源产业核心园、先进制造业园、科技创新创业园等特色园区，带动园区产业规模迅速提升和产业结构调整升级。

5. 科技创新成果转化不断加速

九个国家级高新区以科技金融结合为切入点，引导投资机构、担保机构、专业银行等金融机构进入孵化器等创新平台，加速创新成果的转化和产业化。例如，珠海高新区科技金融广场融合了科技金融集市、创业助咖啡、创业苗圃、"菁中汇"、科技资源共享电子图书室五个功能板块，定期组织企业与金融机构开展项目路演、金融产品推介等对接活动。东莞松山湖高新区强化科技创新平台金融元素，大力支持发展股权投资类企业，2014年引进生物技术类企业 19 家，引资额超过 3 亿元，预计产值将超过 8 亿元。

（二）推动科技与金融结合创新发展的经验

以国家级高新区为实践主体，广东省总结出开展科技与金融结合工作的基本经验，集中概括为"一个目标、两个市场、三个载体、四个一批、五个机制、六个平台、十条渠道"。

"一个目标"，即通过建立一套金融与科技、产业融合发展机制，有效整合金融资本、民间资本与产业资本，为种子期、初创期、成长期、成熟期的科技型中小企业提供全方位、差异化的金融服务，形成具有示范引领意义、易于复制推广的广东模式。

"两个市场"，即充分利用银行信贷市场和资本市场。通过鼓励银行机构新设或改造部分分（支）行，作为服务科技型中小企业的科技分（支）行，开展科技贷款业务以及相关创新，有效弥补以政府信用为担保向企业提供低息贷款这一传统模式的不足；支持龙头企业通过上市融资、兼并重组等做大做强，针对众多科技型中小企业，重点推动利用"新三板"和区域股权交易市场，搭建交易市场、中介机构、政府部门与科技企业四方对接的平台。

"三个载体"，即以产业集聚为导向，做实科技成果转化孵化、基础研究机构、产业技术应用研究三个载体。支持创投机构、私募基金、银行以及咨询、检测等机构进驻重点科技企业孵化器和加速器，全面增强科技成果孵化能力和对科技型中小企业的抚育能力。推动开展"产学研＋协会"的模式，支持行业协会、重点骨干企业与高等院校、科研机构共建产业创新平台，形成基础科研机构群。推动相关创新平台联合行业龙头企业共建产学研创新联盟，建立科研技术成果项目信息发布平台和大型科研仪器设备共享服务平台，加强产业应用技术攻关突破。

"四个一批"，即引进一批金融机构、转化一批科研成果、催生一批科技型企业、壮大一批新兴产业。以引进和培育金融机构组织为先导，重点布设银行科技支行，积极引入和设立私募股权、创业投资、融资租赁、融资担保、再担保、小额贷款、票据服务、保险中介、民营银行、期货业务创新交易市场、产权交易中心等，为科研成果转化和科技企业成长提供全面金融服务，推动形成层次分明、分工明确的高新产业金融服务链条。

"五个机制"，即建立成长抚育机制、并购重组机制、风险投资机制、风险分担机制和合作共赢机制。根据企业发展不同阶段的需求差异，引入各类金融要素，建立覆盖企业全生命周期的成长抚育机制。大力支持科技上市企业通过并购基金等方式兼并重组，研究允许科技上市企业发行优先股、定向可转债等作为并购工具的可行性，丰富并购重组工具。政策性基金和商业性基金相结合，发挥政府创投基金的引导功能，充分带动民间资本，支持龙头企业组建和经营创业投资公司，推动科技成果转化和支持科技型中小企业成长。建立完善创业投资引导、科技保险、科技担保等风险分担机制，形成政府引导、多方参与的科技型企业贷款风险补偿机制。

"六个平台"，即搭建金融合作对接平台、股权投资平台、金融"一站式"服务平台、科技金融中介服务平台、民间金融创新平台和企业征信服务平台。建立重点项目融资对接协调机制，组织重点项目融资对接活动。集聚发展优质创投机构，设立重点产业投资基金。设立为科技型企业提供融资"一条龙"服务的"一站式"金融服务平台。设立为科技型企业提供咨询、项目管理、人才引进、企业改制等服务的中介服务平台。搭建吸引小贷、担保、融资租赁、互联网金融等地方民间金融组织集聚的民间金融创新平台。引入第三方市场评级机构，设立区域、园区内企业征信服务平台。

"十条渠道"，即政府主管部门、园区管委会、金融机构、中介机构共同参与，畅通十条科技型企业融资渠道，形成支持企业成长的"无缝"对接的融资支持体系：天使投资、创业投资、境内外上市、代办股份转让、并购重组、企业债券和信托计划、担保融资、信用贷款、信用保险和贸易融资、小额贷款①。

五　江苏省

江苏省人多地少，资源环境约束矛盾突出，能否依靠科技提升自主创新能力直接决定着经济强省建设的成效，因此江苏省早在 2011 年就出台了《关于实施创新驱动战略推进科技创新工程加快建设创新型省份的意见》，并在 2013 年 8 月下发了《省政府关于印发创新型省份建设推进计划（2013～2015年）的通知》。文件部署了江苏省建设创新型省份的多项重点任务，提出要进一步深化科技体制改革，推进科技与金融紧密结合。之后，为推动创新驱动战略实施和创新型经济发展，江苏省又相继出台了《关于加快促进科技和金融结合的意见》和《江苏省科技金融发展专项引导资金管理办法》等相关文件，江苏省在开展科技和金融结合试点的过程中收效显著。

目前，江苏省、市、县三级每年投入科技专项的资金在 100 亿元以上，其中科技风险补偿资金对科技项目贷款年递增 20% 的银行给予新增贷款额 1% 的风险补偿。包括银行、证券、保险、创投、租赁、小贷等在内的多层次、多元化科技金融组织体系已在江苏省初步建立，投、贷、保联动的整体效应逐步发挥。已经确定南京市、无锡市、苏州市、南通市、镇江市、东台市、南京高新区（含江宁高新园）、无锡高新区（含宜兴环科园）、徐州高新区、常州高新区、武进高新区、苏州工业园区、苏州高新区、镇江高新园、泰州医药高新区 15 个地区为首批省级科技金融合作创新示范区。

---

① 广东省人民政府金融工作办公室：《广东金融、科技、产业融合创新发展工作周年总结》，广东金融网，2015 年 2 月 5 日，http：//www. gdjrb. gov. cn/index. php/article/index/id/2524. html。

（一） 创新财政科技投入方式

一是推动财政科技投入方式改革。进一步优化科技计划项目经费资助结构，提高偿还性资助、风险补偿、贷款贴息、后补助以及股权融资等方式的比重；引导金融资本、创业资本、社会资本参与实施国家、省、市各类科技计划，提升财政资金使用效益。省及地方各类财政资金计划，要加大对金融资本、创业资本及民间资本参与科技计划项目实施的支持力度。二是丰富科技金融工作手段。进一步完善科技贷款增长风险补偿奖励机制、创业投资引导机制，研究制定科技保险补贴、知识产权质押贷款补贴、科技担保风险补偿等措施，不断拓宽科技企业的融资渠道。三是发挥科技创新政策激励作用。全面落实企业研究开发费用税前加计扣除、高新技术企业所得税减免等科技创新政策，引导企业增加科技投入，支持企业创新发展。科技小额贷款公司享受农村小额贷款公司各项优惠扶持政策，其科技贷款、创业投资业务经省有关部门评估审核，符合相关规定的，可享受有关优惠政策；科技企业科技保险保费支出列入企业研究开发费用，享受税收优惠。各地对新设立的科技小额贷款公司、科技银行、科技担保公司、创业投资机构等新型科技金融机构实施税收优惠政策，并给予房租减免、开办补贴、风险补助等扶持。

（二） 加强对科技信贷的引导

一是建立科技信贷绩效考核制度，适当提高对科技型中小企业不良贷款的风险容忍度，扩大科技金融结合试点地区基层行的授信审批权限。二是完善科技贷款奖励与风险补偿机制，对银行科技贷款余额比上年增长部分给予1%的奖励补贴。适当提高对科技支行、科技小额贷款公司等科技金融专营机构发放科技贷款的奖补标准，进一步扩大科技贷款风险补偿奖励范围。三是加强商业银行与融资性担保公司的合作，各省辖市至少要组建1家不以营利为目的专门从事科技创新企业贷款担保业务的科技担保公司，其年科技类贷款担保业务占全部业务量的比重不得低于30%。对于市、县财政投资入股或补贴的担保公司，在担保总金额中要安排一定的比例优先为科技贷款提供担保。

（三）　不断完善区域多层次资本市场

开展科技保险业务，推进知识产权质押贷款，鼓励各地依托科技园区开展科技中小企业集合债券、集合票据、集合信托等金融产品创新，探索开发高新技术企业高收益债券等金融产品。

（四）　加快推进创新创业示范工程

2015 年，江苏省加快推进"创业中国"苏南创新创业示范工程，抓紧落实《关于发展众创空间推进大众创新创业的实施方案（2015～2020 年）》各项任务，以大众创业、万众创新打造江苏经济增长新引擎。截至 2014 年底，共建有各类科技企业孵化器 515 家，其中国家级孵化器 133 家，孵化面积为 2769 万平方米。积极鼓励和支持各地探索孵化器市场化投资建设和运营管理新模式，推进全省科技企业孵化器建设由早期的政府主导向企业、高校、社会机构等多元化投资发展，采用企业化管理的孵化器数量逐年增加。目前，全省 60% 以上的科技企业孵化器运行主体为独立公司法人，超过 20% 的科技企业孵化器以民营企业为主投资建设。

1. 提升服务功能

江苏省科技厅每年都将科技创业载体建设列入年度重点工作加以推动。省科技型企业技术创新资金重点支持孵化器内企业开展技术创新，几年来共立项目 1720 项，省拨款达 4.57 亿元。积极支持孵化器内企业申报国家科技计划项目，2014 年获得国家科技计划经费 7.09 亿元。充分发挥省天使投资引导资金、创业投资引导资金、"苏科贷"等专项资金作用，进一步引导创投、金融等机构加大对孵化企业的扶持力度。积极搭建科技创业活动平台，2015 年启动首届江苏科技创业大赛，在全省营造了良好的科技创业氛围[1]。

2. 强化科技政策服务

深入推进"千人万企"行动，健全与税务、财政等部门的协同联动机制，实施"一对一"辅导和"点对点"支持，充分发挥政策激励效应，引

---

[1] 《江苏推动大众创业万众创新的主要做法及成效》，江苏省科学技术厅网站，2015 年 6 月 30日，http://www.jstd.gov.cn/kjdt/hyxw/index15.html。

导企业加大研发投入。确保 2015 年科技税收减免额增长 10% 以上。强化科技金融服务。聚焦科技型中小微企业融资需求，省、市、县、高新区共建 100 亿元的科技金融风险补偿资金池，大力发展以"首投"为重点的天使投资、以"首贷"为重点的科技信贷和以"首保"为重点的科技保险，鼓励社会资金更多投向早期研发项目和种子期、初创期企业。目前全省创投机构管理资金规模达 1750 亿元[①]。

3. 降低创业成本

启动实施省创客红包奖励计划，采取科技创业补助、创新券等方式，吸引海内外创客集聚江苏创新创业。鼓励各地通过政府购买服务等方式，对"众创空间"等创业载体给予适当补贴。调整优化相关资金（基金）的使用方向和使用方式，加大力度，优先支持创业人才和创业企业。降低创业风险。积极探索符合科技型中小企业成长以及人才创业规律和特点的新型科技金融产品、组织机构和服务模式，提供更多便利、灵活的金融支持。强化统筹协调，在税收优惠、人才流动和专利保护等方面加强部门合作，确保各项创新创业政策举措落到实处、见到实效。

4. 科技创新平台产出成效凸显

科技创新平台已经成为江苏省原始创新和技术革新的重要策源地。2014 年，全省共有 57 个通用项目获得国家科学技术奖励，其中科技平台主持和参与的项目有 41 项，占江苏总数的 71.9%。2014 年，江苏省承担的 2 项国家"863 计划"均来自科技平台，获国家拨款 6.2 亿元；江苏省承担的国家"973 计划"项目共 18 项，其中 11 项由科技平台承担，占总数的 61.1%。2014 年，江苏省成果转化资金共支持 151 个项目，其中 77 项由科技平台承担，占总数的 51.0%。2014 年，江苏省共引进"双创人才"413 名，其中由省创新平台引进 100 名，占总数的 24.2%；全省获批的 46 个创新团队中有 20 个来自江苏省科技创新平台，占总数的 43.5%。截至 2014 年底，江苏省共建成省级以上科技创新平台 3521 家，其中国家级 65 家，比上年增长 7.3%。科技创新平台有力地支撑了全省创新体系建设和产业升级发展，成

---

① 《江苏省加快发展众创空间，积极推进创新创业》，科学技术部网站，2015 年 5 月 27 日，http://www.most.gov.cn/dfkj/js/zxdt/201505/t20150526_ 119705.htm。

为突破关键技术垄断、服务企业创新、解决民生问题的重要力量①。

六　浙江省

浙江省科技厅先行先试，与金融部门深入合作，积极深化财政科技经费管理改革，引导金融资本加大对企业技术创新的支持力度，降低科技企业融资成本和门槛，激发大众创业、万众创新的热情，为新常态下经济发展提供了新的活力。

（一）开展国家科技金融结合试点工作

浙江省金融机构众多，市场配置资源能力较强，推进科技企业投融资体系建设具有较好的基础。2011 年 10 月，"杭温湖甬"国家科技金融结合试点正式启动。浙江省金融办制定了国家、省级高新区设立科技小额贷款公司的相关办法，在浙江股权交易中心设立创新板，为科技企业挂牌提供了新的渠道；中国人民银行杭州中心支行将科技企业作为信贷政策支持重点，联合知识产权部门开展专利权质押融资；浙江银监局不断推动科技型中小企业信贷专营机构建设，浙江保监局争取设立法人制科技保险公司，浙江证监局多次组织开展科技企业和"新三板"对接活动，引导科技企业开展多种形式的融资，帮助解决融资难问题。

（二）深化财政科技经费管理改革

浙江省科技、财政部门积极探索引导基金、投资补助、风险补偿、费用补助、资本金注入等多种财政资金使用方式，出台了《浙江省省级科技型中小企业扶持和科技发展专项资金管理办法》和《关于加快培育发展科技型小微企业的若干意见》等文件，专项预算每年达 3 亿元。2014 年全省共有 8 个地区设立 1.09 亿元创业投资引导基金，35 个地区设立 2.72 亿元银行信贷补偿、补助资金，为全省 666 家科技型中小企业提供信贷资金 21.68 亿元。创业风险投资是科技金融结合的代表，浙江省各级科技、财政部门设立的创投、天使引导基金超过 25 亿元。浙江省创投引导基金

---

① 《科技创新平台支撑江苏创新发展》，科学技术部网站，2015 年 5 月 8 日，http://www.most.gov.cn/dfkj/js/zxdt/201505/t20150507_ 119268. htm。

于 2009 年成立，目前规模为 7.5 亿元，引导各类社会资本放大投资达 30 倍。浙江省科技厅委托浙江省创投协会发起设立了浙江省天使投资专委会，目前已集聚了天使湾、浙报传媒梦工场等 200 多名省内外天使投资人①。

（三）强化资本市场对技术创新的支持

资本市场可以有效地对科技企业无形资产进行市场定价，并在此基础上实现资源的有效配置。浙江省充分发挥多层次资本市场的作用，浙江省科技厅、浙江省金融办联合发布了《关于推动科技型企业到浙江股权交易中心挂牌的通知》，针对不同类型企业分别设立成长板和创新板两个板块，以满足初创期科技企业提升品牌、规范管理等方面的需求，为企业引进投资、并购等融资活动提供平台。目前，浙江股权交易中心创新板企业达 1368 家。全省高新技术企业累计在银行间债券市场发行短期融资券、中期票据、中小企业集合票据等债务融资工具 256 亿元，杭州、温州、湖州已分别设立了 1 亿元的中小企业直接债务融资发展基金用于"区域集优"项目。

（四）拓宽技术创新的间接融资渠道

浙江省采取多方举措，引导银行加大信贷支持力度。在科技企业集中的区域设立信贷机构，截至 2014 年 12 月末，杭州、温州、嘉兴、湖州、绍兴、金华、台州、丽水 8 个地市共设立了 29 家科技信贷专营支行，对科技企业表内外授信余额达 191 亿元。开展专利权质押等担保方式创新，截至 2014 年 9 月，全省专利权质押贷款余额达 6.3 亿元，居全国前列。浙江省科技厅、浙江省知识产权局、人保财险联合制定了《关于开展专利保险试点工作的指导意见》，嘉兴成为国家首批专利保险试点城市。同时，浙江省科技厅会同人保财险、太平洋财险、工行、中行、中信银行、浦发银行、杭州银行联合开展科技型中小企业贷款保证保险，浙江省财政累计安排 3800 万元专项资金，按贷款本金的 1% 分别补贴贷款利息和保费，并承担

---

① 浙江省科技厅：《浙江：为大众创业万众创新营造良好环境》，中国科技网，2015 年 4 月 7 日，http://www.stdaily.com/gaoxinqu/gxzc/201504/t20150408_1025829.shtml。

30%的贷款损失，已累计向 188 家科技型中小企业放贷 4.4 亿元。

（五）加强科技金融服务体系建设

在浙江，各类线上线下科技企业和金融资本对接平台发展十分迅速。浙江省火炬生产力促进中心承办的全国创新创业大赛，不仅吸引了优秀科技企业参加，而且组织了省内外创投机构、上市公司、银行和券商到场，开展投融资对接活动，2013 年和 2014 年参赛的企业中有 70 家获得 6.3 亿元风险投资，106 家获得 6.5 亿元银行贷款。浙江省火炬生产力促进中心的"创业定制""B 座 12 楼""搜钱网""5050"等各类线上平台发展也十分迅速。在 2014 年浙江网上技术市场活动周期间，浙江省在国内首次尝试以拍卖科技型初创企业股权的形式实现科技与金融结合，7 家企业成功融资，融资金额达 1800 万元[①]。

（六）加大对高新园区的金融扶持力度

2015 年以来，为加快集聚创新资源，全面营造大众创业、万众创新的良好发展环境，加大对高新园区的金融扶持力度，为创新创业提供良好平台，有力推动科技型小微企业的成长壮大，超过一半的高新园区设立了各类创业投资引导基金。其中，杭州国家高新区启动 10 亿元众创基金，首期募集规模达 3 亿元，由以区内龙头企业为主体的产业资本参与，基金主要服务于科技型创新企业，重点投资于以信息电子技术为主体的高新技术产业，大力助推大众创业、万众创新。平台建设进度进一步加快，为新兴产业发展提供了有力支撑[②]。

（七）打通科技与产业结合的通道

围绕产业链部署创新链，深入开展"三位一体"产业技术创新综合改革试点，在纯电动汽车、医疗装备、新一代网络产业等 16 条产业链布局建设 149 家省级重点企业研究院，把重点企业研究院建在企业、把优秀科技人

---

① 浙江省科技厅：《浙江省科技金融普惠大众创业万众创新》，科学技术部网站，2015 年 4 月 9 日，http://www.most.gov.cn/dfkj/zj/zxdt/201504/t20150408_118940.htm。

② 浙江省科技厅：《浙江省高新园区坚持创新驱动引领经济发展新常态》，科学技术部网站，2015 年 5 月 18 日，http://www.most.gov.cn/dfkj/zj/zxdt/201505/t20150515_119498.htm。

才派驻到企业、把科技资源配置到企业。浙江省政府累计资助 8.5 亿元，带动企业投入研发经费 70 亿元以上，撬动企业投入近 10 倍，促进了产业链整体提升。

（八）构建"大众创业、万众创新"的生态系统

浙江省政府设立 3 亿元科技型中小企业专项资金，力争到 2017 年培育 1 万家高新技术企业和 3 万家科技型中小企业。设立 1 亿元"创新券"，实施公众创业创新服务行动，推动科研仪器设备向社会全面开放共享。研究制定《关于发展众创空间促进大众创业创新的指导意见》，目标是培育一批基于互联网的新型众创孵化平台，激发 80 后、90 后青年创客创业，大力发展市场化、专业化、集成化、网络化的"众创空间"，形成要素集聚化、服务专业化、运营市场化和资源开放化的大众创业新格局。大力支持众创、众筹、众包等新兴业态发展，推动云栖小镇、梦想小镇、创客小镇等一大批基于互联网的"众创空间"蓬勃发展[1]。

七 四川省

近年来，四川省积极探索、大胆尝试，不断创新体制机制，促进科技与金融深度融合，科技产业发展步入快速轨道。

（一）创新协调推进机制

四川省建立了科技金融工作联席会制度，将与科技金融紧密相关的四川省科技厅、四川省财政厅、四川省金融办、中国人民银行成都分行、四川省国资委、四川省国税局、四川省地税局、四川省知识产权局、四川银监局、四川证监局、四川保监局 11 个部门吸纳为联席会议成员单位，统筹各部门资源，加强部门间的沟通和协调，形成协同推进的工作格局。

（二）整合科技金融资源

加强科技支行建设，与省内外 400 多家风投机构建立合作关系；积极推

---

[1] 《梦想小镇聚青年创客 来听他们分享创业思想"干货"》，浙江新闻，2015 年 10 月 25 日，http://zj.zjol.com.cn/news/190469.html。

进成都高新区科技企业股份制改造、重组、兼并以及在"新三板"挂牌和转板发行上市；积极推进成都市科技保险试点城市建设，带动担保、保险、证券等相关中介服务；优化资本投入方式，扩大创业投资引导基金规模；建立代管风险补偿基金，开展高新技术企业信用贷款、股权质押试点，开展知识产权融资业务等。

建立银科合作机制，推动科技金融产品创新。早在 2010 年，四川银监局就与四川省科技厅合作，成功开发了"银科对接信息系统"。该系统一改以往召开现场会的"运动式"对接方式，通过互联网使全省科技型企业与银行业机构实现"天天路演、时时对接"。同时，该系统对信贷投放结构、企业未获银行信贷支持原因等进行全方位的监测分析，极大地改善了银政企信息不对称的状况。目前，银科对接系统银行客户端基本覆盖了成都、绵阳、德阳等科技企业聚集地的银行一级支行。

（三）推进科技金融结合试点工作

借助种子基金、股权投资、信贷产品、科技保险、科技担保等科技投入方式创新，推进成都高新区、绵阳科技城国家科技金融结合试点工作。成都高新区以"盈创动力"示范性科技金融服务平台为载体，在投资、贷款、担保联盟、创新银行、保险担保模式等方面开展探索和创新，以科技创新驱动金融创新，以金融服务提速产业发展。绵阳科技城围绕关键共性技术培育战略性新兴产业，推进科技型中小企业融资方式创新与军转民技术产业化，正在形成具有全国影响力的科技创新体系。

（四）发挥创业投资引导基金作用

近年来，四川省科技部门不断推进创业投资引导基金工作，取得了良好成效。2015 年国家科技成果转化引导基金及科技型中小企业创业投资引导基金，可投资金额达 73.69 亿元，已投资项目金额共计 12.46 亿元。此外，四川省已有国家参股新兴产业创投基金 3 只，总规模达 8.04 亿元，在西部地区位居前列。2015 年，四川省推动设立创新创业投资引导基金，通过与科技部相关基金、市州财政资金、国际资本、社会资本等合作，对战略性新兴产业、高端成长型产业、新兴先导型服务业等领域种子期、初创期、成长期的科技型中小微企业进行扶持[①]。

(五) 扩大财政科技投入规模

四川省出台了《四川省中小企业发展专项资金管理暂行办法》，设立了科技型中小企业技术创新资金。在 2014 年四川省科技厅第二批省级科技计划中，支持围绕产业链及民生公益重大项目 177 项，总支持经费为 49305 万元，其中 2014 年财政拨付经费 34605 万元。2014 年，四川省高新技术企业已达 2200 家，投入财政资金 14 亿元，带动企业投入 504 亿元，技术交易额突破 200 亿元，战略性新兴产业产值达 6000 亿元，高新技术产业总产值突破 1.2 万亿元，同比增长 18.3%，科技创新驱动有力地支撑了全省经济转型发展。2015 年，四川省委安排 28 亿元创新驱动发展专项资金，组织实施关键技术攻关项目 182 项，实施重大科技成果转化项目 300 项，带动企业投入 89 亿元[②]。

(六) 加大贷款风险补偿力度

四川省逐步扩大风险补偿资金规模，适时拓展风险补偿范围。科技型中小微企业是四川省实施创新驱动发展战略的重要力量，但由于轻资产、抵押物少、现金流不足等特征，很难获得贷款。为缓解科技型中小微企业融资难的问题，鼓励四川省科技支行、各商业银行加大对科技型中小微企业的贷款力度，四川省科技厅设立了四川省科技型中小微企业贷款风险补偿资金（以下简称补偿资金）。2015 年，补偿资金重点支持向省内科技型中小微企业发放贷款的科技支行，资金采取后补助的方式，对四川省 8 家科技支行进行风险补助。目前，8 家科技支行申报贷款余额 24.61 亿元，支持省内科技型中小微企业 251 家，经四川省科技厅组织技术专家和财务专家评审，核定贷款余额达 17.32 亿元，支持省内科技型中小微企业 220 个[③]。

---

① 四川省科技厅：《四川省创业投资引导基金取得新进展》，科学技术部网站，2015 年 6 月 15 日，http://www.most.gov.cn/dfkj/sc/zxdt/201506/t20150612_ 120066.htm。

② 四川省科技厅：《四川省科技厅围绕产业链部署创新链、完善资金链 支撑四川经济转型升级》，科学技术部网站，2015 年 5 月 22 日，http://www.most.gov.cn/dfkj/sc/zxdt/201505/t20150521_ 119603.htm。

③ 四川省科技厅：《四川省积极推进科技型中小微企业贷款风险补助》，科学技术部网站，2015 年 5 月 27 日，http://www.most.gov.cn/dfkj/sc/zxdt/201505/t20150526_ 119701.htm。

（七） 加快科技企业孵化器建设

四川省先后制定了《四川省科技企业孵化器建设方案》和《加快科技企业孵化器建设与发展的措施》等文件，提出要设立专项资金加快科技企业孵化器建设与发展，并鼓励多元化主体投资建设各类孵化器。

省级科技计划每年设立 5000 万元以上孵化器建设专项资金，采用以奖代补、后补助、风险补助、担保补助等方式，支持省级以上孵化器建设和发展。新建孵化器最高支持 100 万元，改扩建孵化器最高支持 50 万元；鼓励孵化器合作共建或自建专业或特色创新服务平台；省级以上科技孵化创新平台新增实验仪器设备，最高可支持 100 万元；对申报国家高新区的省级高新区孵化器和各市（州）重点建设的孵化器给予专项支持 500 万～1000 万元；对新认定的国家级孵化器给予专项支持 50 万～100 万元；孵化企业 5 年内成功上市，原孵化该企业的孵化器可获得 50 万元的一次性奖励。

对于在孵企业的政策优惠包括：在孵企业从设立之日起两年内，企业实际投入额累计达到 100 万元及以上的，给予投入额 10% 的补贴，最高可补贴 50 万元；在孵企业注册资本在 100 万元以下的，允许注册资金"零首付"，免收在孵企业注册登记费。在孵企业涉及省级及以下的行政服务性收费事项，报经相关机关批准后予以减免，国家规定的行政事业性收费事项按照收费标准下限收取。2014 年，全省在孵中小微企业达到 7010 家[1]。

---

[1] 《四川省全力推进孵化器建设与发展》，科技传媒网，2014 年 11 月 13 日，http：//www.itmsc.cn/archives/view-70188-1.html。

第五章　科技金融的主要运作模式

《国家"十二五"科学和技术发展规划》提出"加快发展服务科技创新的新型金融服务机构，积极探索支持科技创新的融资方式"的目标，科技金融运作模式的不断发展有利于促进科技和金融结合，加快科技成果转化，培育发展战略性新兴产业，支撑和引领经济发展方式转变。目前，我国存在数量众多、种类丰富的科技金融运作模式，按照发起主体分类，可以分成政府主导的科技金融运作模式、与政府合作的科技金融运作模式和新型民营科技金融运作模式。

第一节　政府主导的科技金融运作模式

一　基本情况

按照运作主体的不同来划分，政府主导的科技金融运作模式又可细分为政府部门主导型和国有企业主导型。政府部门主导型是指科技金融服务平台挂靠在地方科技部门或生产力促进中心，一般属于地方政府下属的事业单位，履行政府的职责；国有企业主导型是指科技金融服务平台由政府（或者高新区）下属的国有独资公司创立并运营。这两类模式的共同点在于都有政府投资的背景。

（一）政府部门主导型科技金融服务平台

自 2009 年以来，由政府主导的地方科技金融服务平台陆续建成，如成都科技金融服务平台、贵阳科技金融服务中心、江苏省科技金融信息服务平台、武汉科技金融服务平台、深圳科技金融服务平台等。这些平台主要由政府主导建设，挂靠在本区域的科技部门或生产力促进中心，并与本区域的金融机构和中介机构建立合作关系，运用政府引导基金为本区域的科技型中小企业提供融资服务。

以成都科技金融服务平台为例。成都科技金融服务平台是由成都市科技局和成都生产力促进中心联合建设的首个政府型科技金融服务平台。该平台与银行、保险公司、担保公司、创业投资公司等建立了长期的合作关系，为中小企业提供集合融资、孵化、培训等综合服务。该平台一方面聚集中小企业形成集合融资并建立融资企业信用体系；另一方面通过政府引导资金开发复合金融产品，为成都市的科技型中小企业提供"一站式""个性化"的融资服务。从功能上看，该平台的主要作用有两个：一是提供政府引导资金；二是提供各类辅助性服务。政府引导资金分为三个部分。第一部分是风险投资专项资金，用于科技企业实施成果转化和产业化的风险投资，其投资方式包括股权投资、债券投资、融资担保、组建创业投资基金等。第二部分是风险补偿专项资金，用于科技金融环境建设，包括对科技企业的风险补偿和科技金融服务平台的建设补助。第三部分是创新创业种子资金，主要为处于种子期和初创期的科技企业提供股权投资、融资担保和融资补贴等金融服务的资金。辅助性服务包括四类：政策资讯、融资产品、中介服务和信息服务。政策资讯主要是及时发布并提供关于创业、投资、金融、科技保险等方面的法律和政策讯息。融资产品包括融资科技保险补贴、大学生创业孵化投资等相关金融产品。中介服务包括融资辅导、融资培训和大学生创业支持，特别是在融资辅导后，平台会牵线搭桥向金融机构推荐企业。信息服务包括建立科技企业名录、投资机构名录、直接服务机构名录以及进行项目信息库建设。

（二）国有企业主导型科技金融服务平台

国有企业主导型科技金融服务平台，是由政府下属的国有企业发起和运作的科技金融服务中介，其特点是拥有庞大的企业数据库，服务更加专业化。以成都高新区的盈创动力科技金融服务平台为例（以下简称盈创动力）。该平台由成都高新区管委会下属国有独资公司创立运营，通过数据挖掘和数据再造，为科技型中小企业提供政府财政投资、创业投资、科技贷款、科技担保及资本市场融资等服务。盈创动力的核心是"天府之星"企业数据库，数据库不断挖掘和更新政府部门、金融机构及各种中介机构的相关信息和资源，而科技企业和金融机构则借助该数据库进行供需匹配。具体来说，盈创动力提供三类服务：一是债权融资服务，包括统借统还平台贷款、中小企业融资担保和中小企业小额贷款；二是股权融资服务，包括各种创业投资基金、私募投资基金和政府引导基金；三是增值服务，提供咨询、对接、培训等。在实际运作中，科技企业和投融资机构通过盈创动力提供的在线沟通交流方式达成初步合作意向，再由盈创动力组织线下交流，最终达成合作协议。

二 主要成效

政府主导的科技金融服务平台的作用，主要是运用财政资金作为引导基金，将各种金融机构的科技金融业务和零星繁多的科技型中小企业项目汇聚起来，帮助资金提供者寻找具有较高预期收益的科技金融需求者，尤其是为处于种子期、初创期的科技企业寻求高效的科技金融供给者，从而搭起科技金融需求者与供给者之间的合作桥梁。政府主导的科技金融服务平台作为具有政府投资背景的综合性中介机构，既可以提高科技与金融结合的效率，也能够促进科技与金融合作的良性循环。更重要的是，由政府引导基金所提供的融资担保和融资补偿可以给企业带来更多的融资机会，并大幅降低科技金融的运行成本，实现科技金融供给者和需求者的双赢。

三 存在的问题

（一）政府对投资者的指导作用不足

科技企业的资金需求在早期往往会呈现"短、频、急"的特点，即单次融资量小，但是频率高、时间急。随着企业不断发展壮大，资金需求量增大，融资渠道增加，风险会逐步降低。为满足不同企业或者同一企业不同发展阶段的资金需求，必须完善多元化的投融资体系。因为只有完备的渠道才能保障资金在不同阶段投入的可能性。已经在运作的天使投资、创业投资、科技贷款、"新三板"、科技保险、科技租赁等投融资载体，都是地方政府推进科技金融结合的重要着力点。但是，在对早期科技企业投资的过程中，如果一味追求"短、频、急"或者让风险承受能力偏低的资金进入，不仅无法有效支持企业发展，反而会让整个市场趋于混乱。因此，政府应该不断完善投融资体系，指导投资者深入了解自身风险偏好及各类投资形式的潜在风险和运行模式，降低投资的盲目性。

（二）政府对投资机构及其增值服务的整合不够

科技企业在发展过程中，除资金短缺外，还面临其他很多问题，如产品不稳定、发展战略模糊、市场推广受阻、核心人才缺乏等。因此，为科技企业提供急需资金仅是政府部门主导型科技金融的一个方面，在实际运作过程中还应充分重视资本背后的增值服务，具体表现为为企业提供发展战略规划、投资、融资、市场营销、管理顾问、财务、法律咨询等一系列的综合服务。政府主导的科技金融运作模式具备提供这些增值服务的优势，但目前在这方面尚未发挥明显作用。此外，各投资机构如银行、信托、创投等在各自的服务领域均大有作为，但往往难以形成合力，如服务能力跟不上投资规模，且相互间的协同能力还难以为新兴产业发展提供全面高效的金融支持。而政府部门主导型科技金融服务平台可以将各个投资机构的优势整合起来，对企业在各个发展阶段的融资进行有效衔接。

（三）政府对投资市场的监管不够有效

在科技创新中，高风险和高失败率导致资本的浪费不可避免，但同时资本的不合理配置现象也亟待改善。据调查，存在以下情况：有些上市公司将募集资金用于委托贷款而非研发投入；有些龙头企业尽管出现投资失误、内部管理混乱等问题，但能够多次获得资金支持。这就出现了"大者恒大容易融资，小者更小难以发展"的现象，这背后反映出投资市场采用的是基于企业规模而非技术优势的淘汰机制，关注的重点仍然是企业而非产业发展态势。由此可见，政府在这个过程中对于市场监管和信息披露做得还不够，尚未形成一个有序的产业整合及资本市场的优胜劣汰机制。

（四）政府对社会资本参与科技创新的带动作用不足

良好的科技金融生态是吸引资本流入的重要前提，政府应该持续构建并完善区域信用体系，同时充分利用自有资金和政府信用，通过加快推进科技计划实施和科技经费管理制度改革，综合运用无偿资助、偿还性资助、创业投资引导基金、风险补偿、贷款贴息等方式，引导和带动社会资本参与科技创新。

第二节　与政府合作的科技金融运作模式

政府是促进科技与金融结合的重要引导者，通过制定政策、投入资金、参与搭建平台、构建风险防控机制等，可以吸引更广泛的市场主体包括银行、各类中介机构等共同促进科技资源与金融资源的结合。完善与政府合作的科技金融运作模式，有利于充分运用财政、金融等手段支持科技创新和实体经济发展，特别是对于扶持最具科学技术创新潜力、在就业和国民经济中起重要战略作用的科技型中小企业来说，具有十分重要的意义。目前，与政府合作的科技金融市场主体主要分为两类：一是银行类，包括商业银行、政策性银行等；二是非银行金融中介机构类，包括担保公司、小额贷款公司、创投机构、证券公司以及其他中介机构等。

一　基本情况

（一）商业银行与政府合作成立科技支行

科技支行是主要面向科技创新型企业、科研机构、创投机构、产学研联盟及高端科技人才等而建立的专业化科技银行，重点服务于初创期及成长期具有高成长、高风险、高技术特点的科技型中小企业。自 2009 年 1 月成都设立全国首批两家科技支行以来，杭州、武汉、深圳、无锡和苏州等地紧随其后，截至 2014 年 7 月，仅浙江省就已设立包括杭州银行科技支行在内的 9 家科技支行。以杭州科技支行为例。杭州科技支行坚持专业、专注的理念，确立以"三不搞、一专注"为业务指引的基本立行准则，即"不搞政府融资平台，不做房地产业务，不经营传统行业贷款，专注于科技型中小企业"，重点向高新技术企业、创投企业和大学生创业企业等提供金融服务。政府通过给予银行基准利率 20% 的贴息补贴，以鼓励科技支行按照基准利率给科技型中小企业放贷；整合现有的科技投入资金，创新投入方式，将原本拨付用于企业技改、项目研发的财政扶持资金存入科技支行；通过设立信贷风险补偿基金的方式，地方政府、担保公司与科技支行按照

4:4:2的池内风险损失比例进行补偿,有力地支持杭州科技型中小企业的信贷融资。

(二) 政策性银行与多家机构合作搭建集合贷款平台

2005年,国家开发银行、科学技术部联合出台《关于推动科技型中小企业融资工作有关问题的通知》,提出建立"借、用、还"一体的有效机制,面向符合社会、经济和科技发展方向的科技型中小企业,建立科技投融资体制,引导社会资金,加大对种子期、初创期和成长期科技型中小企业的融资支持力度,提高自主创新能力。在运行过程中,国家开发银行向有借款资格和承贷能力的企事业法人(统借统还借款人,以下简称指定借款人)发放中小企业贷款,指定借款人运用资金支持中小企业发展。例如,武汉市东湖高新区是国务院批复的国家自主创新示范区,在高新区管委会的主导下,国家开发银行湖北分行、武汉光谷风险投资基金有限公司、武汉东湖新技术开发区生产力促进中心(以下简称东湖中心),以及其他投资机构、律师事务所、会计师事务所等中介服务机构共同搭建了高新区集合贷款科技金融服务平台。高新区政府专门出台了《武汉东湖新技术开发区中小企业集合贷款实施细则》,按照"政府牵头、统一组织、分散放款、市场运作"的模式,对贷款申报与担保、贷款评审及审批、贷款发放及管理、风险补偿基金和补偿机制等各个环节进行了规范。东湖中心作为东湖高新区集合贷款服务的借款主体,负责集合贷款的组织申报、贷款担保及用款监管。集合贷款采取"集零为整、集中申报、集中评审、政府增信、市场运作"的操作模式进行市场运作,包括统贷模式和直贷模式。统贷模式是指东湖中心作为集合贷款平台借款主体,负责集合贷款的统借统还;担保公司为集合贷款提供担保;各用款企业作为最终用款人使用并偿还贷款利息;高新区管委会补贴部分贷款利息和中介费用。直贷模式是指经借贷款平台增信后商业银行可采取向用款企业直接贷款的方式,由担保公司为其提供担保。

(三) 非银行中介机构与政府合作提供科技金融服务

非银行中介机构通过产品设计将政府、银行、创投以及担保机构在中小微企业金融服务过程中进行资源整合与配置,形成信贷市场与资本市场的合力效应。以中新力合股份有限公司（以下简称中新力合）的发展为例。中新力合是一家集金融、信息、网络于一体的综合金融服务机构，成立于2004年5月，注册资本为4.5亿元。为了更好地为科技型中小企业提供金融服务，中新力合联合浙江省各地科技部门，由浙江省科技厅牵头、各市县科技局支持，吸纳浙江省科技风险投资有限公司，发起成立了浙江中新力合科技金融服务有限责任公司。该公司依托浙江省内各地政府的大力支持与丰富的市场资源，专注于解决科技型中小企业融资问题，通过整合股权投资机构、银行、小额贷款公司及担保公司等多层面的优势资源，根据科技创新面临的金融服务变革的实际情况，结合市场引导、政府支持，在符合市场化运作规律的基础上，形成立体的金融服务体系，有系统、有层次地为科技型中小企业提供全方位的金融服务。

二　主要成效

各地金融机构根据实际情况与政府合作开展科技金融服务以来，取得了较大成效，在很大程度上促进了科技型中小企业的发展。

以杭州银行科技支行为例。杭州银行科技支行积极借鉴国内外的先进经验，在体制、机制、产品的商业模式上不断创新，初步走出了一条专业专注、创新发展的科技金融创新之路，实现了科技创新和金融创新的有机结合。截至2014年7月，该行累计发放贷款113.24亿元，享受贷款扶持的科技型中小企业有745家，平均每家企业贷款660万元。其中300余家企业首次获得银行贷款支持。与此同时，杭州银行科技支行还与50余家投资机构密切合作，共计为科技型企业引入投资款30多亿元。经扶持过的企业已经或正在准备登陆资本市场，其中2家企业已经上市，近20家企业已成长为国内细分行业的佼佼者。根据科技型中小企业的特点，杭州银行科技支行开发了很多创新型产品。如考虑到科技型企业的高成长性，该行开发了"成长可贷"系列产品。借鉴美国硅谷银行核心的期权贷款业务、银投联贷业务，该行推出了创新融资解决方案，为78家科技型中小企业累计发放贷款7.34亿元[①]。

---

① 胡春江等：《杭州银行科技支行迎来五周年生日》，《杭州日报》2014年7月12日，第6版。

以武汉东湖科技金融服务平台为例。在国家开发银行统贷平台的引导下，科技金融服务平台在湖北不断发展壮大，目前已形成由国家开发银行、浦发银行、兴业银行、汉口银行和交通银行 5 家银行，光谷基金、三峡担保公司、武汉市科技担保公司等多家担保机构共同参与的新模式、新格局。东湖中心作为平台"统借统还借款人"，已通过平台累计辅导企业 365 家，支持企业 51 家，支持金额达 10.18 亿元。根据截至 2011 年底接受科技金融服务的企业审计报告的跟踪调查统计，接受东湖中心科技金融服务后，企业的社会效益和经济效益均有较大幅度提高：资产规模平均增长 90%，收入平均增长 84%，利润平均增长 199%，税收累计增长 1.88 亿元，劳动就业人数增长 55%。

以中新力合为例。该公司充分利用省级科技中小企业综合金融服务平台，紧紧围绕科技型中小企业的投融资链进行有效创新。在安全性维度上充分利用和开发以银行信贷为代表的间接融资渠道，在成长性维度上做考量，设立和引进不同投资偏好、针对科技企业发展不同阶段特征的股权基金，整合多方力量保障科技投入并促进科技成果转化。为营造"科技型企业融资集聚效应"，设计、开发和应用具有市场培育性和扶持性的融资支持与保障手段，如专利资产化等，最终形成投贷联动，债权先行、股权跟进，全方位服务科技企业的科技金融服务平台。中新力合近年来持续推出了若干创新金融产品，主要包括天使债、小企业集合债以及基于科技型企业不同成长阶段融资匹配的股权投资组合基金、知识产权风险基金等。天使债基于中新力合"桥隧模式"的运作机理，引入风险第四方的角色（包括风险投资者和上下游企业），债权先行、股权跟进，为大量具有价值型融资特征的科技型中小企业设计债权融资产品，包括雏鹰融、专利融、投贷通、税贷通等。小企业集合债系列产品的运作流程为：中新力合通过设计信托产品或成立有限合伙制基金，政府引导基金认购约 25% 的份额，风险投资机构认购约 5% 的份额，剩余的份额由银行或社会资金参与认购。在资金的收益、风险匹配方面，风险投资机构享受高收益，同时承担高风险；政府引导基金只要求本金安全，不索取收益；担保公司对除去风险劣后部分的资金提供全额担保。中新力合采用结构化的产品设计，整合了政府引导资金、银行、担保机构、风险投资机构等多方资源，实现了多方共赢，风险与收益匹配。

三 存在的问题

（一）科技支行提供金融服务的范围和质量有限

截至 2014 年底，全国各商业银行设立的科技支行已有 174 家，其中大部分科技支行设在全国科技和金融结合试点地区以及科技与金融较为活跃的地区，整体来看数量有限，分布不均。科技支行是商业银行向科技型企业尤其是科技型中小微企业、科研院所等提供定制金融服务而设立的，是在经营决策、财务核算、风险管理、激励约束等方面享有一定独立性的专业化经营支行。但是，科技支行属于银行的分支机构，其独立性不强，制度建设有待进一步完善。一些商业银行在计划管理、资源配置、考核评价、激励约束等方面对科技支行的政策倾斜有限，受银行内部制度如资金来源、产品设计、经营收益模式、风险控制等规定限制，科技支行履行科技金融服务的潜力未能彻底释放。目前，全国的科技支行数量总体偏少，加之制度不完善等因素，影响了其提供科技金融服务的范围和质量，难以满足为数众多的科技型中小企业的融资需求。

（二）统贷统还平台模式有待完善和推广

目前，全国各地虽然结合实际建立了一些统贷统还的科技金融服务平台，并取得了一定成效，但是由于各地实际情况不一样，政府、银行、企业谈判成本较高且多方合作关系复杂，在项目筛选、风险防范、监督管理、信息公开等方面还存在不足。统贷统还平台重在合作，赢在管理，后续还需要进一步加强机制建设，推广统贷平台应用，更好地发挥统贷平台的示范效应及其对其他机构和资本的引领带动作用。

（三）风险防控机制不健全

科技型中小企业具有研发成本高、资金投入大、培育周期长、推广难度大等特点，而科技支行、统贷平台，以及担保、创投等机构需要服务的中小企业数量众多、贷款分散、不确定因素复杂，一旦科技型中小企业因研发失败、市场推广难等而无法还贷，就会给投资的各方机构带来损失。但是，目前政府、银行、其他中介机构尚未在风险防范方面明确各自责任，风险辨识和防控能力不强，尚未建立可靠可行的风险防范机制。因此，与政府合作的科技金融服务平台必须结合自身特点构建完善的风险防范机制。

第三节 新型民营科技金融运作模式

一 基本情况

新型民营科技金融运作模式主要表现为金融对互联网信息技术的工具性应用和金融本身对互联网商业环境的适应，前者为资金供需双方提供融资信息的平台，并没有突破互联网的工具性范畴；后者借助电子商务平台上的交易数据建立信用评级系统，直接为客户提供融资服务。据此，可以将新型民营科技金融运作模式分为信息平台模式和电商信贷模式。

（一）信息平台模式

信息平台模式由网络公司搭建信息平台，服务资金需求方和供给方。资金需求方包括个人和企业两类，资金供给方包括个人、银行、其他金融机构或组合等，目前 P2P 借贷和众筹是较为典型的两种信息平台模式。

P2P 借贷（Peer to Peer Lending）模式是指个人对个人借贷的金融交易，在我国传统金融机制难以为民营企业提供足够的金融资源支持时，P2P 可以发挥其融资便利、快捷的特性，为实体经济提供支持。自 2006 年开始，P2P 借贷平台陆续在国内出现并快速发展。拍拍贷是国内第一家注册成立的 P2P 借贷公司，同期还有宜信、红岭创投等平台相继出现。2010 年后，随着利率市场化、银行脱媒以及民间借贷的发展，P2P 借贷的发展呈现大爆发态势，大量 P2P 借贷平台涌现，同时各种劣质产品也涌向市场。由于缺乏必要的监管和法规约束，多家 P2P 借贷公司接连发生恶性事件，市场也因此重新审视 P2P 借贷行业的发展，对行业的期待开始回归理性。

众筹（Crowd Funding）模式意为大众筹资，主要是指发起人通过互联网和社交网络等方式发布筹资项目向公众筹集资金，同时以产品、股权等形式作为投资者的回报。国内比较专业的众筹网站出现于 2011 年，目前比较有规模的是众筹网、点名时间网、拍梦网等。众筹模式是对传统证券业务进行股权融资的一种突破，其通过搭建网络平台让有创造力的人和企业面对公众展示自己的项目和创意，由于融资来自大众，不再局限于创投机构，因此每一位普通人都有可能通过这种模式获得从事某项创作或活动的资金。

（二）电商信贷模式

电商信贷模式是指拥有海量数据的电子商务企业，依据大数据收集、分析、挖掘客户的交易、消费和信用等信息，批量发放小额贷款，典型代表有阿里金融、苏宁易购和京东商城供应链等。

阿里金融通过互联网数据化运营模式，为阿里巴巴、淘宝网、天猫网等电子商务平台上的小微企业和个人创业者提供以小额贷款为主的快捷电子商务金融服务，包括以订单充当抵押物的订单贷款和以信用为抵押的信用贷款等小额信贷产品。订单贷款是指淘宝（或天猫）卖家用店铺中处于"卖家已发货"状态的订单申请贷款，智能系统对订单进行评估，在满足条件的订单总金额范围内计算出可申请的最高贷款金额。信用贷款是阿里金融模式中使用最多的产品，毫无抵押物的小微企业可以利用其在阿里巴巴平台上沉淀下来的交易数据申请贷款，智能系统在综合评价申请人的资信状况、授信风险和信用需求等因素后自动核定授信额度。阿里金融的贷款方式都是在线操作、及时到账，如同组合成一台"贷款 ATM"，金额通常在100 万元以内，对信誉较高的客户，通过申请和人工审核可获得不超过 1000万元的超额贷款。

二　主要成效

科技型中小企业由于具有轻资产、高风险和少抵押品等特征，较难从传统金融体系中获得资金，新型民营科技金融运作模式正好弥补了这个缺陷。近年来，P2P 网贷平台、众筹、阿里金融等新型民营科技金融运作模式蓬勃发展，拓宽了科技型中小企业的融资渠道，为中小企业发展提供了极大的资金支持。

第一网贷发布的《2015 年全国 P2P 网贷行业快报》显示，2015 年全国P2P 网贷总成交额突破万亿元，达到 11805.65 亿元，同比增长 258.62%；历史累计成交额为 16312.15 亿元。其中，P2P 网贷平台总成交额前三名分别是北京市、广东省、上海市，三省市 P2P 网贷平台成交额占全国的

71.78%。

以业内具有代表性的众筹融资平台"天使汇"为例。"天使汇"成立于2011 年，以中关村为发展背景，注册资本仅 3 万元。截至 2014 年 2 月，"天使汇"累计已有14000 多个创业项目、47500 位注册创业者、1750 多家挂牌企业、1000 多位认证投资人，130 多家企业通过该平台完成融资，融资总额达 3 亿多元。

截至 2013 年末，阿里金融旗下三家小额贷款公司累计发放贷款 1500 亿元，累计客户数超过 65 万家，贷款余额超过 125 亿元，整体不良贷款率约为 1.12%。

三 存在的问题

（一）信用环境不佳导致发展异化

目前，由于我国企业的信用体系建设尚不健全，整体信用环境并不成熟，因此信息平台模式在发展中异化成所谓的"线上模式"和"线下模式"。"线上模式"是指贷款人和借款人通过 P2P 网络借贷平台自由选择，其贷款申请、投标、风险审核和贷款发放等流程都在线上自动完成，双方直接签订合同，线上流程清晰不受其他任何干涉。"线下模式"是指 P2P 网络信贷平台同时构建一个理财平台，从投资者处募集资金并支付一定的利息，同时将募集的资金出借给借款人，自己收取一定的管理费和利息差，投资人与借款人不直接发生联系，贷款审核和发放等流程均在线下完成。"线上模式"是代表网络借贷平台优点的 P2P 交易模式，充分体现了在良好信用环境下网络借贷平台的便利性和高效性，但是由于我国目前信用环境整体不佳，网络借贷平台的风险识别和管控能力较弱，"线上模式"在整个网贷行业的份额只占 1%~2%。

（二）互联网金融的监管政策不到位

近年来的实践证明，互联网金融花样翻新很快，常常是监管政策尚未落地，行业便迅速"变种"。互联网金融在注重用户体验和追求极致效率的过程中，容易忽视金融安全与风险控制，偏离金融的本源。互联网金融的业务活动经常突破现有的监管边界，进入法律上的灰色地带，甚至可能触及非法集资、非法经营等"底线"。例如，2013年央行对重庆市五家"人人贷"公司发起整肃活动，调查显示，这五家公司中有部分"人人贷"公司将债权包装成理财产品，通过网络和实体门店向社会公众销售，社会公众资金直接进入公司账户或法定代表人个人账户，账户余额超过1000万元，还存在公司账户接受个人汇款的情况。公司实际经营已向非法集资演变，超越了传统意义上P2P的业务范畴。2015年12月"e租宝"涉嫌违法经营被调查。据新华社报道，"e租宝"通过"假项目、假三方、假担保"障眼法制造骗局，非法吸收存款500多亿元，涉及投资人约90万人。因此，必须深入研究并界定互联网金融的本质，科学搭建监管框架，前瞻性设计监管政策体系并准确评估政策影响。

（三）客户资金的第三方存管制度不完善

虽然信息平台模式和电商信贷模式为中小企业融资提供了快速便利的服务，但是这类网络借贷平台会产生大量的资金沉淀且客户资金第三方存管制度不完善，挪用资金甚至卷款潜逃的风险很大。例如，2012年6月，P2P网络借贷平台"淘金贷"上线不到一周，网站突然不能登录，网站负责人失去联系，其在第三方支付平台环讯支付账户里的钱已经全部被提走。据媒体报道，投资人的损失数额估计在100万元以上。又如"优易网"事件。该网站自称是香港亿丰国际集团投资发展有限公司旗下成员，但后者发公告予以否认。之后发现"优易网"客服、办公电话均无人接听，而且发现网站公布的借款人和办公地点皆为虚假信息。据不完全统计，至少有64位投资者在"优易网"投资2000多万元，其中最多的一位投资200万元。这些P2P平台的卷款跑路和倒闭事件，给放贷人造成了巨大的资金损失，也严重影响了整个行业的形象。针对互联网金融在迅速发展过程中的各种问题，2016年4月国务院组织央行、银监会、证监会、保监会等14个部委召开电视会议，计划在全国范围内启动有关互联网金融领域的专项整治，为期一年。

第六章 陕西科技金融的工作进展

陕西省在 2011 年就启动了促进科技和金融结合的相关工作，并按照要求向国家上报了促进科技和金融结合的试点方案。2011 年 10 月，关中－天水经济区（陕西）成为全国首批促进科技和金融结合试点地区。陕西省委、省政府非常重视试点的领导和整体推进工作，把促进科技和金融结合作为"调结构、转方式、促发展"的重要举措，积极出台政策措施，设立组织协调机构，创新财政科技投入方式，保障科技和金融结合试点工作顺利推进。

陕西省科技厅与陕西省金融办、陕西省财政厅、中国人民银行西安分行、陕西银监局、陕西证监局、陕西保监局等部门建立了合作关系，确立了科技资源与金融资本的对接机制，搭建了省、市、区联动的科技金融服务平台，创新科技金融工具，促进科技型中小企业快速健康发展。在具备条件的西安高新区、杨凌示范区、宝鸡市、咸阳市等 8 个地市和国家高新区启动试点先行先试，为科技金融工作的开展起到示范带动作用，全省科技和金融结合工作呈现良好的发展态势。

第一节 陕西科技金融工作的主要成效

一 构建政策法规体系，确保试点工作顺利开展

2012 年以来，陕西省陆续出台了多个重要地方法规和政策性文件，初步构建了科技金融结合的政策法规体系，支持和保障科技金融结合的试点工作顺利展开[①]。

---

① 《政策法规：为科技金融结合试点工作保驾护航》，科技金融信息服务平台，2013 年 8 月 9 日，http://kjjr. snstd. gov. cn/TechFinance/kjjrWeb/kjjrWebAction＿getNewsInfoById？nId = 8aa4818a405d1001014060e44bf2008c。

2012 年 5 月，陕西省人大颁布的《陕西省科学技术进步条例》明确规定鼓励金融机构开展知识产权质押业务，鼓励和引导金融机构在信贷等方面支持科学技术应用和高新技术产业发展，鼓励保险机构根据高新技术产业发展的需要开发保险品种，建立风险投资补偿机制，鼓励金融机构支持科学技术创新创业。这些相关条文，从法律角度确保了科技金融工作的开展。

2012 年 9 月，陕西省委、省政府出台的《关于深化科技体制改革加快区域创新体系建设的意见》明确提出推进科技金融结合试点工作的主要任务是建立科技贷款风险补偿机制，探索建立科技保险补贴机制，支持科技型企业上市融资；设立陕西省科技成果转化引导基金，引导社会资本组建若干子基金。该意见明确提出要推进科技金融结合试点，建立科技贷款风险损失补助机制，探索建立科技保险补贴机制、补偿机制，支持科技企业上市融资，支持企业科技成果转化，分担金融机构科技贷款风险，对科技成果转化进行绩效奖励。

2012 年 9 月，陕西省政府出台了《关于进一步促进科技和金融结合的若干意见》，全面安排部署促进科技和金融结合工作。该意见提出，要推进科技金融结合试点，根据各地科技发展和金融资源聚集特点，在科技和金融结合方面先行先试；创新财政科技投入方式，建立风险补偿机制，支持金融机构、风险投资机构投资创新创业活动；加强对科技信贷的引导，创新科技金融组织和金融产品；鼓励开展科技保险、科技担保、知识产权质押融资、科技型中小企业集合债等金融业务；大力发展多层次资本市场，建立科技型企业股权流转和融资服务产权交易平台；成立省促进科技和金融结合工作领导小组，协调解决科技金融结合以及陕西开展国家试点工作中的有关重大问题。

2012 年 10 月，陕西省政府出台了《关于进一步促进金融业发展改革的意见》，对陕西金融业发展改革提出了具体的任务和措施，其中一项就是加强科技金融服务体系建设，以国家促进科技和金融结合首批试点为契机，积极开展科技投融资服务模式创新；鼓励商业银行设立专门为科技企业服务的科技支行；提高金融机构考核中对科技企业贷款指标的评分比重；鼓励商业银行、担保公司、创业投资公司等开展"投贷联动""投贷保联动""保贷联动"等服务创新，扩大知识产权质押、股权质押、应收账款质押等融资业务总量；重点引导和扶持具有高成长性的科技型中小企业在创业板或中小板上市；积极推动科技保险，建立保险补贴机制，创新科技保险产品。

按照陕西省委、省政府的部署，陕西省科技厅会同有关部门相继出台了相关配套政策，如与陕西省财政厅、陕西银监局联合出台了《陕西省科技型中小企业贷款风险补偿资金使用管理细则》，与陕西省财政厅联合出台了《陕西省科技成果转化引导基金管理暂行办法》，与中国人民银行西安分行、陕西省农业厅联合制定了《关于金融支持陕西省农业科技创新加快现代农业发展的指导意见》。西安市、宝鸡市、咸阳市、榆林市以及西安高新区、杨凌示范区等地方，也相继制定、颁布了一系列地方性政策。这一系列政策法规，相继明确了促进科技和金融结合工作的法律地位、主要目标、重点任务和具体措施，确保了科技金融结合工作的顺利开展。

二　创新科技信贷产品，打破中小企业融资瓶颈

截至 2015 年 11 月，陕西省辖内已有持牌科技支行 12 家，其中长安银行西安高新科技支行作为西北首家科技支行于 2012 年 4 月成立。长安银行西安高新科技支行持续探索创新产品，探索科技型中小企业贷款担保方式，为中小企业提供授信审查审批"一站式"服务，运行过程短，决策速度快，办事效率高，已发展成为支持所在区域的科技型中小企业融资服务的创新者[①]。

长安银行西安高新科技支行的创新之处包括两个方面。一方面是机制创新，表现为建立独立的科技金融团队和实行独立的信贷审批机制。长安银行西安高新科技支行依托长安银行总行成立了陕西省科技金融创新产品研发中心，中心设有产品研发岗、客户经理岗、综合管理岗以及与政府及中介部门对接的渠道岗。研发中心不仅研发产品，而且是科技金融业务直营中心，负责对试点产品进行孵化进而投放至科技支行进行批量化营销。长安银行总行对西安高新科技支行的运营工作高度重视，授予支行 1000 万

---

① 《科技支行：科技型中小企业融资服务的创新者》，科技金融信息服务平台，2013 年 8 月 9 日，http://kjjr. snstd. gov. cn/TechFinance/kjjrWeb/kjjrWebAction _ getNewsInfoById? nId = 8aa4818a405d1001014060d3bc580065。

元以内知识产权质押贷款的独立审批权限。符合条件的科技型企业，可通过科技支行的自主审批流程快速办理贷款手续，可以更便捷、更高效地完成融资。另一方面是业务创新。长安银行西安高新科技支行突破现有传统业务模式，依照"业务联动、风险共控、资源共享、多方共赢"的原则，将科技职能部门、创投机构、私募机构、担保公司、保险公司等各类金融及科技资源进行有效聚合，形成多方联动服务科技型中小企业的业务模式。

2015 年 5 月，陕西省科技厅、陕西省财政厅和陕西银监局联合主办了陕西省科技信贷合作签约及科技信贷产品推介活动，推动多家银行研发适合科技型中小企业的产品，共同解决中小企业融资难问题①。目前，已经有 8 家银行与陕西省科技厅建立了科技信贷合作关系。陕西省科技厅分别与工商银行陕西省分行、北京银行西安分行签署了业务合作协议，联合推出了"小微科技贷"和"科技企业成长贷"等新型科技金融产品。浦发银行西安分行、建设银行陕西省分行、招商银行西安分行、齐商银行西安分行、中国银行陕西省分行、长安银行分别推出了"科浦贷""支科贷""科创贷""齐动力科技贷""中银科技贷""长安信用贷"等科技信贷产品。

三　引导科技型企业进入多层次资本市场融资

（一）建立企业资源库，择优支持入库企业的成果转化项目

陕西省科技厅对近年来支持的科技企业进行普遍筛选，并面向社会广泛征集，建立全省科技型拟上市企业资源库，已入库企业 76 家，其中 25 家已推荐进入陕西省上市企业资源后备库。对于已进入上市企业后备库的企业，陕西省科技厅采取"一事一议"方式，开辟"绿色通道"，通过科技项目、人才培育、平台建设、资金资助等渠道加大支持力度。例如，对具备条件的企业，推动其组建省级工程技术研究中心、重点实验室、研究开发中心等技术创新平台；对未成为高新技术企业的科技型企业，帮助其完善自身条件，组建团队，增强科技成果产业化能力，提高主导产品技术水平，力争早日成为高新技术企业。支持科技型中小企业进一步完善公司治理与

---

① 《陕西省科技信贷合作签约及科技信贷产品推介活动在省科技资源统筹中心举行》，科技金融信息服务平台，2015 年 5 月 27 日，http://kjjr.snstd.gov.cn/TechFinance/kjjrWeb/kjjr-WebAction_ getNewsInfoById？nId = 8aa4818a4ca0c8f5014d946e881200df。

财务结构，鼓励中介机构加大辅导力度，对帮助科技企业融资业务突出的中介服务机构给予补贴奖励。

（二）设立创业投资引导基金

作为陕西省首批科技金融试点的西安高新区、咸阳市、宝鸡市、杨凌示范区都相继筹资设立相应的投资基金。其中，西安高新区设立了规模为5亿元的创业投资引导基金，以合作、参股方式，累计参与设立了西安军民融合创新投资基金等5只子基金，基金总规模达10.83亿元，其中引导基金出资1.83亿元。宝鸡市于2012年设立了陕西省高端装备高技术创业投资基金，规模为2.5亿元，主要采取股权投资方式，支持宝鸡新材料产业和装备制造产业的科技企业。杨凌示范区于2011年8月设立创业投资引导资金，每年财政出资1000万元参股创投基金。截至目前，杨凌示范区先后投资3000万元，参股了杨凌高投、陕西金河、杨凌东方富海3只创投基金。其中，杨凌东方富海资金规模为3亿元，是国内首个现代农业专项创投基金，主要投资方向是生物技术、生物农业、农产品深加工产业、现代化农业配套产业、水土保持及环境保护[①]。为加快科技成果产业化进程，推动科技型中小微企业健康快速发展，陕西省科技厅与陕西省财政厅联合出台了《陕西省科技成果转化引导基金管理暂行办法》（陕财办建〔2013〕17号），基金规模为5亿元，带动社会资金形成总规模为40亿元的若干创业投资子基金。

（三）支持科技型企业在债券市场融资

引导符合条件的科技型中小企业通过发行公司债券、企业债、短期融资券、中期票据、集合债券、集合票据等方式融资。例如，2012年由民生银行主承销的赛德高科、秦川牛业、秦宝牧业三家科技型企业共发行8100万元中小企业集合票据。

---

① 《走进资本市场：引导科技型企业多途径融资》，科技金融信息服务平台，2013年8月9日，http://kjjr.snstd.gov.cn/TechFinance/kjjrWeb/kjjrWebAction_ getNewsInfoById？nId = 8aa4818a405d1001014060d71cfa006b。

四 推进科技保险工作分散企业研发风险

科技保险是科技与金融相结合试点的一项重要内容，涉及一系列科技创新活动。科技型企业的研发、生产、销售、售后以及其他经营管理活动，具有高投入、高产出、高风险的特点，通过专业保险公司的科技保险，可以对研发及产业化过程中财产或利润的损失，以及对股东、雇员或第三方的财产或人身造成伤害且应由企业承担的各种民事赔偿责任，由保险公司给予保险赔偿，这是企业分散研发风险、转化意外风险的重要手段。为了落实陕西省政府《关于进一步促进科技和金融结合的若干意见》（陕政发〔2012〕39 号）文件精神，陕西省科技厅会同陕西省财政厅、陕西保监局和西安高新区、杨凌示范区管委会，积极探索、推进科技保险相关工作，为企业研发及成果转化解除后顾之忧。

（一）设立补贴资金，建立陕西省科技保险补偿机制

科技保险是陕西省在西安高新区开展科技金融试点的主要内容，2012 年，西安高新区管委会出台了《科技保险补贴资金管理暂行办法》，对参加科技保险企业的年度科技保险保费总额按 40% ~60% 的比例给予补贴，科技保险补贴对象涵盖财产险类、责任险类、人身险类、出口信用类多个产品，建立了区域内高新技术企业创新产品研发、科技成果转让的保险保障机制。目前已有 300 余家企业投保科技保险，总保险金额达 70 亿元，有效分散和化解了园区科技企业的创新风险。在西安高新区试点的基础上，陕西省科技厅会同陕西省财政厅、陕西保监局，对建立陕西省科技保险补偿机制达成共识，按照扶持政策突出重点、财政补贴额度合理、保费补贴范围广泛、补贴申领手续简化、保险服务快捷有效、满足各类科技型企业不同保险需求的原则，初步确定了设立科技保险补贴的资金额度及支付形式①。

（二）针对企业需求，制定适销对路的科技保险产品

为使科技保险产品得到科技企业的认可，陕西省科技厅组织开展了多

---

① 《科技保险：为科技企业创新发展提供保障》，科技金融信息服务平台，2013 年 8 月 9 日，http://kjjr.snstd.gov.cn/TechFinance/kjjrWeb/kjjrWebAction_ getNewsInfoById? nId = 8aa48 18a405d1001014060d8713d006e。

层次、多形式的调研，通过召开科技企业座谈会、风险研讨会、科技保险产品交流会等，组织专业保险经纪公司走访科技企业、发放风险问卷调查等方式，与科技企业面对面交流，深入了解科技企业的风险特点，通过一系列调查、讨论、研究，保费补贴发放按照保险产品的共性产品全覆盖、配套保费最高全额补贴、有效分散和化解高新技术企业的创业风险等几项原则，确定了今后科技保险产品的推出方案。

（三）根据农业特点，开展政策性农业保险工作

杨凌示范区管委会以建设"陕西省农业保险创新试验区"为科技金融试点主要内容，出台了《杨凌示范区政策性农业保险试点工作实施方案》，在奶牛、设施蔬菜"银保富"等政策性农业保险的基础上，在全省率先开展肉牛、苗木、仔猪、育肥猪、种公猪等新险种。2012 年，政策性农业保险保费规模达到 830 万元，保障金额达到 1.7 亿元。通过积极争取，人保财险总公司已将杨凌示范区列为该公司的农业保险创新基地。同时，大力发展"信贷 + 保险"的金融服务新产品，推广"银保富"业务，建立银行与保险联动支持农业发展的新机制。

（四）引入保险中介机构，提供科技保险专业支持服务

陕西省在推进科技保险工作中，引入保险中介机构，在陕西省科技资源统筹中心开设服务窗口，参与科技保险过程中的有关活动，建立起为科技企业省钱、省力、省心的保险服务模式。专业保险中介机构代表科技企业一方利益，为全省保险保障服务体系建立，以及保险产品设计、优化、创新等科技保险活动提供专业支持和全程服务。

五　组建"科技金融超市"，完善服务体系建设

2012 年 9 月，依托陕西省科技资源统筹中心，由面向全国公开遴选的银行、券商、基金、融资担保、资产评估、会计、法律、知识产权、科技保险、管理咨询等领域的 20 多家机构组成的"科技金融超市"正式投入运行，同时还举办了首场科技成果拍卖询价会，近 300 名科技人员、科技企业家、投资机构云集拍卖会场和"科技金融超市"，拉开了陕西依托社会中介

服务力量推进科技金融结合试点工作的大幕①。"科技金融超市"自开市以来，在陕西省科技厅的领导下，引导中介服务机构创新运行机制，围绕统筹全省科技资源、企业资源和金融资源，积极与国内外金融机构、创投机构、科研机构和科技企业建立战略合作关系，开展多种形式的专业化推介活动，取得了显著进展，已成为陕西科技金融结合试点工作的前沿阵地。

（一）联手商业银行和创投机构，积极拓展科技金融服务领域

为提高"科技金融超市"的服务能力，陕西省科技资源统筹中心开通了国内首条"400融资服务热线"，并与国家开发银行、北京银行等11家国内商业银行以及重庆瀚华等6家融资担保公司建立了战略合作关系，为科技型企业债权类融资储备了丰富的金融资源。根据陕西省委、省政府关于设立省科技成果转化引导基金的决定，在陕西省科技厅的领导下，陕西省科技资源统筹中心先后与深创投、光大金控、上海基石资本等10多家国内知名的基金管理机构就基金发起设立方案开展了合作，子基金募集总规模近30亿元。另外，陕西省科技资源统筹中心还与北京观韬律师事务所等多家中介机构建立起业务合作关系，与美国纽约州商会等多家国外基金机构开展合作。

（二）组织专业化交流培训活动，提升企业应用金融工具的能力

为不断强化科技型中小企业的融资意识，拓展企业融资渠道，坚持以"服务科技型中小企业"为宗旨，积极利用中介机构的优势和力量，陕西省科技厅先后组织策划针对企业的各类交流对接活动，具体形式包括银企对接会、"金桥"系列讲座和工作座谈会等。交流主题包括科技保险、金融产品推介、融资担保操作实务、商业机密保护等，先后邀请来自西安软件园、现代企业中心、清华科技园（陕西）、高新区新材料产业园和经开区创新工业园的约330家科技型企业的1000余名企业代表参加了上述活动。通过开展一系列交流培训活动，在广大科技型企业和中介服务机构之间搭建了一个交流、对接、互动的平台，实现了企业需求的有效传递。

---

① 《金融超市：我省科技和金融结合的前沿阵地》，科技金融信息服务平台，2013年8月9日，http://kjjr.snstd.gov.cn/TechFinance/kjjrWeb/kjjrWebAction_getNewsInfoById? nId = 8aa4818a405d1001014060d5e5ee0069。

（三） 深入了解科技企业需求，实现科技金融要素有效对接

为了更好地促进企业与中介机构实现对接，"科技金融超市"不断强化服务意识，创新工作思路，主动组织中介机构深入高新技术园区进行现场调研对接，让中介机构与企业面对面地进行沟通，了解企业在经营过程中所面临的有关科技金融问题，为企业实现有效融资出谋划策。另外，为了激励中介机构更好地为科技型企业提供专业、优质的服务，在陕西省科技厅、陕西省财政厅的支持下，通过设立专项补贴及奖励资金，强化对中介机构的考核管理，逐步建立起动态考核评价体系，形成优胜劣汰、良性循环的工作机制。

（四） 建设信息服务平台，构建多层次服务体系

为了进一步提高服务水平，使省内更多的企业能够及时了解科技金融结合试点工作的动态，陕西省科技厅联合陕西省信用办、西安高新区金融办共同开发了"陕西省科技金融信息服务平台"。该平台包括企业库、金融机构库和专家库三个专业数据库，通过数据共享，实现企业在线填报融资需求，经过初步评估后，系统自动推送需求信息给企业和相关的中介服务机构。目前平台已经投入使用并在不断完善中。

（五） 开通融资热线，全方位服务科技企业融资

2013 年 1 月 24 日，陕西省开通了科技型企业融资服务热线，"科技 400 热线"汇集科技企业融资需求信息，依托陕西省科技资源统筹中心有效统筹、调动合作的金融和中介资源，经过专业级初选，及时将融资需求信息提供给金融机构，并对后续对接过程进行实时跟踪，力求为科技企业融资提供全方位的贴心服务①。

"科技 400 热线"开通之初，得到了国家开发银行、中国建设银行、中信银行、招商银行、浦发银行、长安银行、北京银行、东亚银行等多家银

---

① 《融资热线：助推我省科技型中小企业发展》，科技金融信息服务平台，2013 年 8 月 9 日，http://kjjr. snstd. gov. cn/TechFinance/kjjrWeb/kjjrWebAction_ getNewsInfoById? nId = 8aa4818 a405d1001014060d2628b0063。

行的积极响应，这些银行与陕西省科技资源统筹中心签订了合作协议。各商业银行围绕科技贷款业务，为热线平台提供了近50项科技贷款产品，供科技型中小企业选择。这些产品覆盖了注册期为2~5年、年销售额在5000万元以下的各种类型的科技企业。针对企业抵押质押物情况，可以提供订单、知识产权质押，以及投贷联动、信用贷款等各种解决方案。

为了让更多的企业了解"科技400热线"的服务内容和方式，采取了多种形式加强宣传。设计印制"科技400热线"宣传册，通过各合作银行营业网点、科技园区、金桥讲座会议现场等多种渠道进行分发；在陕西科技信息网开设"科技400热线"服务专栏，设置了"科技400热线"简介、新闻发布会、动态、成功案例、科技型企业融资需求信息表五个板块。科技型企业可通过科技信息网填报融资需求信息。同时，还在西安高新区等园区的网站设立了栏目链接，便于园区内企业及时了解"科技400热线"的动态，扩大受众面，提高知晓度。借力金桥讲座等科技金融服务活动，向广大企业现场推介"科技400热线"的运行模式和服务内容。

"科技400热线"逐步成为汇集全省科技企业融资需求的重要平台，为科技企业成功获贷牵线搭桥。"科技400热线"正式运行第一年，已经受理全省50多家科技型企业的融资需求，遍布8个地市，涉及机械制造、电子信息技术、现代农业、生物制药与食品、新能源等17个产业领域；资产规模在500万元以下的企业需求占总量的35%，拥有知识产权的企业占总量的64%。

六　举办创新创业大赛，激发全社会的创业活力

2014年，由科技部火炬高技术产业开发中心、陕西省科技厅和长安银行联合主办的首届"长安银行杯"陕西省科技创新创业大赛暨第三届中国创新创业大赛（陕西赛区）成功举行。本届大赛以"科技创新，成就大业"为主题，搭建了人才、技术与资本融合的平台，激发了全社会创新创业的热情和活力，有助于聚集陕西省创新创业资源，整合创新创业要素，优化创业环境，从而促进科技和金融结合，推动科技型中小企业创新发展。这是陕西省第一次作为独立赛区参加中国创新创业大赛。其中，报名参赛企业有331家，居全国第8位；团队有89家，居全国第14位。大赛在赛程各阶段还邀请国内知名创业投资专家担任评委，为提高赛事影响力，组委会

在决赛阶段邀请近 10 名院士担任评委或创业导师，这在全国也是首创。

经过初赛和复赛，共有 86 家参赛单位晋级决赛。参赛队伍各有特色、各领风骚。有青春洋溢、充满激情的大学生，有高学历的海归才俊，亦有朴实执着的企业家，各路选手都在大赛的舞台上崭露头角、尽显风采。经过激烈的角逐和严格评选，最终 7 个项目获得一等奖，14 个项目获得二等奖，21 个项目获得三等奖。在获奖的企业和团队中，有 30 余家优秀企业和团队进入全国总决赛，最终陕西选送的西安铂力特激光成形技术有限公司和西安鑫垚陶瓷复合材料有限公司分别获得全国先进制造组和新材料组冠军。陕西第一次作为独立分赛区参与全国创新创业大赛，选送的企业和团队在全国大赛中取得了优异成绩，体现了陕西科技型中小企业卓越的创新能力和创业活力。

2015 年，第二届"西咸沣东杯"陕西省科技创新创业大赛暨第四届中国创新创业大赛（陕西赛区）顺利举行，本次大赛历时三个月，由科技部火炬高技术产业开发中心、陕西省科学技术厅、西咸新区沣东新城管委会、陕西广播电视台主办，陕西省科技资源统筹中心、西咸新区沣东新城统筹科技资源改革示范基地承办。为了从各方面细致精准地评判参赛企业和团队，组委会精心设置了高资质、高水平的评审团队。每场比赛设有创投评委 5 位、技术评委 2 位、创业导师 2 位，其中特别邀请多位两院院士担任技术评委。经过初赛和复赛的筛选，共有 108 家企业和团队晋级决赛。经过激烈的角逐和严格评选，36 家优秀企业和 18 个优胜团队最终脱颖而出，分别获得一、二、三等奖。一等奖奖金各 10 万元，二等奖奖金各 5 万元，三等奖奖金各 3 万元。

第二节　陕西省内第一批试点地区的主要进展

按照时间顺序，陕西省内第一批促进科技与金融结合的试点区域是西安高新区、杨凌示范区、咸阳市和宝鸡市，下面对这些先行先试区域的主要工作进展进行概括。

一　西安高新区

西安高新区，全称是西安高新技术产业开发区，是陕西省首批促进科技和金融结合的试点区，试点工作推进扎实，特色鲜明。目前，西安高新区聚集的金融机构及类金融机构共 430 家，信托、保险、基金等机构共 90 家，拥有各类企业 16000 多家，其中高新技术企业 900 家。科技金融已经成为西安高新区发展的加速器，西安高新区的发展成效也为陕西省的科技金融结合提供了新样本。

（一） 支持科技型企业多渠道融资

为更好地解决园区中小企业发展的资本约束问题，西安高新区采用多种方式支持科技型企业多渠道融资，如吸引各类投资机构入驻园区并投资科技型中小企业，或者帮助企业通过一些新型融资工具融资（如发行债券、信托、融资租赁、小额贷款等）。在陕西省、西安市政府科技和金融主管部门的高度重视下，西安高新区为进入"新三板"扩容试点做了积极而务实的准备工作。2012 年，具备变更股份公司条件的有限责任公司达 1250 家，2～3 年内可进行股份制改造的高成长性企业有 536 家；18 家具备"新三板"业务资格的券商已在园区开始工作，共有 30 多家企业和证券公司签订推荐进入"新三板"挂牌协议。西安高新区还出台了一系列投融资政策，按企业上市的不同阶段给予奖励，最高可奖励 550 万元，在"新三板"挂牌的企业可获 80 万元的奖励，并设立 1000 万元的贷款担保补贴资金①。

（二） 开展科技保险试点

西安高新区通过开展科技保险试点，有效分散和化解了企业科技创新风险，极大地激励了企业进行研发活动，促进了企业自主创新能力的提升。2008 年 9 月，西安高新区经科技部和中国保监会批准成为第二批科技保险创新试点地区，设立 1000 万元专项资金，对参加科技保险的企业给予补贴。2011 年，西安高新区科技保险参保企业达到 203 家，保险保费收入达 840 万元，为企业提供风险保障 33 亿元。西安高新区还与西安华泰保险经纪公司合作，设计完成"西安高新区科技保险集合方案"，制订可用性更高的科技保险投保方案，满足企业多方面的投保需求，并召开方案推介会。

---

① 《科技金融结合 助力中小企业》，西安科技大市场，2012 年 8 月 8 日，http：//news. xatrm. com/gov/press/gxqxw/C6BBC1D9BB318467E040007F0100244D. html。

（三）　与银行合作推出特色化融资方案

西安高新区积极与多家银行合作，创新性地推出特色化融资方案，根据企业不同的需要，提供差异化、互补的金融产品，如中小企业委托贷款、产业链上下游企业授信贷款、知识产权融资贷款、石油供应链金融产品与解决方案。例如，西安高新区联合陕西信合设计了"担保贷款风险补偿机制"及"西安高新区轻资产企业融资方案"。2011 年，西安高新区内银行存款余额为 912.19 亿元，贷款余额为 889 亿元，存贷比为 97.46%。其中，西安高新区企业贷款余额为 552 亿元，同比增长 476%；西安高新区小企业新增贷款 33 亿元，贷款余额为 46 亿元，占所有贷款余额的 8.3%。

（四）　大力建设科技企业信用体系

西安高新区作为陕西省首家"陕西省信用体系建设示范园区"，以科技企业信用信息共享平台建设为抓手，以征集、共享科技企业信用信息新模式为突破口，探索建立园区企业信用信息的有效传递机制、企业守信的激励机制、企业失信的约束机制和惩罚机制，并大力推进园区科技企业信用体系建设①。

1. 完善组织保障体系

成立了由西安高新区金融服务办公室、相关数据源单位及专家组成的信用体系建设工作推进小组和信用服务中心。西安高新区工商、税务、质监、海关、规划、国土、环保、安监等行政监管部门及金融服务机构负责科技企业信用信息的征集，信用服务中心负责信用体系建设的组织协调工作。西安高新区科技金融结合试点工作领导小组定期组织协调解决科技金融试点工作中出现的难题，力促科技信用体系建设稳步推进。

2. 构筑政策支撑体系

在国家和陕西省相关信用管理法规制度框架下，根据高新区企业的特点和信用管理的实际情况，陆续出台《西安高新区信用体系建设实施意见》

---

① 《信用体系建设：西安高新区科技金融结合试点—大亮点》，科技金融信息服务平台，2013 年 8 月 9 日，http://kjjr.snstd.gov.cn/TechFinance/kjjrWeb/kjjrWebAction_ getNewsInfoBy-Id? nId = 8aa4818a405d1001014060e37184008a。

《西安高新区企业信用征信和评价管理办法》《西安高新区信用评级机构管理办法》《西安高新区信用信息分类管理制度》《西安高新区信用贷款试点暂行办法》《西安高新区科技型企业信用贷款风险补偿基金管理办法》《西安高新区信用保险及贸易融资试点工作暂行办法》等政策，构筑完成西安高新区信用体系相关政策体系，并逐步引导园区所有优惠政策和项目申报等与企业信用评价挂钩。

3. 推进信用信息共享平台建设

信息共享平台由企业公共信用数据库、企业申报信用数据库、金融服务机构信息数据库和信用与金融服务平台（网站）四个模块支撑。企业公共信用数据库信息以工商行政部门的企业登记信息为基准，整合其他行政部门及公共组织掌握的企业信用信息；企业申报信用数据库信息和金融服务机构信息数据库信息以科技企业自主申报经营信息和交易信息为主，通过政策设计引导企业和金融机构完善其在经济、社会活动中形成的投资合作、融资担保、信用交易、合同履约等信息；信用与金融服务平台（网站）依托信用数据库，以企业信用信息为纽带，整理、聚集高新区内金融机构信息、金融产品信息和投融资需求信息，为科技企业提供"一站式"、多功能、低成本的融资服务。

2013 年 7 月，高新区信用与金融服务平台正式上线运行。该平台以企业公共信用数据库、企业申报信用数据库和金融服务机构信息数据库为基础，依托资讯服务、信用服务、金融服务三个功能模块，全方位整合政策、科技、金融和信用等资源，在资源整合的基础上，为政府、企事业单位和金融机构提供及时的金融资讯服务、权威的信用服务和全面的投融资对接服务，努力实现"以信用促融资，以融资促发展"的信用体系建设目标。平台运行初期，可以检索到陕西省工商局注册的 50 多万家企业的信息。目前平台已有企业注册会员近 150 家，发布各类融资需求近 50 条。伴随着平台的成熟完善以及企业信息的丰富，该平台检索一家企业的各类信息数据可达 700 多项①。

---

① 张娜：《高新区信用与金融服务平台正式上线》，《西安晚报》2013 年 7 月 12 日，第 3 版。

二　杨凌示范区

杨凌示范区，全称是杨凌农业高新技术产业示范区，是我国唯一的农业高新技术产业示范区，肩负着探索体制机制创新，把科技优势转化为产业优势，依靠科技示范和产业化带动，推动我国干旱、半干旱地区农业产业结构的战略性调整和农民增收的重要使命。科技金融结合试点工作开展以来，示范区以推进农村金融改革试点为突破口，以发展投资基金为抓手，积极推动农科教、产学研紧密结合，试点工作成效显著①。

（一）　出台一系列鼓励性政策

以技术创业投融资作为科技和金融结合工作的重要着力点，示范区管委会先后出台了《关于大力推进技术创业的若干意见》《关于鼓励创新创业的优惠政策》等鼓励性政策。修订了《杨凌示范区企业改制上市扶持奖励办法》，加大对企业股份制改造和上市融资的支持力度，对企业在上市前的中介费用通过分段奖励、支持前移的方式进行补贴，还建立了上市后备企业资源库。企业完成股份制改造、辅导备案、递交上市申报材料后奖励 150 万元，上市后再奖励 150 万元；对拟进入股份报价代办转让系统挂牌的企业，在推荐挂牌备案文件被监管部门正式受理后奖励 80 万元，挂牌后再奖励 50 万元。

（二）　支持股权投资基金发展

示范区管委会制定了《关于促进杨凌示范区股权投资产业发展的若干意见》，提出增加财政投入、降低税负等优惠政策，更好地支持股权投资基金的发展。管委会先后联合科技部农村中心和清科集团发布了全国首份《中国农业产业投资报告》；与深圳市东方富海投资管理有限公司设立了杨凌东方富海生物产业投资基金；与 26 家知名创投机构联合设立了现代农业创业投资联盟；举办了两届中国现代农业投资峰会，引导股权投资基金支

---

① 《创投基金与企业债券：有效支撑杨凌示范区农业科技成果转化》，科技金融信息服务平台，2013 年 8 月 9 日，http：//kjjr. snstd. gov. cn/TechFinance/kjjrWeb/kjjrWebAction_ get-NewsInfoById？nId = 8aa4818a405d1001014060d9e4f80070。

持圣妃羊乳、中兴林产等一批农业产业化龙头企业。

(三) 搭建融资服务平台

示范区管委会和全国 40 多家创业孵化器、风险投资机构、农业科研院所、涉农企业、专利事务所、会计事务所、律师事务所等单位和机构共同发起成立了全国首个农业领域企业孵化的非营利自主联盟——现代农业科技创业孵化联盟；举办了首届中国农业科技创新创业大赛暨科技特派员创业大赛，针对优秀项目和成果组织开展了对接会；组织举办了创业投资与现代农业发展恳谈会、农业科技成果信息发布会等活动；协办了深交所第十三届保荐机构联席工作会议。会议期间，深交所与示范区管委会签订了《共建农业企业培育服务基地合作备忘录》，支持杨凌涉农企业在全国率先发行高收益债券。

(四) 完善金融服务体系，拓宽融资渠道

经过精心筹备，将杨凌农村信用社改制为关中地区首家农村商业银行，专业从事农业科技示范推广的配套金融服务工作，参照"硅谷银行"模式，实现杨凌农村商业银行与创投机构的投贷联动；推动民生银行在杨凌设立村镇银行，加大对小微企业的支持力度。

2012 年 5 月，示范区管委会成功发行期限为 7 年、发行主体为杨凌现代农业开发集团的 15 亿元农业企业债券。该债券是示范区第一只企业债券，发债规模占 2012 年全省企业债规模的 15%。2012 年 7 月，由民生银行主承销的赛德高科、秦川牛业、秦宝牧业三家企业 8100 万元中小企业集合票据顺利发行，标志着杨凌涉农科技型中小企业的融资渠道进一步拓宽。

三 咸阳市

咸阳市的科技型中小企业发展方兴未艾，具有开展促进科技和金融结合的需求和基础。作为陕西省促进科技和金融结合首批试点城市，咸阳市在科技型中小企业担保体系建设等方面成效明显。

(一) 大力融资担保公司，畅通担保渠道

以咸阳市融资担保有限责任公司为例。该公司是经陕西省金融工作办

公室批准，由咸阳市政府设立的以融资担保、投资为主的专业化金融服务企业。创新财政投入方式适时将其注册资本增加到 4.5 亿元，并按照放大 10 倍的贷款担保要求，为科技型中小企业提供 45 亿元企业担保贷款；与国开行、农发行、建行、中行、长安银行等 14 家金融机构签订了联合开展中小企业贷款担保业务的合作协议，与陕西省信用再担保公司签订了再担保业务合同，公司共取得银行综合授信 30 亿元。截至 2013 年 8 月，咸阳市融资担保有限责任公司累计为陕西宝塔山油漆股份公司、咸阳超越离合器有限公司等 160 家科技企业提供贷款担保服务，争取银行贷款近 8 亿元。另外，咸阳市的民营担保公司发展迅速，目前已发展到 30 余家，累计为全市 140 余家中小企业提供近 20 亿元的担保贷款资金支持①。

（二）　大力发挥科技主管部门的组织协调作用

咸阳市科技局协调市生产力促进中心、咸阳高新区管委会以及科技型中小企业聚集的三原、礼泉、武功等地区的科技主管部门，调查了解企业融资需求，建立企业融资信用担保信息库，积极协调全市的担保公司与民营科技园、市民营企业协会等多家工业园区和行业协会，提供融资担保直通车服务。

（三）　推进担保机构的产品和服务方式的创新

担保机构充分利用市场机制，重点推进产品和服务方式的创新。简化担保公司对科技项目评审流程，择优向金融机构推荐重大科技产业化项目和高成长性科技型中小企业，并对获得金融机构贷款支持的科技项目，优先给予科技计划项目或贷款贴息支持。担保机构对科技项目简化评审流程，特别是将诚信、知识产权等金融部门认为的"软信息"列为科技担保的硬性条件。

四　宝鸡市

宝鸡是我国西部工业重镇、高端装备制造业基地、新材料研发生产基

---

① 《担保体系建设：咸阳市科技金融结合试点一大亮点》，科技金融信息服务平台，2013 年 8 月 9 日，http：//kjjr.snstd.gov.cn/TechFinance/kjjrWeb/kjjrWebAction_getNewsInfoById？nId = 8aa4818a405d1001014060e1de210088。

地、中国钛谷。宝鸡市自获批陕西省首批促进科技和金融结合试点以来，政府部门与金融机构采取多种形式有效对接，实现了科技资源和金融资源的有效结合①。

（一） 推动金融资源对接科技企业融资需求

宝鸡市科技局、中国人民银行宝鸡市中心支行、高新区管委会形成"三位一体"的科技企业融资推介工作机制。在已建立信用档案的 6528 家企业中，筛选出符合国家产业政策、具有一定经济规模、经营状况良好、发展潜力较大、无不良信用记录的科技型中小企业，向各家金融机构推荐。启动实施科技型小微企业增值计划，重点选取 100 家科技型小微企业，由中国人民银行宝鸡市中心支行负责采集列入增值计划企业信息库，主动向金融机构推送企业增值计划以获得信贷支持。截至 2012 年底，全市银行业金融机构科技贷款余额达 42.76 亿元，占全部中小企业贷款余额的 21.38%；发明专利抵押和商标权抵押贷款额达 1.06 亿元。

（二） 创新财政科技投入方式

设立了 1000 万元的宝鸡市中小企业贷款风险补偿基金，对由宝鸡市金融办、发改委、科技局和财政局等部门认定并列入《贷款企业准入名录》的科技型企业，若发生商业银行给予贷款支持而产生本金损失，则给予风险补偿。设立了宝鸡市中小企业信用担保基金，注册资金为 1 亿元，为技术含量高、创新性强、成长性好、有良好产业发展前景的重点民营科技企业和中小企业提供信用担保服务。设立了陕西省高端装备高技术创业投资基金，规模为 2.5 亿元，重点扶持宝鸡区域内新材料产业和装备制造产业中处于初创期且具有良好发展趋势的企业，提升科技企业的自主创新能力。

（三） 创新科技金融手段和产品

宝鸡市积极搭建银企合作平台，开展驰名、著名商标质押融资工作，

---

① 《银政有效对接：宝鸡市科技和金融结合一大亮点》，科技金融信息服务平台，2013 年 8 月 9 日，http：//kjjr. snstd. gov. cn/TechFinance/kjjrWeb/kjjrWebAction_ getNewsInfoById？ nId = 8aa4818a405d1001014060db7b570075。

全面推行商标权质押贷款，为企业融资开辟新途径。商标权质押贷款是指具有品牌优势的企业以其商标专用权作为质押物，从银行取得贷款的融资模式。商标权质押贷款能大大促进商标无形资产资本化运作，有效地拓宽民营企业融资渠道，盘活企业无形资产，真正把企业的"知识产权"转化为"资本产权"。

目前，宝鸡市共拥有注册商标 4213 件，其中陕西省著名商标 159 件、中国驰名商标 12 件、地理标志商标 2 件，驰名、著名商标总数在全省名列前茅。在宝鸡市驰名、著名商标质押融资工作推进会上，陕西银河远东电缆有限公司等 11 家企业与金融机构达成了合作意向，农发行宝鸡分行为祥和面粉发放商标权质押贷款 2000 万元，长安银行为宝鸡海浪集团公司发放发明专利质押贷款 8000 万元。

（四）陕西省科技资源统筹宝鸡中心投入运营

陕西省科技资源统筹宝鸡中心按计划投入运营，资源中心内入驻科技创新中介服务机构、法律咨询机构、会计咨询机构、资产评估机构、投融资机构和中小企业服务咨询机构等多家机构，并向科技型中小企业提供金融业务咨询培训、项目策划包装、信用信息共享、知识产权评估、融资担保等专业化的"一站式"融资服务。

第三节　陕西省内第二批试点地区的主要进展

陕西省内第二批促进科技与金融结合的试点区域是西安经开区、渭南高新区、榆林高新区和延安高新区。

一　西安经开区

西安经开区，全称是西安经济技术开发区，在其产业集群中，存在一大批科技创新能力强、市场效应好、个体能力突出的中小企业，它们已经成为推动经开区产业结构优化和转变经济发展方式的重要力量。然而，这些中小企业由于规模偏小、可抵押资产少等因素，常遇到"贷不到、贷不足、贷得慢"三大融资难题。西安经开区深刻认识到构建良好金融服务体系的紧迫性和重要性，并通过完善区域金融体制机制、搭建银企合作平台、创新融资担保服务等一系列措施，对处于不同发展阶段、具有不同融资需求和融资条件的企业提供定向服务，为企业创新发展加油助力。另外，管委会还派专人深入区内各个企业项目，搜集整理区内企业各类贷款需求与融资信息，并将信息提供给区内多家银行进行信贷审核，变被动服务企业为主动服务企业，兑现开发区投资服务价值。

（一）整合资源搭建融资平台

在破解企业融资难问题上，经开区经过深入系统的调研，整合资源搭建各类融资平台，针对处于不同发展阶段、具有不同融资需求和融资条件的企业提供相应的金融服务，促进企业快速发展。

西安经开区管委会与香港中金国际公司合作成立了西安开融投资管理有限公司，该公司与国家开发银行建立了"中小企业统贷平台"。该平台已为陕西鑫隆石油设备有限公司融资 1600 万元，该企业已进入 A 股中小板上市辅导期。西安开融投资管理有限公司结合区域企业情况，积极打造线上交易平台，即通过网络交易系统搭建各类企业的资产交易平台，将市场中各担保公司、小贷公司、典当公司及各类企业所拥有的债权类资产，通过开融资产交易平台进行转让，以市场闲置资金买入债权资产包的形式，有效盘活企业闲置资产，增强企业资产流动性，为企业开通新的市场融资渠道。

西安经开区开创了"四台一会"模式，即政府搭建平台、西安开融公司融资平台、西安经金融资担保公司担保平台、企业平台和"中小企业的统借统贷会"，为企业发展提供了更为畅通的融资渠道。目前，该模式已为 24 家企业提供了 4.2 亿元的资金扶持，对规范民间借贷、优化区域金融生态起到了积极作用①。

（二）打造综合性金融服务平台

西安经开区通过成立金融服务机构，有效发挥政府在金融机构与企业之间的桥梁作用，充分调动金融机构、中介、咨询服务机构等多方面的积

---

① 《西安经开区：金融服务为中小企业发展保驾护航》，华商网，2014 年 5 月 8 日，http：//news. hsw. cn/system/2014/05/08/051922847. shtml。

极性，努力打造集金融产品、中介服务等综合性金融服务于一体的金融服务平台。

对于具有一定信用基础的中小企业，特别是科技型企业，西安经开区携手陕西省中小企业局和浦发银行，设立了单户贷款不超过 1000 万元的中小企业科技支行。在适当放宽贷款条件、缩短贷款审批时限、提高企业获取银行信贷资金效率的同时，安排财政资金为贷款提供贷款贴息和担保补贴，进一步降低企业融资成本。针对小微企业，西安经开区与社会资金合作成立小额贷款公司，提至 300 万元以内的小额贷款。截至 2014 年 5 月，该机构已发放小额贷款超过 4 亿元。此外，西安经开区还创新推出了"股贷通"业务。对于发展前景良好，但在融资过程中难以提供银行认可抵、质押物的科技型企业，通过开辟"股权投资 + 银行贷款 + 担保"相结合的融资渠道，解决企业发展过程中的资金需求问题。

（三）创新财政科技投入方式

近年来，西安经开区不断加大财政资金扶持力度，创新财政科技投入方式，积极扶持传统产业、战略性新兴产业和中小企业发展，先后出台了企业上市奖励、贷款贴息、小额信贷保证保险补贴和风险补偿等多项政策。鼓励企业通过代办股份转让系统挂牌交易；对企业从开始改制到成功挂牌，分阶段给予最高 390 万元的奖励；鼓励企业"新三板"挂牌，推动企业做大做强。此外，西安经开区还与中国人保、工商银行签订了合作协议，对参加保险的科技企业，按照其缴纳的保费给予一定比例的保费补贴，以分散和化解科技型企业的研发风险，推动科技型企业创新发展。2015 年 3 月，西安经开区以财政金融方式支持企业做大做强，设立总规模为 1.5 亿元的西安经开区天使投资基金，对鼓励范围内的项目进行资金支持。鼓励范围包括科技创新项目、文化创意类项目以及其他项目。

二　渭南高新区

渭南高新区始建于 1988 年，是陕西省设立最早的经济开发区之一。2010 年 9 月，经国务院批准正式升级为国家级高新技术产业开发区。先后获得"中国新材料高新技术产业化基地""陕西省高层次人才创新创业基地"等称号。

2015 年，渭南高新区积极争取省、市财政资金，加快科技与金融融合，鼓励社会资本投入，为生产项目和民生工程建设提供资金保障。同时，大力引进科技银行、创投公司、融资租赁公司等机构，推动科技与金融融合发展。2015 年 5 月，陕西增材制造创业投资基金首次合伙人大会在渭南 3D 打印产业培育基地成功召开，这是全国第一只增材制造领域的创业投资基金。这只基金的建立是运用国家政策引进风险投资，对推进科技金融结合和新兴产业发展的有益探索。该基金的正式运营，对于更好地发挥国有资本的引导和杠杆作用、吸引社会资本向高新技术产业流动、更好地培育和扶持战略性新兴产业具有重要意义。

2016 年是"十三五"规划启动实施的第一年，也是渭南高新区实施"三次创业"的开局之年。渭南高新区在推动科技金融融合发展方面重点完成了以下工作：一是积极引进科技银行、天使基金、创投公司、融资租赁公司等机构入驻渭南高新区；二是发起设立渭南产业发展基金，开展中小微企业"助保贷"业务，鼓励符合条件的企业上市融资；三是管委会相关部门主动搭建平台，创新金融服务，为银企双赢创造条件；四是充分发挥科创担保公司的金融平台作用，加大担保费率的优惠力度，建立高效的专业团队，更好地为企业服务。

三 榆林高新区

2013 年 10 月，榆林高新区被确定为陕西省第二批促进科技与金融结合试点区域，由榆林市科技局牵头，重点在国家级高新技术产业开发区开展试点工作。启动试点建设以来，榆林市科技局积极发挥财政资金在科技型企业发展中的引导和扶持作用，促进科技和金融结合，加快创新型城市建设，推动榆林由资源依赖型向创新驱动型转变，支撑和引领经济发展方式转变。

（一）制定《榆林市科技与金融结合试点实施方案》

为了使榆林市科技与金融结合工作在起步阶段得到高起点、高标准的专业指导，榆林市科技局聘请了著名金融学者邱兆祥教授作为榆林市科技与金融结合工作的总顾问，负责试点战略规划研究及政策指导等。2014 年 8

月，榆林市科技局在北京组织召开了"榆林市科技与金融结合工作座谈会"，邀请对外经济贸易大学、广州证券投资部、中信银行总行等单位的专家共同商议《榆林市科技与金融结合试点实施方案》，为榆林市科技金融结合工作"把脉问诊"。

（二）政府推动开展"科助贷"业务

经榆林市科技局与多家银行反复协商，已达成合作意向，决定开展"科助贷"业务，即设立科技金融专项资金，设立信贷风险补偿准备金池，用于补偿开展科技金融业务可能产生的风险。其中 2013 年、2014 年两年时间安排 1000 万元政策性担保资金，银行按 10 倍（1 亿元）放大授信，以银行基准利率向科技型中小企业提供信贷资金，实现财政科技资金对金融资本、社会资本引导的放大效应，重点在知识产权质押、科技成果及科学技术奖信用担保、技术市场交易额增信等领域先行尝试，同时积极探索吸收园区注资、定向担保助贷的合作模式。

（三）扩大科技与金融试点的辐射范围

为扩大科技与金融试点的辐射范围，强化以企业为创新主体的整体思路，根据榆林产业整体布局，以园区为示范带动点，榆林市科技局认真组织实施"222"工程，即支持榆林高新区和神府经济开发区 2 个国家级园区建设，推动兰炭和金属镁两大支柱产业发展，两年内培育建立 200 家科技型企业。截至目前，已培育市级科技型企业 100 家，其中 30 家企业将择优进入榆林市科技型企业助贷池。

榆林市科技局主动搭建银政企信息沟通平台，不断完善"榆林市科技与金融结合服务平台"，引导金融机构加大对科技型企业的支持力度，并积极争取与陕西省科技厅共同设立一只能源化工板块的投资基金。

四　延安高新区

2013 年 10 月，延安市科技金融试点工作被确定为以拟新建的延安高新技术产业开发区为主。2014 年 3 月，陕西省人民政府正式批复同意延安市以姚店工业园区为基础，建设省级高新技术产业开发区。延安高新区位于延安市宝塔区姚店镇，面积约 18 平方公里。高新区产业发展定位是重点发展能源化工与精细化工、高端装备制造、新材料、新能源和节能环保等产业①。批复延安建设省级高新区，对优化陕西省高新区布局，带动陕北革命老区转型发展，带动延安经济社会持续、快速、健康发展具有重要的推动作用。

近年来，延安市委、市政府高度重视科技和金融结合试点工作，延安市政府成立了由主管副市长为组长，延安市科技局、延安市金融办负责人为副组长，相关职能部门负责人为成员的延安市促进科技和金融结合试点工作领导小组。同时，延安市委、市政府出台了《关于深化科技体制改革加快创新驱动发展的实施意见》，有力地引导社会各界力量参与科技金融创新活动。

为全面推进延安市科技和金融结合试点工作的开展，延安市科技局、延安市金融办等六部门根据延安市科技和金融的现实基础与条件，共同编制了《延安市促进科技和金融结合试点实施方案》。在实际工作中，重点面向科技型企业，以财政科技投入为杠杆、以科技和金融扶持政策为引导、以科技融资合作为重点、以创业投资和信用担保服务为支撑、以科技助贷助投服务为纽带，建立"企业投一块，银行贷一块，政府贴一块，创投投一块，政策减一块"的多元化科技投融资体系。同时，积极探索促进科技和金融结合运行的新模式和新机制，解决科技型中小企业发展资金不足和融资难问题，促进企业增强自主创新能力，加快科技成果转化和产业化。

---

① 《陕西省政府批复延安建设省级高新技术产业开发区》，科学技术部网站，2014 年 4 月 30 日，http：//www.innofund.gov.cn/kjb/dfdt/201404/93150cf722e24d81a961c6cee94b841c.shtml。

第七章 陕西科技金融体系的理性构建

第一节 科技金融体系的系统分析

一 科技金融体系的界定

(一) 体系

所谓体系，是指由若干功能上相关联的小系统按照一定秩序所组成的更高层次的大系统，这个大系统所能实现的整体功能，并非单个小系统功能的简单线性叠加，而是这些小系统功能的一种聚合或耦合。概言之，一个体系在本质上仍然是一个系统，只不过这个系统的要素，从结构和功能的视角来看更为复杂和完善，已经可以构成一个一般意义上的"系统"。比如人体，是一个典型的具备强大功能的大系统（体系），而构成人体的运动系统、消化系统、呼吸系统、泌尿系统、生殖系统、内分泌系统、免疫系统、神经系统和循环系统九个小系统，都能够完成某一特定的连续性生理功能。

(二) 科技金融体系

对照第一章提出的"科技金融"概念和上文提出的"体系"概念，可以对"科技金融体系"做出如下界定：科技金融体系是在以科技创新为原动力的创新型经济快速发展背景下（系统环境），面向各类科技型企业的种子期、初创期、成长期和成熟期（系统功能），有机融合了科技创新、金融市场、政府管理以及其他辅助性力量（系统要素与结构），在知识发现、信息传递、利益均衡、价值实现以及组织管理等方面具备高度复杂性、专业化等特征（系统运行），能够持续自我演进（系统动力）的一类社会经济复杂系统。

二 科技金融体系的"四系统"结构

依据上文对科技金融体系的基本界定，其系统要素包括科技创新、金融市场、政府管理以及其他辅助性力量，因此科技金融体系主要包括四类系统（对应着四类科技金融的行为主体），即科技承载系统、金融市场系统、政府引导系统以及服务支撑系统。

（一）科技承载系统

科技承载系统，是科技金融体系最为重要的组成系统之一，是整个体系赖以存在的基础。所谓科技承载系统，主要是指承担着科技创新功能且处在种子期、初创期、成长期和成熟期等不同发展阶段的各类科技型中小企业的集合。

考虑到"创新驱动的实质是人才驱动"，所以当从更为本质和本源的视角来审视科技承载系统时，会发现承载科技创新功能的人才主体主要包括以下三类人员：企业中从事科技创新的相关人员；高校、科研院所等机构中从事科技创新的相关人员；其他从事科技创新和创业的群体。现有科技型企业中的科技创新人才，是科技承载系统的基础性人才主体，具有较高的独立性和流动性；高校和科研院所中的科技人员，是科技承载系统的关联性人才主体，具有一定的独立性和潜在的流动性；正在从事科技创新及创业的其他人才群体，是科技承载系统的主导性人才主体，具有完全的独立性和流动性。

从科技金融体系的基本功能看，它所要服务的基本对象，就是那些由正在从事科技创新及创业的人才群体所承载的科技创新项目和初创期科技企业，而这些人才群体，其来源往往是现有科技企业中的科技创新人才，以及部分高校和科研院所的科技人员。

简言之，从科技创新人才的视角看，所谓科技承载系统，实质上是一个由上述三类科技人员组成的动态、连续的人才集合，科技企业是其存在的主要载体。

（二）金融市场系统

金融市场系统，也是科技金融体系最为重要的组成系统之一，是整个体系功能得以发挥的关键所在。从对科技金融体系的界定可以看出，金融市场系统的核心作用，就是其中的银行、证券、保险机构及创业投资等各类资本，为科技企业提供相匹配的金融产品。因此，可以从金融机构、金融产品等角度来对金融市场系统进行基础性的了解和分析。

例如，从金融产品的角度来看，当前主要的科技金融产品包括科技信贷产品、科技保险产品以及创业投资基金、资本市场和互联网金融等融资渠道。其中，仅科技信贷产品就包括担保融资、信用贷款、知识产权质押贷款、股权质押贷款、票据融资、认股权贷款、并购贷款等创新性产品。

此外，北京中关村国家自主创新示范区提出并打造的有关科技金融的"十条渠道"，即天使投资、创业投资、境内外上市、代办股份转让、担保融资、企业债券和信托计划、并购重组、信用贷款、信用保险和贸易融资、小额贷款，也是理解金融市场系统的一个较好参照。总之，金融市场系统是一个分类型、分层次的开放式资本供给系统。

（三）政府引导系统

对高度发达或较为成熟的市场经济体而言，政府在经济增长中的直接作用大多十分有限，主要体现在政策、市场监管等方面；对发展中以及新兴的市场经济体而言，政府对发展当地经济往往着力很多，既要提供政策、监管、服务等公共产品，也要投入资源开展围绕重大项目的招商引资、基础设施建设等活动。整体来看，在创新型经济日益成为发展潮流的今天，无论是发达市场经济体还是新兴市场经济体，政府在经济增长中的作用和介入程度都有显著的提升。具体到科技金融领域，一些发达国家如美、日、韩等，其政府除了在战略、政策、立法等层面积极作为、发挥引领性作用外，还会通过其他途径来助力科技金融的发展，如设立专门的政策性金融机构、提供政府担保、引导建立为中小企业服务的民间金融机构等。在我国，各级政府围绕科技金融工作，也是出政策、设基金、建平台，形成了全方位助力科技金融发展的工作态势。

总体看，在科技金融体系中，政府由于承担着促进经济发展、提供公共服务等重要职能，所以需要在一定程度上发挥前瞻性、引领性的现实作用，通过制定战略愿景、政策规划、法律法规等措施引导支持科技金融发展，同时还会发挥财政、税收等资源工具的调节作用（如设立创业投资引导基金、对相关科技企业和金融机构进行税收减免等），助力并服务于科技金融的快速发展。

（四）服务支撑系统

在科技承载系统、金融市场系统和政府引导系统之外，还存在由其衍生或合力形成的提供科技金融服务和保障的一系列机构、平台和组织，这些可以统称为科技金融体系中的服务支撑系统。

服务支撑系统主要包括以下内容：一是政府主导形成的科技金融服务平台，如在陕西省科技资源统筹中心的主导下，由银行、券商、基金以及融资担保、资产评估、科技保险、管理咨询等20多家机构组成的"科技金融超市"；二是政府引导、科技企业为参与主体、中介服务机构实施的企业征信平台，如"中关村企业信用促进会"；三是政府主导、企业实施的信息服务平台，如由陕西省科技资源统筹中心发起、西部资信公司负责承建的陕西科技融资信息服务平台；四是金融机构成立的专门机构或部门，如长安银行西安高新科技支行、浦发银行西安高新科技支行等；五是政府和金融机构共同设立的服务机构，如由陕西省科技厅、长安银行共同发起设立的陕西省科技金融产品研发中心，是省内首家专门从事科技企业金融产品研发的公益服务机构；六是其他相关的中介服务机构及科技金融活动，如武汉科技金融创新俱乐部、陕西科技金融俱乐部、各种类型的科技企业孵化器和不同级别的创新创业大赛等。

总之，服务支撑系统，既是科技金融体系的有机组成部分，也为其他子系统和整个体系的正常运作发挥了不可或缺的信息分享、交流沟通、业务对接等重要作用，是整个体系中的连接器和润滑剂。

三　科技金融体系的"三力"运行

科技金融体系的运行，需要科技承载系统发力、金融市场系统协力、政府引导系统助力，实现"三力"合一，同时需要服务支撑系统提供"三力"合一的接触面和润滑剂。这里主要分析科技金融体系中，对应"发力"

"协力""助力"的科技创新驱动、金融创新带动、政策创新联动三种运行力量。

（一）科技创新驱动

2015 年 3 月，新华社对外发布的《中共中央　国务院关于深化体制机制改革加快实施创新驱动发展战略的若干意见》指出，创新是推动一个国家和民族向前发展的重要力量，也是推动整个人类社会向前发展的重要力量。要破除一切制约创新的思想障碍和制度藩篱，激发全社会的创新活力和创造潜能，提升劳动、信息、知识、技术、管理、资本的效率和效益，强化科技同经济对接、创新成果同产业对接、创新项目同现实生产力对接、研发人员创新劳动同其利益收入对接，提高科技进步对经济发展的贡献度，营造大众创业、万众创新的政策环境和制度环境。该意见还要求把科技创新摆在国家发展全局的核心位置，统筹推进科技体制改革和经济社会领域改革，统筹推进科技、管理、品牌、组织、商业模式创新，统筹推进军民融合创新，统筹推进"引进来"与"走出去"合作创新，实现科技创新、制度创新、开放创新的有机统一和协同发展。

2015 年 5 月，习近平总书记在浙江召开座谈会时指出，"综合国力竞争说到底是创新的竞争。要深入实施创新驱动发展战略，推动科技创新、产业创新、企业创新、市场创新、产品创新、业态创新、管理创新等，加快形成以创新为主要引领和支撑的经济体系和发展模式"。

2016 年 5 月，中共中央、国务院印发了《国家创新驱动发展战略纲要》，要求把创新驱动发展作为国家的优先战略，以科技创新为核心带动全面创新，以体制机制改革激发创新活力，以高效率的创新体系支撑高水平的创新型国家建设，推动经济社会发展动力根本转换，为实现中华民族伟大复兴的中国梦提供强大动力。

从中央的重要文件到习总书记的讲话精神，无一不强调、凸显了科技创新在国家发展、国力竞争和创新驱动中的龙头地位。毫无疑问，科技创新在经济增长、社会进步的历史进程中发挥着先导性作用，具有原动力的功能。具体到科技金融体系的建立、运行和发展，也要依赖科技承载系统中科技企业、科技人员、创新成果、创新项目等科技创新载体的存在和运动过程。这背后的主要原因，在于科技企业、创新成果、创新项目等都是由以科技人员为代表的科技人才来具体承载和决定的，而科技人才正是科技创新的第一资源。因此可以说，科技创新对于科技金融体系的建立和运行而言，是最为重要的内在基础因素，是第一驱动。相应的，科技创新驱动，成为科技金融体系得以运行的基础动力。

（二）金融创新带动

众所周知，蒸汽机的出现拉开了第一次工业革命的序幕，但事实上是金融革命带来的大量资金使钢铁、铁路、纺织等行业从昔日的小作坊"大跨步"进入真正的规模化工业阶段。恰如英国经济学家约翰·希克斯所言，"工业革命不得不等候金融革命"。而此后的每一次产业革命，无一不遵循这一规律①。历史如此，现实更是如此。科技型中小企业，特别是处于初创期的科技型小微企业，绝大多数面临轻资产、低信用、高风险等发展障碍，那么，如何才能突破资金短缺导致企业夭折的瓶颈呢？答案就是——创新发展科技金融，打造科技金融的完整服务体系②。

回顾近年来发生在中关村的多个现实案例，就能证实金融创新对于科技创新而言具有非常重要的带动和推进作用。2012 年初，国内规模最大的天使投资和天使合投平台——天使汇，开创性地推出"快速团购优质创业公司股权"的快速合投功能后，不到半个月就为创业项目 LavaRadio 募得335 万元；2013 年 12 月，北京银行针对中关村多家孵化器内创业者发出小额贷款信用卡，这是全国首张"创业卡"，使为创业者团队日常开支提供灵活保障的小额贷款成为现实；中关村在全国率先开展科技型企业信用贷款试点，即小微企业无须提供抵押物或让担保公司担保便可获得银行贷款；北京银行"信贷工厂"将传统需 1 个月的贷款审批流程变成 3 天；"零信贷"，让没有信贷记录的企业打破银行贷款"零纪录"；中关村外汇改革试点成立后，一周内就能拿到高达 50 万欧元的低成本海外资金。

又如，京东集团自创立以来，先后得到 8 次不同阶段的创业资本注入，获得融资近 48 亿美元；小米公司成立仅 4 年估值就达数百亿美元，这背后

---

① 孙弢：《中关村与美国硅谷的差别：天使缺位　配套不足》，投资界，2013 年 2 月 5 日，ht-tp：//pe. pedaily. cn/201302/20130205343213＿ all. shtml#p1/2015－8－12/。

② 孙奇茹等：《为科技创新插上金融翅膀——写在中关村加快建设具有全球影响力的科技创新中心之际》，《人民日报》2015 年 5 月 7 日，第 13 版。

即有创投资本的巨大作用（2010 年融资 4100 万美元，2011 年融资 9000 万美元，2012 年融资 2.16 亿美元，2014 年融资 11 亿美元），而每一次创业投资的注入，都让小米公司如竹笋抽条般节节高升。

当我们从更为宏观的视野回望历史，就会发现由金融市场持续创新所造就的经济奇迹从未停止过：17 世纪，建立了第一家近代意义上的商业银行、解决了国际票据交换与清算难题的荷兰，凭借规模巨大的联合储蓄和已经相对复杂的证券市场、丰富的金融产品、大量的金融人才和众多的创新投资技巧，成为全球历史上第一个真正意义上的国际金融中心；100 多年前，在以银行、保险和资本市场为代表的金融体系支撑下，英国凭借其强大的海外贸易见证了"日不落帝国"的鼎盛时期；20 世纪 50～60 年代，在风险资本的助推下，美国凭借科技、风投、纳斯达克这一"梦幻组合"，夺过全球经济中心大旗，以信息革命为契机缔造了美国经济奇迹①。

现在，中国正在奋力追赶——以创新驱动发展作为大战略，而科技金融创新就是其中的主旋律。因此，金融创新对于科技金融体系的建立和运行而言，是最为重要的关键耦合因素，是第一带动。相应的，金融创新带动，成为科技金融体系得以运行的协同动力。

（三）政策创新联动

《中共中央　国务院关于深化体制机制改革加快实施创新驱动发展战略的若干意见》开宗明义地提出，"加快实施创新驱动发展战略，就是要使市场在资源配置中起决定性作用和更好发挥政府作用"，由此可见政府作用在科技金融发展中的重要性。

事实上，该意见所提出的八大领域任务，即营造激励创新的公平竞争环境，建立技术创新市场导向机制，强化金融创新的功能，完善成果转化激励政策，构建更加高效的科研体系，创新培养、用好和吸引人才机制，推动形成深度融合的开放创新局面，加强创新政策统筹协调，都离不开政府作用的更好发挥。同时，完成这些任务，对一个具有管控型行为特征和计划经济思维烙印的政府体系而言，也是巨大的挑战。

①　孙奇茹等：《为科技创新插上金融翅膀——写在中关村加快建设具有全球影响力的科技创新中心之际》，《人民日报》2015 年 5 月 7 日，第 13 版。

从国内特别是陕西省内科技金融体系的建立、运行来看，的确需要政府更好地发挥自身的作用，如为科技型中小企业和创新创业活动提供适宜环境和适当激励，为高校、科研院所等机构中的科技人员"松绑"，对他们开展创业给予更多宽容、支持和激励，同时能够引导、协调相关金融机构和投资机构的更多投入，开发与科技型中小企业生命周期各阶段相匹配的金融产品，并为这些机构制定有吸引力的风险分担补偿、营收税收优惠等专门政策。此外，政府还应整合、调动自身及社会资源，为从事科技创新和金融创新的各类主体提供相应的公共服务及公共平台，降低创新成本，便利创新活动，等等。而所有这些目标的达成，都要求政府能够制定出台一系列规范性政策并切实执行，使其他主体形成稳定和有效的创新预期。

简言之，由政府实施的政策创新，对于科技金融体系的建立和运行而言，是最为重要的整合制度因素，是第一联动。相应的，政策创新联动，成为科技金融体系得以运行的规范助力。

四 科技金融体系的特殊复杂性

综合上述分析，可以看到科技金融体系具有多要素、多层次以及不同层次上的要素耦合等复杂结构，整个体系的运行，也需要科技、金融、政策之间的高度协同。因此，可以认为，科技金融体系是一类典型的社会经济复合系统，具有特殊的复杂性。

（一）信息复杂性

所谓信息复杂性，主要体现为相关主体间的多重信息不对称。

首先是科技企业与金融机构之间的信息不对称，分为以下几个层次：基本信息不对称，即有融资需求的科技企业不知道到哪里去找钱，而有钱的金融机构又不清楚哪些企业急需资金支持；重要信息不对称，如处于种子期、初创期以及部分处于成长期的科技企业，其经营管理的规范性较差，财务制度通常也不健全，导致金融机构等不能详细掌握其资金、信用等信息，从而无法有效判断企业的真实经营状况；核心信息不对称，如银行在为科技企业办理知识产权质押贷款时，需依赖第三方机构对知识产权进行价值评估，但由于市场上缺乏权威评估机构，不同评估机构对同一知识产权价值的评估结果差异明显，导致银行无所适从。

其次是政策性信息在科技企业与金融机构之间存在不对称，往往是金融机构注重了解面向科技企业的相关优惠政策，但科技企业因为人员力量有限，更多关注技术产品研发而忽略了政策信息对企业发展的潜在价值。

此外，沟通不畅、信息传输滞后也会导致一些信息失真的情况出现，如科技企业所在的园区管理机构往往是银行获得企业融资信息的重要途径，但在实践中，一些银行在通过园区管理部门获得融资信息后与企业对接时，常遇到部分企业表示已无融资需求的情况。

（二）风险复杂性

所谓风险复杂性，主要源于技术风险和资本风险及其关联耦合。在科技和金融相结合的过程中，可以说风险无处不在。

首先是在科技企业的技术研发、产品试制试销等环节，必然会遇到一系列技术难题（技术壁垒难以突破、缺乏关键工具设备等）、生产难题（原材料供应不足、产品质量不稳定等）和市场难题（推广不力、售价偏高、消费者不认可等），无论哪一个环节出现了不可克服的状况，都会影响企业的可持续生存和发展，严重时将导致企业的科技创新戛然而止。

其次是来自创投、银行等金融机构的资本风险。一旦金融机构将所属资金投（贷）向科技企业，在相应资本安全退出或者变现之前，这笔资本始终存在退出风险。无论金融资本在科技企业的哪一个创新环节进入，从该环节至创新项目（技术、产品、服务等）完全成功之前，相应资本始终存在损失风险。进一步，如果金融资本在刚刚投向科技企业创新项目后即遭遇项目失败，那么这些投资实际上已经面临"打水漂"的境地。特别的，如果市场情绪过热，存在创业投资泡沫，那么相应的金融资本还将面临非理性风险。

最后是在科技企业创新项目和金融机构的资本投入相结合后，还会出现一些耦合性的风险，如资本的逐利性与创新的周期性之间的矛盾协调问题、技术团队与资本团队对待市场的态度差异问题、技术路线调整变化与是否追加投资决策之间的匹配问题等，这些都是科技与金融结合之后必须面对的风险因素。

此外，对于科技企业和金融机构而言，都将面临一些来自政府政策的特定风险的挑战，如企业在研发过程中需要特定材料、进口设备等而自身却不具备相应的资格或资质，金融机构则会遇到若干政策刚刚出台又因故调整甚至被收回的尴尬局面。

（三）管理复杂性

所谓管理复杂性，是由多重信息不对称和多样化风险共同决定的，主要涉及科技企业创新活动管理、金融资本时间价值管理等。就科技企业而言，其创新项目面临市场环境、产品定位、技术路线、研发团队、资源配置、部门协调等众多决策管理要素；就金融机构而言，一旦其资本进入科技企业的创新项目，那么资本的特质就会要求企业尽力实现资本的效用最大化及其保值增值，因此会在法律法规框架内，全面介入科技企业创新项目的经营运作管理（战略制定、董事会组建、高管招募、客户网络搭建等）和重要事项监督（财务、债务、市场、股权、薪酬等）。

此外，在政府制定专门政策、搭建公共服务平台等过程中，因涉及利益机制设计以及政府、市场、社会作用平衡等，其管理复杂性也是不言而喻的。

第二节　具有陕西特色的"三聚焦、三全面"科技金融体系构想

在完成对科技金融体系的界定和一般性系统分析后，结合陕西省"追赶超越"的总体发展要求，特别是基于该省前两批科技和金融结合试点工作开展情况，笔者提出打造"三聚焦、三全面"的陕西特色科技金融体系工作构想。

从推动陕西科技金融工作的力度来讲，必须明确未来一段时期内的工作重点和焦点，避免全面开花和平均用力，力求工作实效。按照这个原则，笔者提出了"三聚焦"，即聚焦区域开发核心、聚焦特色科技资源和聚焦重点金融业务。

从推动陕西科技金融工作的深度来讲，必须尽快全方位提升相关工作的节奏和效能，不断追赶先进和超越自我，力求实现突破。按照这个原则，笔者提出了"三全面"，即全面转变政府职能、全面提升市场功能和全面发

展中介服务。

一 聚焦"一心六核三极"的区域开发核心

发展科技金融，是为了打通从科技创新到产业创新的资金链条，其根本目的还是发展产业、提振经济。因此，必须树立科技金融工作的空间地域概念，选取产业基础优越、创新生态环境良好的区域，有重点地开展科技金融工作。显然，陕西省促进科技和金融结合的两批试点区域，基本上具备较好的条件。此外，西咸新区沣东新城和西安环大学创新产业带两个区域，在科技资源统筹、创新创业驱动两个方面，地位十分重要，也是开展科技金融工作的适宜地区。基于此，笔者以十个区域为主要对象，提出陕西科技金融工作"一中心六核三极"的空间布局构想。

（一）"一中心"：西安高新区

西安高新区经过 25 年的发展，已经走出了一条内陆高新区依托自主创新实现跨越发展的成功之路。2015 年，西安高新区营业收入达到 1.27 万亿元，居全国高新区第三位。2015 年 9 月以来，西安全面创新改革试验区，西安高新区国家自主创新示范区的获批，使得西安高新区首次获得双重国家战略支撑，创新驱动发展已经成为园区上下的共识。在此背景下，西安高新区提出的"聚集金融资源，打造西部科技金融中心"的发展目标合情合理，完全可以实现。基于这种判断，笔者认为，应该把西安高新区确立为陕西科技金融发展的中心。

（二）"六核"：杨凌、宝鸡、咸阳、渭南、榆林、延安六地高新区

与"一中心"相适应，陕西省促进科技和金融结合的其他试点区域（除西安经开区），都是各地域经济发展特别是高新技术产业发展的重要引擎，对该省的科技创新和高新技术产业发展而言，都是不可或缺的。因此，应该把杨凌、宝鸡、咸阳、渭南、榆林、延安六地高新区确立为陕西科技金融发展的基核。

（三）"三极"：西安经开区、西咸新区沣东新城、西安环大学创新产业带

西安经开区是陕西省促进科技和金融结合的第二批试点区域之一，是西安经济发展的重要支撑和陕西装备制造业的重要整合平台，2015年实现营业总收入4739亿元，综合实力在国家级经开区综合评价中列第23位，在西部地区排名第一，目前正全力打造"丝路金融聚集区"，正在建设西部融资租赁产业基地和新金融产业园，由西安经开区管委会出资设立的西安经金融资担保有限公司是陕西省最大的融资担保公司（注册资本为15亿元，单笔最大可承接1.5亿元的担保业务）。

西咸新区沣东新城自建设初期就确立了"面向全国，建设统筹科技资源改革示范基地"的战略，规划了10平方公里的国内面积最大的科技资源统筹聚集区。该区域以建设"全国一流的科技创新中心"为战略定位，以"深化改革先行区、科技要素聚合区、创新创业引领区、科技成果辐射区、高新产业聚集区"为基本功能定位，作为陕西省统筹科技资源改革"一中心、一基地"中的重要组成部分，于2013年9月13日获得陕西省科技厅"陕西省统筹科技资源改革西咸新区沣东示范区"授牌。2014年底，陕西省首只高技术产业创业投资基金"陕西省高技术服务创业投资基金"落户沣东新城，主要面向信息技术、数字内容、卫星应用、航空航天等高技术服务产业领域的省内初创期、早中期创新型企业进行投资，有助于陕西中小高技术创新型民营企业快速发展。

西安环大学创新产业带是西安市建设国家现代服务业综合试点城市（2014~2016年）"一带一城三集群"试点格局的重要组成部分，是打造西安"科技服务强市"品牌的重要支撑载体，产业带建设以大学、大院、大所为依托，通过营造创新创业微环境，聚集科技型服务企业，形成研发设计、工程技术、地理信息、卫星导航、创意文化等产业集群，未来将重点建设科技金融服务等九大功能平台。

综合上述情况，可以看到，在陕西省科技金融工作"一心六核"基本发展格局的基础上，以西安经开区、西咸新区沣东新城、西安环大学创新产业带等为代表的其他区域，凭借自身在金融创新、科技创新以及科技金融服务等领域的积极作为，正在成为陕西省科技金融发展的新的增长极，

其带动和辐射作用不容小觑，必须予以高度重视。因此，笔者特别提出"一心六核三极"，作为当前陕西省科技金融工作在地域空间上的完整格局。

二　聚焦高校、科研院所和大学生创业群体等特色科技资源

众所周知，陕西特别是西安的科技资源富集，但所面临的结构性矛盾也很突出。例如，中央在陕研发机构共有 38 家，占陕西省独立研发机构总数的 31.4%，而研发人员占陕西省研发机构的 97.7%，研发经费占陕西省研发经费的 99.5%，相应的，陕西省地方研究机构的研发人员及研发经费在全国仅排在第 27 位和第 28 位，处境尴尬①。又如，陕西省 60% 以上的科技创新活动集中在高校和科研院所，而在高校科研人员中，约 40% 的科研人员开展应用研究，但其中真正与企业合作的还不足一半。这些数据一方面反映出陕西省科技资源存量的结构性矛盾，另一方面也揭示出陕西省进行统筹科技资源改革的必要性和紧迫性。

在此背景下，笔者认为，除高新技术企业等直接资源对象外，陕西省的科技金融工作需要特别重视高校、科研院所科技人员这类典型的科技资源，因为这既是陕西的资源禀赋，也是推动陕西实现科技创新驱动的重要人才基础。

与此相对应，在当前大力推动大众创业、万众创新的时代背景下，对于陕西省的大学生资源（包括研究生），特别是其中有意愿、有能力的创业群体，也必须予以高度重视。截至 2014 年，陕西省各类高等教育总规模达到 1514562 人（包括研究生、普通本专科生、成人本专科生、自考助学班及网络本专科生），其中在读研究生 98756 人（其中在读博士生 17143 人、在读硕士生 81613 人），普通高等教育本专科在校生 1099613 人（其中本科生 705800 人）②。也就是说，当前陕西省有十万规模的研究生群体和百万规模的大学生群体，是实现陕西省大众创业、万众创新的重要生力军。如果说，大学、科研院所的科技人员是科技创新的"现在时"和"蓝筹股"，那么广大的大学生创业群体就是科技创新的"未来时"和"潜力股"。

---

① 《沣东新城树国家级"科统区"新标杆》，凤凰财经网，2014 年 7 月 24 日，http://finance.ifeng.com/a/20140724/12791092_0.shtml。

② 《2014 年陕西省教育事业发展统计公报》，陕西省教育厅网站，2015 年 8 月 12 日，http://www.snedu.gov.cn/news/tongjinianjian/201508/12/9628.html。

三 聚焦科技信贷、创业投资等重点金融业务

结合陕西省科技创新资源和科技金融发展的实际，按照陕西"追赶超越"的总体发展要求，笔者认为，当前及今后一个时期，应重点发展面向高新技术企业的科技信贷以及面向初创期中小企业的创业投资等重点金融业务。

科技信贷方面，努力向中关村等先进地区看齐，鼓励开发科技信贷创新产品，包括担保融资、信用贷款、信用保险和贸易融资、知识产权质押贷款、股权质押贷款、小额贷款保证保险、票据融资、认股权贷款等。

创业投资方面，继续发挥陕西省创业投资引导基金、科技成果转化引导基金等政府引导基金的杠杆作用，广泛吸引多渠道的社会资本投资科技创新。同时，要不断完善优惠政策，支持本地创业投资企业快速健康发展。

资本市场方面，支持相关科技企业在"新三板"、创业板、中小板和主板上市，探索建立区域股权交易中心和互联网股权众筹平台。

四 全面转变政府职能，不断完善政策体系

自陕西省被批准为全国首批促进科技和金融结合试点区域以来，省、市政府在规范政策法规、创新科技投资体制改革、金融要素支撑科技产业发展模式以及科技金融服务平台建设等方面主动作为、积极探索，发挥了主导作用，并在科技金融工作中取得了显著成效。与此同时，按照党的十八届三中全会《关于全面深化改革若干重大问题的决定》提出的"使市场在资源配置中起决定性作用和更好发挥政府作用"的要求，省、市政府还需要进一步转变职能，把工作重点放在优化公共服务、保障公平竞争和弥补市场失灵等方面，促进实现科技金融资源的优化配置。

具体而言，省、市政府要合理定位自身功能，确保政府资源流动的合理性与公平性，避免科技金融资源的人为分布不均衡、过多流向大公司而非创意创新型企业、偏重优势产业而忽视新兴行业等弊端，尽可能发挥弥补市场失灵的作用。为此，省、市政府要加强并深入对基层的调研，以弥补市场缺陷为原则，不断完善促进全省科技金融健康发展的政策体系。

五　全面提升市场功能，持续优化投资环境

出于资金安全和投资收益的考量，我国的创业投资基金目前较多集中在创业企业发展的中后期，以及上市前的准备阶段，由此产生技术与资本对接的投资空白，导致大量创新型中小企业在初创期的"死亡谷"挣扎，因缺乏资金支持而过早退出历史舞台。笔者通过调研发现，这一情况在陕西省内也普遍存在。对此，陕西省应大力鼓励天使投资的发展，倡导股权激励模式，持续优化投资环境。

众所周知，天使投资人是初创企业的最佳融资对象。在海外，天使投资的资金规模往往是风险投资的 2 倍，所投资的项目数至少是风险投资的 20 倍。而目前，国内的天使投资资金规模仅占风险投资资金规模的 20% 左右，对比悬殊。资料显示，在美国硅谷有大量的天使投资基金和个人愿意冒险出资扶持早中期的科技型创新企业，而一些成功的创业者，也不断加入天使投资、创业投资的领域。为此，陕西省亟须大力发展天使投资，形成鼓励创新、支持创业的良性投资生态。鉴于国内投资环境中普遍存在的创业者诚信缺失、天使投资退出渠道缺乏、天使投资相关法规缺位等问题，陕西省应大胆探索，先行推出规范天使投资发展的政策以及保护所有者权益和知识产权的法律法规，给予创新企业和投资方以充分的法律保护，营造良好的商业信用和法务环境。

实践表明，股权激励是创业者鼓励研发人员投入的一种有效激励方式。但目前即便是在中关村这样的国内先进区域，股权激励也变成政府对创业者的激励，与知识经济时代要求的创业者有其股，甚至创业者控其股还有很大差距。这种现状也提醒我们，要实现陕西省科技金融工作的"追赶超越"，在创业者群体中大力倡导股权激励模式是一条促进创新创业的快车道。

六　全面发展中介服务，努力实现信息对称

当前科技型中小企业融资难的根本原因在于信用的缺失。因为在企业融资过程中，出资方如银行对企业的信用状况不能做出准确判断，通常要求企业提供足额的抵押物作为信用风险缓释措施。而科技型中小企业通常

存在固定资产少、技术成果市场前景不确定、重技术轻市场轻管理等问题，其风险特征很难把握而导致融资难。而中介服务却能发挥银行与企业间的桥梁作用，因此需要着力发展。

建议大力发展一批定位于服务创业企业、助力中小企业发展的综合型中介机构，业务领域涵盖从财务到融资、从法律事务到人力资源等众多方面，以帮助中小企业解决在经营、管理、开拓市场中遇到的困难和问题。概括起来，包括信用中介在内的中介机构，应提供广泛充足的系列配套服务，建立有价值的金融中介信息服务网络平台，为企业、银行、中介机构提供信息，使各机构能迅速沟通信息，实现资源共享，从而使创业者们集中精力做好产品。

结合以上分析，笔者认为，为加速陕西省科技金融领域的社会中介服务体系发展，要扎实立足信用建设，通过广泛延揽专业人才，为其提供全方位的信息服务，以消除科技金融领域中的信息和服务鸿沟。

七 陕西科技金融体系的"一二三四"总体发展建议

针对前述"三聚焦，三全面"的陕西科技金融体系构想，笔者设计提出了"突出一个载体、激活二种资源、整合三方主体、匹配四个链条"的陕西科技金融体系总体发展路径建议（见图 7 - 1）。

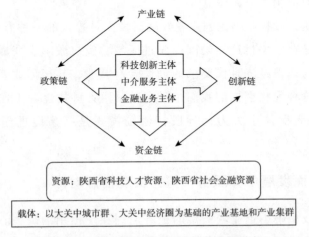

图 7 - 1　陕西科技金融体系总体发展路径

　　突出一个载体，指的是突出大关中产业板块集群，即以大关中城市群、大关中经济圈为基础的产业基地和产业集群；激活二种资源，指的是激活陕西省科技人才资源和陕西省社会金融资源；整合三方主体，指的是整合科技创新主体、中介服务主体和金融业务主体；匹配四个链条，指的是围绕产业链部署创新链、围绕创新链完善资金链、围绕资金链供给政策链，实现从产业链到创新链再到资金链和政策链的环环相扣、紧密配合。

第八章　陕西科技金融发展水平和
服务能力的评价研究

第一节　陕西科技金融发展水平的评价研究

一　科技金融发展水平的定义及内涵解析

发展水平反映现象在某一时间上所达到的一种质量和数量的状态。世界银行 2011 年的研究报告表明，金融对经济长期增长的贡献主要是通过技术实现的，金融发展水平已成为国际社会评价一个国家或地区技术创新能力的一个重要标准。金融发展是指相对于实体经济以外的金融活动，包括金融中介的发展和金融市场的发展，表现为金融资产总量的增长与金融结构的改善和优化。

科技金融本质上是金融制度创新与科技创新的高度耦合，是为科技创新及其商业化和产业化提供整体金融服务的金融新业态。科技金融发展水平是指从科技与金融相结合的角度看，陕西省的科技资源、多渠道的资金投入和产出效率等方面达到的水平和效果。科技金融发展水平指标体系的制定构建了陕西科技金融发展指标体系的基本框架，科技金融发展水平指标体系可以作为陕西省科技金融发展状况的晴雨表，便于从宏观上把握陕西科技金融发展的阶段和趋势。

二　评价指标的选取原则

评价陕西科技金融发展水平需要一套明确的量化指标，指标体系的构建是科技金融发展水平评价的重要内容，是关系到评价结果可信度的关键因素。构建陕西金融发展水平评价指标体系应当遵循科学性、系统性、实用性等基本原则。

（一）　科学性原则

构建陕西科技金融发展水平评价指标体系时，首先要有科学的理论作为指导，使指标体系能够在理论和逻辑结构上严谨合理，抓住科技金融发展的实质，客观反映陕西科技金融发展的实际水平。科技金融发展水平指标体系必须遵循经济发展规律，采用科学的方法和手段确立指标，力求通过科学的方式得出明确结论的定性或定量指标。结合科技金融发展水平的定性和定量调查研究，指标体系要较为客观和真实地反映研究对象发展演化的状态，从不同的角度和侧面进行衡量，坚持科学发展的原则。指标体系过大或过小都不利于做出正确的评价，因此，以科学的态度选取指标，把握科学发展和经济发展的规律，合理构建指标体系，以便真实有效地做出评价。

（二）　系统性原则

评价陕西科技金融发展水平需要用若干指标进行衡量，这些指标相互联系、相互影响和相互制约。在构建指标体系时，一方面，要考虑指标的数量及体系的结构形式，以系统优化为原则，即以较少的指标较为全面系统地反映评价对象的本质特性；另一方面，评价指标体系要统筹兼顾各方面的关系，设计指标体系时要尽量兼顾各方面的指标。系统性原则作为现代管理理论中最重要的原则，要求考察科技金融发展水平必须坚持全局意识和整体观念，把科技金融发展看成社会经济发展的一个子系统，指标体系要能综合地反映陕西科技金融系统中各子系统、各要素相互作用的方式、强度和影响力等方面的内容，因此，必须把科技金融发展视为一个系统问题，并基于多因素的复杂性来进行综合评估。

（三）　实用性原则

实用性原则是指在构建陕西科技金融发展水平评价指标体系时要综合考虑实用性、可行性和可操作性。首先，指标要简化，方法要简便。评价指标体系要繁简适中，计算评价方法要简便易行，即评价指标体系不可设计得太烦琐，在能基本保证评价结果的客观性、全面性的条件下，指标体系尽可能去掉一些对评价结果影响甚微的指标。其次，数据要易于获取。评价指标所需的数据要易于采集，无论是定性评价指标还是定量评价指标，其信息来源渠道必须可靠且容易取得。否则，后续评价工作会因成本太高而难以完成。最后，整体操作要规范。各项评价指标及其相应计算方法，以及各项数据都尽可能标准化、规范化，严格控制数据的准确性。

除上述三条基本原则之外，构建陕西科技金融发展水平评价指标体系时还需考虑以下问题：一是指标之间要具有相对独立性，避免指标之间相互重叠和重复评价；二是指标之间要具有较强的相关性，避免指标评价结果发生相互抵消的情况；三是要力求获取连续年份的官方统计数据，避免出现随机波动。

三 评价指标体系的构建

对于陕西科技金融发展水平评价指标体系的组成，本书主要参考借鉴了 2008 年科技部发布的《国家高新技术产业开发区评价指标体系》、2009年商务部颁布的《国家级经济技术开发区综合投资环境评价办法（修订稿)》、美国国家创新系统的影响因素以及我国学者对科技金融发展指数的评价研究，如赵昌文在《科技金融》一书中构建了科技金融指数的评价指标体系。该体系把科技金融指数分为创业风险投资指数、科技贷款指数、科技资本市场指数、科技保险指数和科技金融研究发展与环境指数。其中，创业风险投资指数是衡量风险投资市场为初创期高新技术企业提供权益融资和相应服务大小的指标；科技贷款指数是衡量科技贷款市场为成长期、成熟期和部分初创型企业提供贷款和相应金融服务大小的指标；科技资本市场指数是衡量科技资本市场为成长期和成熟期大型高新技术企业提供债务融资和较少的权益融资以及相应金融服务大小的指标。这三个指数较好地解释了不同的金融市场对不同时期高新技术企业的支持力度。科技保险指数是衡量科技保险市场为高新技术企业提供风险控制工具和相关金融服务大小的指标；科技金融研究发展与环境指数是反映企业自身竞争力和政府引导金融市场、促进高新技术企业协调发展能力的指标。

按照"科技资源—经费投入—产出效率"的思路[1]对陕西科技金融发展

---

[1] 曹颢、尤建新、卢锐等：《我国科技金融发展指数实证研究》，《中国管理科学》2011 年第 19 期。

水平指标体系进行结构设置，可分为科技金融资源指标、科技金融经费指标、科技金融产出指标3个一级指标及若干二级指标，指标体系具体构成见表8-1。

表8-1　陕西科技金融发展水平指标体系

一级指标	二级指标	计算方法
科技金融 资源指标	科技人力资源	科技活动人员数量
	研发机构资源	研发机构数量
	科技银行资源	科技银行数量
	创投机构资源	创投机构数量
科技金融 经费指标	财政拨款力度	陕西省财政科技投入经费/陕西省财政支出
	研发机构经费力度	陕西省研发机构的科技经费支出/陕西省 GDP
	科技贷款力度	金融机构的科技贷款总额/陕西省科技经费支出
	创业投资力度	创投机构的科技投资总额/陕西省科技经费支出
科技金融 产出指标	技术市场成交率	技术市场成交合同金额/陕西省科技经费支出
	论文产出率	国内外期刊科技论文数/陕西省科技经费支出
	专利产出率	专利申请授权量/陕西省科技经费支出
	出口产出率	高技术产业出口额/陕西省科技经费支出

　　科技金融资源指标着重从投入的资源角度出发，选取科技人力资源、研发机构资源、科技银行资源和创投机构资源4个二级指标；科技金融经费指标从投入科技发展和创新创业的经费比例出发，选取财政拨款力度、研发机构经费力度、科技贷款力度、创业投资力度4个二级指标；科技金融产出指标重点考察产出成果的效率，包括技术市场成交率、论文产出率、专利产出率、出口产出率4个二级指标。

　　为准确界定各项指标的定义和内涵，下面对各项指标做出具体解释。

　　科技活动人员是指从事科技活动的具体人员，包括直接从事科技活动的人员和为科技活动提供直接服务的人员。

　　研发机构数量是指设立在陕西省内的研发机构的总数。研发机构的数据口径参考《中国科技统计年鉴》的统计数据，一般为县以上独立核算的研究机构及科技信息与文献机构。

科技银行数量是指陕西省内的已成立的科技银行（包括科技支行）的总数。

创投机构数量是指陕西省内的已成立的创投机构或基金（包括引导基金）的总数。

陕西省财政科技投入经费是指陕西省地方财政的科技投入经费，不包括国务院部门拨给陕西省各部门的财政支出。

研发机构的科技经费支出是指研发机构用于开展科技研发活动（如基础研究、应用研究、试验试制等）所实际开支的费用，以及劳务费、资产建设支出、管理费和其他用于科技活动的支出。

金融机构的科技贷款总额是指各类金融机构为支持自主创新和高科技发展，向高科技企业、科研院所等机构发放的贷款总额。

陕西省 GDP 是指陕西省所有常驻单位在一定时期内生产活动的最终成果。

陕西省科技经费支出是指陕西省用于开展各类科技研发活动（如基础研究、应用研究、试验试制等）的总费用，数据统计口径参考《中国科技统计年鉴》的数据。

技术市场成交合同金额是指在从事技术中介服务和技术商品经营活动的场所进行合同交易的总金额。

国内外期刊科技论文数是指在国内外科技期刊上刊登的论文总数。

专利申请授权量是指对发明人和设计人的发明创造经审查合格后，由专利局依据专利法授予发明人和设计人对该项发明创造享有的专有权的总数量。

高技术产业出口额是指参照美国的先进技术产品出口目录，各地区在出口贸易中高新技术产品的总金额。

第二节　陕西科技金融服务能力的评价研究

一　科技金融服务能力的定义及内涵解析

科技金融服务能力是一个复杂的概念，学术界至今未有统一的定义，其参与主体和服务内容的复杂性，决定了其目标不仅是促进高新技术产业或企业的发展，而且要实现科技金融体系中各参与主体的互利共赢。其具体表现为：高新技术企业借助科技金融工具和科技金融市场，获得其发展所需的资金，使企业成长壮大，进而促进高新技术产业的发展；创投机构和银行等科技金融机构在风险可控的情况下开展风险与收益配比的科技金融业务，获取利润并促进自身发展；政府则是在市场主导资源配置的前提下，引导、促进高新技术产业或企业和科技金融市场的协调发展。这些利益的实现需要各参与主体在积极参与科技金融的过程中，不断优化科技金融生态环境和科技金融运行机制。也就是说，科技金融服务能力的指标体系一方面应能充分反映高新技术企业、科技金融机构、政府等各参与主体及子系统之间的有机联系程度，体现各参与主体对支持科技创新这一目标的实现程度；另一方面还要能充分反映整个系统运行的效率及质量，体现科技金融供给方为需求方所提供的资金、信息和服务等方面支持的产出效果。

二　评价指标的选取原则

评价陕西科技金融服务能力需要选取明确的量化指标，这是关系到评价结果可信度的关键因素。构建陕西科技金融服务能力评价指标体系应当遵循目的性、层次性、可行性、全面性等基本原则。

（一）目的性原则

目的性原则是指在选取指标时，一定要基于明确评价目的的前提，选取那些能够充分反映评价对象特性的指标。如前所述，科技金融服务能力评价指标体系应能充分反映各参与主体及子系统之间的有机联系程度，同时还要能反映系统整体上的运行效率和质量。

（二）层次性原则

科技金融服务能力评价指标体系应由融资结构、融资效果和融资环境三个方面构成，体现部分和整体的层次性，这样不仅可以反映创业风险投资、科技贷款、科技资本市场、政府研发经费以及科技金融环境等科技金融要素的参与程度，而且可以反映科技金融体系的总体发展状况。

（三）可行性原则

可行性原则要求在选取指标时其数据可以保质保量地获取，且来源可靠。目前，缺乏专门针对科技金融而统计的有效的权威数据，大多数数据需要通过相关机构的公开统计数据进一步统计和整理，因此选取指标时一定要综合考虑各个指标数据的可获得性。

（四）全面性原则

全面性原则要求在选取指标时尽可能全面且具有代表性，涵盖评价对象的方方面面，科技金融服务能力评价指标体系的全面性要求所选取的指标能全面反映创业风险投资、科技贷款、科技资本市场、政府研发经费、科技金融环境以及融资效果等方面的内容。

然而，指标体系的全面性不可避免地会出现指标重叠现象，较多的指标可以反映较大的信息量，但也容易导致指标间反映的信息重叠。而且，选取过多的指标，可能会导致一些不太重要的指标被纳入指标体系，从而影响指标体系的评价精度。因此，选取指标时还需要在全面性、独立性及评价效果之间进行综合权衡。

三　评价指标体系的构建

按照"服务能力—服务环境—产出效果"的思路对陕西科技金融服务能力指标体系进行结构设置，指标体系具体构成见表8－2。

表8－2　陕西科技金融服务能力指标体系

一级指标	二级指标	三级指标
服务能力	政府参与能力	陕西财政科技投入力度
		政府引导基金支持力度
	创业投资参与程度	创业投资支持力度
		创业投资支持潜力
	科技贷款参与程度	科技贷款支持力度
		科技贷款支持潜力
	科技保险参与程度	科技保险支持力度
		科技保险支持潜力
	资本市场参与程度	资本市场支持力度
		资本市场支持潜力

一级指标	二级指标	三级指标
服务环境	担保体系建设	融资性担保机构数
		担保机构支持力度
	服务平台建设	科技金融信息平台数
		众创空间数
产出效果	科研活动成果	国内外科技论文数
		发明专利授权量
		技术合同成交额
	高新技术产业化程度	高新技术企业数
		高新技术产业总产值
		高新技术产业增加值占 GDP 比重

为准确界定各项指标的定义和内涵，下面对各项指标及其计算方法做出具体解释。

陕西财政科技投入力度，反映陕西省财政资金用于科技投入的力度，即当年陕西省财政科技投入在年度财政支出中的比例。

政府引导基金支持力度，反映政府财政资金的杠杆放大作用，即政府引导基金的承诺出资额与合作基金总规模的平均比例。

创业投资支持力度，用于表征创业投资机构（基金）对高新技术的实际支持力度，即创业投资的科技投资额与高新技术企业收入的比例。

创业投资支持潜力，用来测度创业投资基金对高新技术企业支持的持续性，反映创业投资机构和行业的发展趋势，用创业投资机构的资本管理额与高新技术企业收入的比例来表示。

科技贷款支持力度，即科技企业从银行类金融机构获得科技贷款的数额占陕西省科技经费支出的比例。

科技贷款支持潜力，即科技企业从银行类金融机构获得科技贷款的数额占陕西省金融机构总贷款的比例。

科技保险支持力度，即科技企业参与科技保险的年度保费与高新技术企业年度收入的比例。

科技保险支持潜力，即科技企业参与科技保险的年度保费增长率（当年/上年）。

资本市场支持力度，反映当年资本市场（特指证券市场）对高新技术企业的融资支持力度，用科技企业在资本市场的融资额与高新技术企业收入的比值来表示。

资本市场支持潜力，即取得资本市场融资资格的陕西科技企业数的年度增长率（当年/上年）。

融资性担保机构数，即陕西省内覆盖不同业务领域的融资性担保机构数量。

担保机构支持力度，用当年陕西省内融资性担保机构的可用担保资金额表示。担保体系的完善对于提高科技金融市场效率、优化科技金融服务环境有着重要的作用。

科技金融信息平台数，即陕西省内提供全方位科技金融信息的各级别（省、市、区）公共服务平台数量。

众创空间数，即陕西省内纳入国家级科技企业孵化器的众创空间数量。

国内外科技论文数，从一个重要的角度反映了我国在基础研究、应用研究等方面开展的工作以及与国内外科技界的交流情况。

发明专利授权量，尤为突出地反映了国家的原始创新能力，发明专利要比其他专利类型有更高的科技含量，是创新成果中必不可少的组成部分。

技术合同成交额，反映技术市场的技术创新与服务能力。

高新技术产业总产值，是反映高新技术产业发展态势的主要经济指标。

高新技术产业增加值占 GDP 比重，反映 GDP 中高新技术产业增加值的贡献程度。

第九章　促进陕西科技金融体系
健康发展的对策建议

结合本书对国内外科技金融发展相关政策、实践和主要模式的综合分析，特别是对陕西省科技金融工作已有进展、体系构建和绩效评价等方面的考察研究，本章侧重从政府管理服务、金融资源投入以及中介机构发展等方面，对陕西科技金融体系的健康发展提出若干建议。

第一节　强化统筹管理，优化平台服务

在陕西建设创新型省份、实现创新驱动和"追赶超越"的进程中，科技金融的发展及发达程度是一个十分关键的因素，牵一发而动全身。众所周知，陕西省是科技资源大省，尽管当前科技对经济发展的支撑潜力还有待进一步挖掘，但一旦开发利用、调配激励得当，其作用绝对不容小觑。然而，陕西省仍是一个欠发达省份，金融资源集聚程度和金融服务行业水平较沿海发达地区差距明显。在此背景下，陕西省政府要从科技资源统筹、金融资源集聚两个方面同时着眼，强化对全省科技金融工作的统筹设计，在此基础上做好相应的管理与服务工作。

一　强化提升陕西科技金融工作的顶层设计和领导管理

以出台《陕西省深化科技体制改革实施方案》[①] 为契机，以多方协作治理为导向，以陕西省科技厅科技金融处为重要基础和直接抓手[②]，建立由陕

---

① 《陕西省委全面深化改革领导小组召开第十九次会议》，《陕西日报》2016 年 4 月 21 日，第 1 版。
② 《陕西省科技厅设立科技金融处》，科学技术部网站，2014 年 7 月 31 日，http://www. most. gov. cn/kjbgz/201407/t20140730_ 114822. htm。

西省科技厅、陕西省财政厅、陕西省发改委、中国人民银行西安分行、陕西省银监局、陕西省证监局、陕西省保监局、西安高新区以及有关金融服务机构等共同组成的陕西科技金融工作委员会，并由分管副省长（或常务副省长）牵头该委员会的组织协调和议事决策。

（一）理顺陕西科技金融领导管理体制机制

建立以"科技金融工作委员会—科技厅—科技金融处"三级联动为特色的陕西科技金融领导管理体制机制，相应明确决策、管理、执行的角色分工，在全面打通科技与金融相结合各有关方面直接对话、沟通的基础上，实现有效的顶层设计，通过归口管理部门和具体业务部门，实现集中管理和持续推进，进而实现全省科技金融工作的领导管理效能提升。

（二）强化对省内各地市（区）科技金融工作的指导和考核

以省内科技金融试点地区及单位为重点，加强对口业务指导和上下政策衔接，同时协调非试点地区将科技金融工作纳入区域经济发展议程。围绕科技贷款风险补偿、知识产权质押融资、投贷联动等重点领域，明确全省科技金融发展目标和年度任务，结合各试点地区及单位的工作重点，确定其年度、阶段考核目标及对应奖惩措施。

（三）加强对全省科技金融工作的统计监测和典型总结

依托陕西科技金融工作委员会的联席会议机制，建立全省科技金融工作的统计与监测网络，按照发展水平和服务能力两个维度，实现对相关数据资料的及时搜集汇总、处理分析和共享更新，并以此作为决策管理的重要依据。此外，对省内科技金融领域涌现的新案例、新经验要及时加以关注和总结，并从知识管理和创新应用的高度尽可能予以复制和推广。

二 优化陕西科技金融工作重要公共平台的服务功能

以陕西省科技资源统筹中心及陕西科技金融信息服务平台为引领，以西安高新区（信用与金融服务平台）、西咸新区（国家首批双创示范基地）等为重要支撑，协力打造一体化的陕西科技金融公共服务平台，充分释放陕西全域的创新和创业要素活力。

（一）大力提升"陕西科技金融信息服务平台"的首位功能与龙头地位

加强对重庆两江新区科技金融公共服务平台、武汉科技金融公共服务平台等国内同类平台的学习借鉴，在该网络平台现有八个主要栏目设置的基础上，加快平台的改版设计与功能扩展，充实完善政策解读、企业信用评级、天使投资机构、研究培训服务，特别是科技金融产品等涉及科技金融各主体的信息资源，通过增加在线服务功能增强平台互动性，同时延伸搭建"微服务"平台端口，使该平台真正成为陕西省科技金融信息服务的主渠道和第一门户。

（二）明确"信用与金融服务平台"开展企业信用服务的权威平台定位

作为陕西省首家"信用体系建设示范园区""中国人民银行西安分行小微企业信用体系建设试验区"，西安高新区所建设运营的"信用与金融服务平台"，已经汇集了陕西省74万家企业的基本信息和高新区15000余家企业的深度信用信息[①]。在此基础上，陕西省应尽快明确该平台在省内开展企业信用服务的主导地位，同时在其和"陕西科技金融信息服务平台"之间建立关联界面，实现企业信用服务的无缝对接。

（三）充分发挥西咸新区作为首批"国家双创示范基地"的支撑平台效用

"双创"是科技金融服务的主阵地之一，在国务院办公厅下发的《关于建设大众创业万众创新示范基地的实施意见》（国办发〔2016〕35号）中，陕西西咸新区是唯一入选的西北区域示范基地，承担着"促进创新型初创企业发展、构建双创支撑平台"的重要任务。为此，西咸新区要在已经布局建设的西安交通大学科技创新港、西部云谷创新创业中心、西咸新区青年创业园、"创客培育行动"等重点项目的基础上，加大统筹和指导力

---

① 《西安高新区科技金融"新局"》，每经网，2016年1月27日，http：//www.nbd.com.cn/articles/2016-01-27/980974.html。

度，全力构建面向双创的服务体系，打造具有创新创业生态特色的科技金融支撑平台。

第二节　创新投入方式，提升财政科技资金引导作用

在政府科技投入方面，陕西省既要加快深化科技体制改革，围绕建立科技计划新体系、改进科研项目经费管理、军民融合先行先试等重点领域谋求突破，为释放科技资源创新活力提供基础环境，也要加快转变财政科技资金的投入方式，通过开展"拨改投""拨改补""拨改保"等工作，提升财政科技资金在科技金融中的引导作用和杠杆放大效应。

一　加快政府引导基金的健康发展

陕西省从 2008 年就开始探索创业投资引导基金的设立及运作。截至目前，以陕西省创业投资引导基金、陕西省科技成果转化引导基金、西安市创业投资引导基金等为代表的省内政府引导基金稳步发展，对相关区域重点产业发展、创新企业培育起到了积极的支持作用，但也存在市场化运作机制不完善、投资限制条件偏多、资金利用率较低等发展障碍，与陕西省作为全国促进科技和金融结合试点地区的地位极不相称。为此，建议从以下几个方面着手推进陕西省政府引导基金的快速发展。

（一）完善市场化运作机制，提升引导基金运营水平

为助力全社会的创业创新和产业升级，2015 年 1 月国务院批准设立了总规模为 400 亿元的国家新兴产业创业投资引导基金。该引导基金实行市场化运作，采用公开招标方式，选择几家专业的基金管理公司来承担投资管理的职能。这体现了国家对引导基金未来发展的政策导向，说明了引导基金的管理必须真正落实市场化运作。为此，陕西省必须进一步深化改革，调整引导基金目前委托给事业单位或国有公司进行管理的现状，尽快推行引导基金的市场化运作机制，提升引导基金管理团队的专业能力和运营水平。

建议引导基金以公开招标的方式，选定有丰富经验、有专业能力的基金公司负责日常管理和投资决策，通过市场化运作真正实现专业化管理和

自主决策。同时，相关资金委托银行进行第三方托管，实现对财政资金安全的有效保障；政府成立监管机构，对引导基金预算进行审查，监督引导基金的资金使用情况，最终形成"基金管理公司＋托管银行＋政府监管机构"的综合监管模式。虽然改革的过程有一定难度，但只要完善引导基金的市场化运作机制，就能真正提升运营水平，提高投资效率，实现资金的有效回收和滚动使用。

（二）合理设定投资限制条件，配套陕西特色的优惠措施

一方面，结合陕西的实际情况，设定合理的投资限制条件；另一方面，结合陕西产业发展规划配套相关优惠措施，积极吸引优秀的创投企业与政府引导基金合作。

关于引导基金的支持额度，实践经验表明，在创业投资发展较好的地区，为有效保证引导基金的运作效率，引导基金参股投资比例相对偏小；但在创业投资发展较落后的地区，参股投资比例相对较大，更有助于扶持子基金。因此，建议陕西提高引导基金参股比例的上限，从现行的 20% ～ 30% 改为最高不超过 49%，避免引导基金控股子基金即可。

从服务陕西经济发展角度看，对与引导基金合作的创投企业或机构的投资区域及行业进行限制有一定的合理性，但这种规定本身不符合资本逐利的内在特性。在实际操作过程中，建议引导基金弱化投资地域限制，仅实行本地注册制即可，从税收角度保障本地区的切实收益。

（三）细分投资组合策略，减少引导基金与社会资本之间的利益冲突

政府引导基金的运作，既要保障财政资金安全，又要面对社会资本与基金管理机构的利益需求，这种内在张力，容易形成引导基金的政策性目标和社会资本之间的冲突。为此，建议将引导基金的政策目标做进一步的细化分解，锁定投资理念和产业方向比较统一的创投企业与引导基金合作，并且配套一定的激励机制和风险补偿措施。这样，可以在一定程度上减少引导基金与社会资本之间的利益冲突，对引导基金投资收益也形成一定保障。

政府在成立引导基金时，应通盘考虑、积极谋划，不仅可以设立规模

较大的综合性投资基金，而且可以依据省内各地产业升级和中小微企业创新创业的需求，设立 5 亿元以下的专业性投资基金和 1 亿元左右的天使投资基金，同时对项目的投资额度做合理配置，引导资金投资战略性新兴产业和处于初创阶段的创业企业。例如，2013 年陕西省在渭南高新区建立了全国第一个 3D 打印产业园，为解决科技企业初创期的资金缺乏问题，渭南高新区设立了 1 亿元 3D 打印产业引导基金，积极引导创投企业进入 3D 打印领域，为高层次人才创业、关键技术研发和产业培育提供全方位的融资支持。

（四）扩大基金规模，支持有实力的市（区）、区县和开发区设立引导基金

建议陕西省在现有引导基金运作成效的基础上，总结经验、全面借鉴，一方面，持续扩大现有省级、市级引导基金的资金规模；另一方面，继续增加省、市（区）、区县和开发区的政府引导基金数量。例如，2014 年西安市设立了两只政策性引导基金：一只是 6 亿元的西安渭北工业区产业投资发展基金，通过吸引社会资金设立子基金（总规模不低于 45 亿元），重点支持渭北工业区主导产业发展和园区建设；另一只是 4 亿元的西安军民融合基金，重点支持西安市军民融合高新技术产业、军工企业股份制改造等。同时，陕西省还要通过与国家政策性银行和国家级引导基金合作等方式拓宽募资渠道，吸引优秀的创投企业、金融机构等社会资本与引导基金合作，持续发挥财政资金的杠杆放大效应，全力支持陕西省的创新创业和产业转型升级。

二 推动政府风险补偿资金的综合利用

2012 年，陕西省科技厅、陕西省财政厅共同启动"陕西省科技型中小企业贷款风险补偿资金"，银行业金融机构对省内科技型中小企业承担的由陕西省科技厅、陕西省财政厅联合下达的科技产业化项目的贷款本金损失，可申请风险补偿资金进行补偿。根据补偿协议，一家银行 5 年内获得风险补偿额的上限为 1000 万元。由于该项风险补偿资金的受众面非常有限，加之相关银行能得到的风险补偿也很有限，因此到目前为止，该项风险补偿资

金对省内科技信贷的撬动作用十分有限。对此，陕西省科技厅、陕西省财政厅亟须借鉴其他省份同类资金管理的方法和经验，进一步扩大陕西省科技型中小企业贷款风险补偿资金的使用范围，提高补偿额度，同时指导各市科技局、国家和省级高新区管委会对各自已经设置的科技贷款风险补偿专项配套资金做出同步改革，实现省内政府风险补偿资金的有效综合利用。

（一）扩大风险补偿资金的使用范围

首先，要打破企业和项目的"身份"限制，对在省内开展的所有科技产业化项目尽量做到一视同仁；其次，补偿范围要从单纯的银行贷款逐步扩展至债务融资、融资担保、天使投资等领域，以期更好、更全面地发挥政府科技资金的补偿作用。

（二）提高风险补偿资金的补偿额度

首先，要转换观念，做到以具体项目而非某家信贷承办银行为补偿的基本依据，从而突破现有补偿协议对银行获得风险补偿资金在年限和额度上的具体限制（如允许一家银行 3 年内获得风险补偿额的上限为 2000 万元）。其次，对于向科技型中小企业提供债务融资、融资担保服务的金融机构在产生风险损失时，可以用补偿资金按坏账金额的 30% 给予补偿；对于符合省、市产业发展方向的天使投资机构所产生的创业投资风险损失，可以按照实际投资额 5% 的比例给予补偿。

通过对风险补偿资金的综合利用，既可以避免之前政府财政科技投入一次性直投的弊病，也可以为金融机构、社会资本更多进入科技金融领域提供直接的激励，从而实现财政资金有效投放的根本目的。

三　探索建立政府采购创新产品及服务的专项资金制度

参照国际惯例，逐步在省级和市级层面建立符合地方实际的支持采购创新产品及服务的政策体系，同时健全专项资金制度，加大对科技型中小微企业创新产品和服务的采购力度，从需求侧促进创新产品规模化应用和企业可持续发展。

第三节　提供适宜环境，吸引社会资本
进入创业投资领域

以西安全面创新改革试验区、西安高新区自主创新示范区、陕西西咸新区国家双创示范基地等区域为着力点，通过综合运用立法、行政、财税等手段，为全社会创新创业提供适宜的生态环境，为社会资本进入上述区域的科技投融资领域增添新的激励和动力，力争全省在天使投资、创业投资等行业尽快实现显著突破。

一　加快壮大天使投资和创业投资机构

在陕西创业投资联盟共同体、陕西创业投资协会、西安创业投资联盟等现有行业组织基础上，鼓励各地市和重点开发区成立天使投资、创业投资等行业联盟，进一步吸纳、发展创业投资人群和机构。

引导天使投资人、创业投资基金等各类创业投资主体，向创途在 XIAN、陕西众创空间、中科创星众创空间、泥巴创客空间、碑林环大学创新产业带文创产业众创空间、西安科统众创空间等省内知名众创空间适度集聚，形成天使投资和创业投资的集聚效应，支持设立微种子、微天使等创业投资基金，激发各类创业投资主体对处于种子期、初创期创业企业和团队的投入。

二　鼓励社会资本支持创新创业和众创空间建设

在省、市层面陆续设立一批新兴产业领域的天使基金和创业投资基金，有针对性地吸引社会资本积极加入；对于符合要求的种子基金，省科技成果转化引导基金采取股权投入形式予以支持（投资金额不超过基金规模的10%，单个基金支持金额不超过1500万元）。

积极鼓励社会资本投资建设众创空间，对其相关硬件建设给予上限30万元的补贴，并根据新入驻企业数量、获得种子基金或者天使基金投资等运行情况择优给予上限20万元的奖励。

三　设立科研院所产业发展基金

以在陕西省内推广中国科学院西安光机所、西北有色金属研究院的科技创新模式为契机，大力推进科研院所市场化改革，促进科技成果转化，打造一批院所引领型的创新产业集群和孵化基地，在此基础上，一方面，由陕西省牵头设立陕西院所科技产业发展基金，发挥财政资金的引导作用；另一方面，鼓励相关院所发起设立"科技创业种子基金""科技创业天使基金"等面向专业领域科技成果产业化的创业投资基金，打造"孵投联动"的科技成果产业化及服务模式。

第四节 用好国家政策，推动科技信贷产品不断丰富

一 推动"投贷联动"试点

以西安国家自主创新示范区（西安高新区）、西安银行获批国家"投贷联动"试点①为契机，抓紧制订省、市层面的具体推进方案。结合西安高新区创建国家自主创新示范区的扩区努力，尽可能使试点政策惠及省内更多区域。陕西省和西安市要同时支持西安银行开展试点工作，从资本金充实、投资子公司设立、网点布局和绩效考核等方面予以具体支持。

建议以陕西省银监局、陕西省科技厅、西安市科技局、西安高新区金融办、西安银行科技专营支行、西安银行投资子公司等部门和机构为支撑，成立省级层面的"投贷联动"试点推进工作组。

建议以西安高新区金融办和西安银行为主导，以西安高新区信用与金融服务平台为支撑，面向西安高新区辖区，尽快筛选一批有科技信贷需求的种子期、初创期和成长期的科技企业，启动"投贷联动"业务。

力争到 2017 年底，西安银行科技专营支行、西安银行投资子公司以及西安高新区金融办等，在"投贷联动"试点业务的重点环节包括建立"防火墙"、项目筛查、贷款定价、信贷管理、风险容忍与分担以及不良清收等，形成稳定规范的业务开办流程，并对科技型创业企业的可持续发展形

---

① 《中国银监会 科技部 中国人民银行关于支持银行业金融机构加大创新力度开展科创企业投贷联动试点的指导意见》，科学技术部网站，2016 年 4 月 27 日，http：//www. most. gov. cn/kjbgz/201604/t20160427_ 125327. htm。

成有效支撑。

此外，在开展"投贷联动"试点的基础上，可以进一步探索面向科技企业特别是处于种子期和初创期的小微企业，开展"投贷保联动"业务的相关做法和经验。

二　推进知识产权质押融资

近年来，陕西省内的西安市、咸阳市、宝鸡市等科技金融试点单位均在知识产权质押融资方面做出了一定探索，并取得了若干成效。但由于在知识产权评估及收费、知识产权交易及处置、知识产权质押登记手续等方面还存在一些问题，陕西省内的知识产权质押融资业务仍亟须突破和加强，具体建议包括以下三个方面。

一是按照国家知识产权局《关于同意在西安等地区和单位开展知识产权投融资试点工作的通知》（国知发管函字〔2015〕211 号）文件精神，加大在西安、咸阳、宝鸡等地开展知识产权质押融资试点的工作力度，从财政科技资金运用、人才队伍建设、服务机构与平台建设、监督管理等方面明确试点任务，有序推进实施。

二是对宝鸡市在知识产权质押融资领域探索得到的"多方协作治理、构建交易平台、破除信息障碍、融资风险补偿"的有益经验予以充分总结，将其合理纳入其他地区知识产权质押融资运作体系和风控体系，通过构建质押融资信息服务平台，不断扩大科技企业知识产权质押融资受益面。

三是以西安高新区全国首例知识产权质押 P2P 融资项目[①]为借鉴，积极实践，积累经验，推进知识产权质押融资与互联网金融的结合，持续探索知识产权质押与互联网众筹相结合的新道路。

三　支持科技支行业务创新

自 2012 年 4 月陕西省科技厅首家科技支行——长安银行西安高新科技支行成立以来，截至 2015 年 11 月，陕西省辖内已有持牌科技支行 12 家，数量居全国前列，其中 10 家科技支行的科技贷款余额合计超过 30 亿元，支

---

① 《西安高新区"融资破局"：首创知识产权质押 P2P 融资》，和讯网，2016 年 5 月 16 日，http://news.hexun.com/2016 - 05 - 16/183870727.html。

持科技企业逾 130 家①。这些科技支行专注于为科技企业提供全方位的金融服务，为支持陕西创新驱动发展战略奠定了资金基础，促进了科技与金融的有效结合。

在此基础上，陕西省要进一步加大工作力度，支持辖内科技支行在信用贷款、项目贷款、订单贷款、存货质押贷款、知识产权质押贷款、股权质押贷款、企业联保贷款、专业担保贷款以及投贷联动、投贷保联动等业务领域先行先试，为处于不同生命周期的科技创业企业提供全方位、差异化的融资服务解决方案。

四　持续鼓励各地特色创新

在西安高新区信用体系建设、咸阳市担保体系建设、宝鸡市银政有效对接以及杨凌示范区创投基金与企业债券支撑农业科技成果转化等科技金融工作已有特色创新的基础上，进一步按照中央关于《国家创新驱动发展战略纲要》的要求，结合陕西省《深化科技体制改革实施方案》《关于大力推进大众创业万众创新工作的实施意见》等具体部署，推动全省及各有关试点地区，在科技金融要素集聚、科技保险、科技信贷补偿与增信以及个人担保贷款、股权质押贷款、并购投资等方面取得新进展。

第五节　发展科技金融中介，助推科技与
金融深度融合

一　积极发展科技项目评估机构

由陕西省科技厅牵头，支持建设一批科技项目评估的专业机构，通过市场化运作，为省内科技型创业企业的项目实施前景以及相关投融资机构对项目和企业的成长预期提供科学、客观和全面的第三方评估。

对于此类评估机构，建议由省市政府、商业银行、创投机构等共同出资成立，进行规范化的市场运作。在具体操作上，可以发挥陕西省丰富的科技专家资源优势，建立起各专业或产业门类的评估专家委员会制度，通

---

① 《陕西省科技厅积极探索科技与金融结合的新模式、新渠道》，科学技术部网站，2015 年 11 月 19 日，http：//www.most.gov.cn/dfkj/shanx/zxdt/201511/t20151118_122434.htm。

过对机构受理的创新创业项目开展匿名评估，出具专家评估意见书，作为金融机构是否向企业投资的基本依据。

二 加快发展知识产权评估机构

由陕西省科技厅、陕西省知识产权局、陕西银监局等部门牵头，依托陕西省知识产权服务中心、陕西省知识产权交易所、金知网（陕西省首家知识产权交易融资公共服务平台）等行业服务平台，依据《陕西省知识产权质押贷款管理办法（试行）》等规范文件的有关规定，加快聚集、加速培育一批知识产权评估市场主体，通过完善实体和线上交易市场及对应交易机制，为省内拥有自主知识产权的科技企业得到投融资支持提供便利。

三 不断完善融资性信用担保体系

科技型中小企业的融资难问题主要源于缺抵押、缺信用，而科技企业的信用需要长期的市场积累才能形成，短时间内只能借助外部资源的支持以提升信用等级。目前弥补这一短板的主要方式是采用信用增进为科技企业提供有效的融资担保。现阶段，陕西的融资性信用担保体系尚未形成，而且为科技企业提供的担保服务多为针对银行贷款的信用担保，针对企业通过资本市场直接融资的担保服务稀缺。

因此，陕西省可以在该领域积极探索，或引入全国知名的信用增进及担保机构在陕西成立子公司，以进一步提升全省担保机构的专业品质和服务能力；或鼓励省内多家担保机构强强联合，合作开展业务，建立健全科技担保和再担保体系，为科技企业通过债市融资提供有力保障。陕西省要不断完善融资性信用担保体系，坚持以市场为主导，以科技企业需求为目标，充分挖掘科技企业潜在的担保资源，加大对科技企业的信用增进，全面提升融资性担保机构的服务能力。

附　录

附录1　2015~2016年中国科技金融大事记

2015年1月10日，科技部发布《关于进一步推动科技型中小企业创新发展的若干意见》（国科高发〔2015〕3号），从鼓励科技创业、支持技术创新、强化协同创新、推动聚集化发展、完善服务体系、拓宽融资渠道、优化政策环境等多方面共同发力，激发科技型中小企业技术创新活力和动力，促进科技型中小企业健康发展。

2015年1月14日，国务院常务会议决定设立400亿元规模的国家新兴产业创业投资引导基金，重点支持处于起步阶段的创新型企业，对于促进技术与市场融合、创新与产业对接，孵化和培育面向未来的新兴产业，推动经济迈向中高端水平，具有重要意义。

2015年1月29日，由科技部促进科技和金融结合试点工作部际协调指导小组秘书处、中国科学技术发展战略研究院、中国科技金融促进会主办，江苏省科技厅承办的"科技金融统计工作座谈会"在江苏省南京市召开，会议就新形势下深入推进促进科技和金融结合，系统总结地方开展科技金融统计工作的主要做法、成效和经验，以及建立和完善全国科技金融统计工作体系等进行了研讨。

2015年2月2日，财政部、工业和信息化部、中国保险监督管理委员会联合发布《关于开展首台（套）重大技术装备保险补偿机制试点工作的通知》（财建〔2015〕19号），为用户订购和使用此类装备的风险控制和分担做出制度性安排，是发挥市场机制决定性作用、加快重大技术装备发展的重要举措，对于促进装备制造业高端转型、打造中国制造升级版具有重要意义。

2015 年 2 月 25 日，国务院常务会议确定进一步减税降费措施，支持小微企业发展和创业创新，进一步对起步阶段的小微企业给予税收优惠，这对稳定经济增长、扩大就业和稳定就业具有不可忽视的作用。

2015 年 3 月 2 日，中国人民银行中关村国家自主创新示范区中心支行（国家外汇管理局中关村国家自主创新示范区支局）正式履职并开展工作。这是中国人民银行在全国高新区范围内设立的首家中心支行，实现了科技资源与金融资源的有效对接和良性互动，将更好地服务于实体经济，进一步提升中关村国家自主创新示范区的金融服务水平。

2015 年 3 月 3 日，中国银监会发布《关于 2015 年小微企业金融服务工作的指导意见》（银监发〔2015〕8 号），从信贷结构、机构建设、金融创新、风险防控等多方面共同发力，持续改进小微企业金融服务，促进经济提质增效升级。

2015 年 3 月 11 日，国务院办公厅发布《关于发展众创空间推进大众创新创业的指导意见》（国办发〔2015〕9 号），要求深化商事制度改革，为创业企业工商注册提供便利，提高小微企业市场竞争力。

2015 年 3 月 15 日，"2015 中国创业服务峰会暨中国创业咖啡联盟年会"在武汉召开，峰会主题为"跨界融合，共筑梦想"，旨在探讨如何加快发展创业咖啡、众创空间等新型创业服务模式，营造良好创新创业生态环境。

2015 年 3 月 24 日，中共中央、国务院发布《关于深化体制机制改革加快实施创新驱动发展战略的若干意见》（中发〔2015〕8 号），提出要强化科技同经济对接、创新成果同产业对接、创新项目同现实生产力对接、研发人员创新劳动同其利益收入对接，提高科技进步对经济发展的贡献度，营造大众创业、万众创新的政策环境和制度环境。

2015 年 4 月 6 日，财政部、工业和信息化部、科技部、商务部和工商总局联合发布《关于支持开展小微企业创业创新基地城市示范工作的通知》（财建〔2015〕114 号），决定从 2015 年起开展小微企业创业创新基地城市示范工作，中央财政给予奖励资金支持。

2015 年 6 月 16 日，国务院发布《关于大力推进大众创业万众创新若干政策措施的意见》（国发〔2015〕32 号），提出构建有利于大众创业、万众创新蓬勃发展的政策环境、制度环境和公共服务体系。其中着重提出加强创业创新公共服务资源开放共享，整理利用全球创业创新资源。

2015 年 7 月 18 日，中国人民银行等十部委联合发布《关于促进互联网金融健康发展的指导意见》（银发〔2015〕221 号），从金融业健康发展全局出发，进一步推进金融改革创新和对外开放，促进互联网健康发展。

2015 年 7 月 22 日，经国务院批准，中国人民银行会同国家发改委、科技部、财政部、知识产权局、银监会、证监会、保监会、外汇局等部门印发了《武汉城市圈科技金融改革创新专项方案》（银发〔2015〕225 号）。这是国内首个区域科技金融改革创新专项方案，武汉城市圈成为国内首个科技金融改革创新试验区。

2015 年 8 月 7 日，国务院发布《关于促进融资担保行业加快发展的意见》（国发〔2015〕43 号），为主动适应融资担保行业改革转型要求、促进行业加快发展，以及破解小微企业和"三农"融资难、融资贵问题提出指导意见。

2015 年 8 月 19 日，国务院常务会议决定从 2015 年 10 月 1 日起到 2017 年底，依法将减半征收企业所得税的小微企业范围，由年应纳税所得额 20 万元以内（含 20 万元）扩大到 30 万元以内（含 30 万元）。

2015 年 8 月 31 日，国务院办公厅发布《关于加快融资租赁业发展的指导意见》（国办发〔2015〕68 号），从融资租赁体制机制、重点领域、创新发展和监督等方面进行任务部署，加快融资租赁业发展，更好地发挥融资租赁服务实体经济发展、促进经济稳定增长和转型升级的作用。

2015 年 9 月 13 日，由科技部资源配置与管理司、中国科技发展战略研究院等多个部门主办的为期三天的"2015 创新创业投资培训班"在江苏省苏州市召开。培训班围绕创业投资引导基金运作机制、科技支行的创新实践、多层次资本市场等内容，多种教学形式相结合，邀请科技部门和国家高新区的科技金融管理干部、金融和创投机构的专业人士及相关专家授课。

2015 年 9 月 17 日，由科技部、四川省政府主办的第三届中国（绵阳）科技城国际科技博览会科技与金融融合创新发展论坛在四川绵阳顺利举行。论坛旨在共同探讨促进科技金融结合的最佳模式，了解和把握科技金融的前沿动向，加速推进科技城科技成果的孵化、转化和产业化。

2015 年 9 月 17 日，上海银监局下发《关于上海银行业提高专业化经营和风险管理水平进一步支持科技创新的指导意见》（沪银监发〔2015〕146 号），首次明确了包括互换、远期、利率掉期、利率期权在内的风险技术，使银行能从服务科创企业中获得收益，旨在推动上海科创中心建设。

2015 年 9 月 23 日，国务院发布《关于加快构建大众创业万众创新支撑平台的指导意见》（国发〔2015〕53 号），这是对大力推进大众创业万众创新和推动实施"互联网＋"行动的具体部署，是加快推动众创、众包、众扶和众筹等新模式、新业态发展的系统性指导文件。

2015 年 10 月 21 日，国务院常务会议确定完善研发费用加计扣除政策，推动企业加大研发力度，并决定在全国推广国家自主创新示范区部分所得税试点政策，推进结构调整，助力企业创新。

2015 年 10 月 28 日，《中国科技金融生态年度观察（2015）》在"浦江创新论坛"分论坛"科技金融高峰论坛"发布。该报告由中国科学技术发展战略研究院、中国科技金融促进会、上海市科学学研究所与浦发银行共同研究而成，从生态视角对我国的科技金融做了整体性描述，在业内首次推出"科技金融生态圈"理念。

2015 年 11 月 2 日，财政部、国家税务总局、科技部联合下发《关于完善研究开发费用税前加计扣除政策的通知》（财税〔2015〕119 号），细化了研发活动及研发费用归集范围，明确了管理事项和要求，更好地鼓励了企业开展研究开发活动，同时也规范了企业研究开发费用加计扣除政策。

2015 年 11 月 9 日，国内首只国家资金引导的知识产权股权基金——国知智慧知识产权股权基金正式发布。基金首期规模为 1 亿元，主要投资于拟挂牌"新三板"的企业，基金的投资定向用于知识产权挖掘及开发，核心要义是帮助国内中小企业有效地获取核心技术专利，为企业在未来行业发展格局中获得主导权发挥其示范性作用。

2015 年 11 月 20 日，中国证监会发布《关于进一步推进全国中小企业股份转让系统发展的若干意见》，着力解决当前股转系统发展中面临的问题，提出完善措施，放眼未来，为市场的后续创新和长期发展预留政策空间，旨在加快推进全国股转系统发展。

2015 年 12 月 2 日，在国务院总理李克强主持召开的国务院常务会议上，决定建设浙江省台州市小微企业金融服务改革创新试验区，通过发展专营化金融机构和创新互联网金融服务模式、支持小微企业在境内外直接融资、完善信用体系等举措，探索解决小微企业融资难题。

2015 年 12 月 2 日，科技部、中国人民银行、中国银监会、中国证监会、中国保监会联合下发《关于组织申报第二批促进科技和金融结合试点的通知》（国科办资〔2015〕67 号）。为全面贯彻落实党的十八大和十八届三中、四中、五中全会精神，加快实施创新驱动发展战略，推进大众创业、万众创新，促进科技和金融紧密结合，支持地方开展科技金融创新实践，决定开展"第二批促进科技和金融结合试点"工作。

2015 年 12 月 5 日，中国科技金融促进会年会在北京召开。本次年会以"双创驱动下的科技金融生态"为主题，通过解析国家及产业新政策，追踪新兴产业发展新趋势，探究科技金融平台建设与运作新方向，透析科技金融新模式，探寻产业经济、科技领域、金融业界最新挑战下的发展新机遇，推动大众创业、万众创新，为国家经济战略转型注入新活力。来自地方科技部门、国家高新区以及金融投资机构的 200 多位专家、学者和科技金融工作者参加了会议。

2015 年 12 月 18 日，上海张江移动互联网孵化器的管理机构上海莘泽创业投资管理股份有限公司在"新三板"正式挂牌，这是科技企业孵化器在我国诞生 28 年来出现的第一只股票。随后上海知名众创空间"苏河汇"的管理机构上海激创投资管理股份有限公司也得到股票代码，即将挂牌。

2015 年 12 月 23 日，国务院常务会议确定进一步显著提高直接融资比重措施，提升金融服务实体经济效率。会议提出，建立上海证券交易所战略新兴板，支持创新创业企业融资。完善相关法律规则，推动特殊股权类创业企业在境内上市。增加全国中小企业股份转让系统挂牌公司数量，研究推出向创业板转板试点，规范发展区域性股权市场。

2016 年 1 月 15 日，国务院印发《推进普惠金融发展规划（2016～2020年）》（国发〔2015〕74 号）。这是我国首个发展普惠金融的国家级战略规划，确立了推进普惠金融发展的指导思想、基本原则和发展目标。该规划强调，要健全多层次的金融服务供给体系，积极引导各类普惠金融服务主体借助互联网等现代信息技术，创新金融产品，降低交易成本。到 2020 年，要建立与全面建成小康社会相适应的普惠金融服务和保障体系，特别是要让小微企业等对象及时获取价格合理、便捷安全的金融服务。

2016 年 2 月 14 日，国务院办公厅印发《关于加快众创空间发展服务实体经济转型升级的指导意见》（国办发〔2016〕7 号），提出"引导和鼓励各类天使投资、创业投资等与众创空间相结合，完善投融资模式。鼓励天使投资群体、创业投资基金入驻众创空间和双创基地开展业务。鼓励国家自主创新示范区、国家高新技术产业开发区设立天使投资基金,支持众创空间发展。选择符合条件的银行业金融机构,在试点地区探索为众创空间内企业创新活动提供股权和债权相结合的融资服务,与创业投资、股权投资机构试点投贷联动。支持众创空间内科技型创业企业通过资本市场进行融资"。

2016 年 3 月 31 日,国务院批转国家发改委《关于 2016 年深化经济体制改革重点工作意见》(国发〔2016〕21 号),明确"选取部分符合条件的银行业金融机构和地区开展科创企业投贷联动试点",提出"创新小微企业信贷风险分担模式,建立政府、银行和担保机构、保险机构合作机制,设立国家融资担保基金"。

2016 年 4 月 15 日,国务院印发《上海系统推进全面创新改革试验加快建设具有全球影响力的科技创新中心方案》(国发〔2016〕23 号),提出"鼓励符合条件的转制科研院所、高新技术企业和科技服务机构等按照国有科技型企业股权和分红激励相关规定,采取股权出售、股权奖励、股权期权、项目收益分红和岗位分红等多种方式开展股权和分红激励","允许符合条件的国有创投企业建立跟投机制,并按市场化方式确定考核目标及相应的薪酬水平。探索符合条件的国有创投企业在国有资产评估中使用估值报告,实行事后备案","营造有利于激发市场创新投入动力的制度环境,发挥金融财税政策对科技创新投入的放大作用,形成创业投资基金和天使投资人群集聚活跃、科技金融支撑有力、企业投入动力得到充分激发的创新投融资体系"。

2016 年 4 月 21 日,中国银监会、科技部、中国人民银行联合发布《关于支持银行业金融机构加大创新力度开展科创企业投贷联动试点的指导意见》(银监发〔2016〕14 号)。通过开展投贷联动试点,推动银行业金融机构基于科创企业成长周期前移金融服务,为种子期、初创期、成长期的科创企业提供资金支持,有效增加科创企业金融供给总量,优化金融供给结构,探索推动银行业金融机构业务创新发展。

2016 年 4 月 21 日,国务院办公厅印发《促进科技成果转移转化行动方案》(国办发〔2016〕28 号),提出"发挥国家科技成果转化引导基金等的杠杆作用,采取设立子基金、贷款风险补偿等方式,吸引社会资本投入,支持关系国计民生和产业发展的科技成果转化"，"引导和鼓励地方设立创业投资引导、科技成果转化、知识产权运营等专项资金（基金），引导信贷资金、创业投资资金以及各类社会资金加大投入，支持区域重点产业科技成果转移转化"，"大力发展创业投资，培育发展天使投资人和创投机构，支持初创期科技型企业和科技成果转化项目。利用众筹等互联网金融平台，为小微企业转移转化科技成果拓展融资渠道。支持符合条件的创新创业企业通过发行债券、资产证券化等方式进行融资。支持银行探索股权投资与信贷投放相结合的模式，为科技成果转移转化提供组合金融服务"。

2016 年 5 月 8 日，国务院办公厅印发《关于建设大众创业万众创新示范基地的实施意见》（国办发〔2016〕35 号），指出为在更大范围、更高层次、更深程度上推进大众创业、万众创新，加快发展新经济、培育发展新动能、打造发展新引擎，要按照政府引导、市场主导、问题导向、创新模式的原则，加快建设一批高水平的双创示范基地，扶持一批双创支撑平台，突破一批阻碍双创发展的政策障碍，形成一批可复制、可推广的双创模式和典型经验。该实施意见确定了首批共 28 个双创示范基地，包括北京市海淀区等 17 个区域示范基地、清华大学等 4 个高校和科研院所示范基地、海尔集团公司等 7 个企业示范基地。

2016 年 5 月 13 日，国务院印发的《关于深化制造业与互联网融合发展的指导意见》（国发〔2016〕28 号）提出，选择一批重点城市和重点企业开展产融合作试点，支持开展信用贷款、融资租赁、质押担保等金融产品和服务创新。鼓励金融机构利用"双创"平台提供结算、融资、理财、咨询等"一站式"系统化金融服务，进一步推广知识产权质押，创新担保方式，积极探索多样化的信贷风险分担机制。

2016 年 5 月 19 日，新华社发布由中共中央、国务院印发的《国家创新驱动发展战略纲要》，提出要"探索建立符合中国国情、适合科技创业企业发展的金融服务模式。鼓励银行业金融机构创新金融产品，拓展多层次资本市场支持创新的功能，积极发展天使投资，扩大创业投资规模，运用互联网金融支持创新。充分发挥科技成果转化、中小企业创新、新兴产业培育等方面基金的作用，引导带动社会资本投入创新"。

2016 年 6 月 17 日，科技部等五部门联合发布开展第二批促进科技和金融结合试点工作，确定在郑州市、厦门市、宁波市、济南市、南昌市、贵阳市、银川市、包头市和沈阳市 9 个城市开展试点。五部门将分别指导地方相关机构，在各自领域内围绕科技创新的规律和特点，引导带动金融资本在产品、组织和服务模式等方面与科技不断融合，鼓励和支持金融领域的创新政策在试点城市先行先试，形成并推广更多有效的经验和模式，提升科技金融整体工作水平，加快实施创新驱动发展战略。

2016 年 7 月 8 日，国务院办公厅印发《〈国务院关于新形势下加快知识产权强国建设的若干意见〉重点任务分工方案的通知》（国办函〔2016〕66 号）。该通知指出，由中国人民银行、工商总局、版权局、知识产权局、中国银监会、中国证监会按职责分别负责"创新知识产权投融资产品，探索知识产权证券化，完善知识产权信用担保机制，推动发展投贷联动、投保联动、投债联动等新模式。在全面创新改革试验区域，引导天使投资、风险投资、私募基金加强对高技术领域的投资"。

2016 年 7 月 18 日，新华社全文发布《中共中央　国务院关于深化投融资体制改革的意见》，提出"通过多种方式加大对种子期、初创期企业投资项目的金融支持力度，有针对性地为'双创'项目提供股权、债权以及信用贷款等融资综合服务"，"开展金融机构以适当方式依法持有企业股权的试点"，"设立政府引导、市场化运作的产业（股权）投资基金，积极吸引社会资本参与，鼓励金融机构以及全国社会保障基金、保险资金等在依法合规、风险可控的前提下，经批准后通过认购基金份额等方式有效参与"。

附录2　国家关于科技金融发展的重要文件

促进科技和金融结合试点实施方案

（国科发财〔2010〕720号）

为全面贯彻党的十七大和十七届五中全会精神，加快实施《国家中长期科学和技术发展规划纲要（2006～2020年)》及其金融配套政策，促进科技和金融结合，加快科技成果转化，增强自主创新能力，培育发展战略性新兴产业，支撑和引领经济发展方式转变，全面建设创新型国家，科技部会同中国人民银行、中国银监会、中国证监会、中国保监会联合开展"促进科技和金融结合试点"工作，试点实施方案如下。

一　指导思想和基本原则

组织开展"促进科技和金融结合试点"，要深刻把握科技创新和金融创新的客观规律，创新体制机制，突破瓶颈障碍，选择国家高新区、国家自主创新示范区、国家技术创新工程试点省（市）、创新型试点城市等科技金融资源密集的地区先行先试。

（一）指导思想

深入贯彻落实科学发展观，围绕提高企业自主创新能力、培育发展战略性新兴产业、支撑引领经济发展方式转变的目标，创新财政科技投入方式，探索科技资源与金融资源对接的新机制，引导社会资本积极参与自主创新，提高财政资金使用效益，加快科技成果转化，促进科技型中小企业成长。

（二）基本原则

1. 坚持统筹协调。加强多部门沟通与协调，统筹规划科技与金融资源，突出体制机制创新，优化政策环境，形成合力，实现科技资源与金融资源有效对接。

2. 加强协同支持。加强工作指导和政策引导，实现上下联动，充分调动和发挥地方的积极性与创造性，加大资源条件保障和政策扶持力度，以地方为主开展试点工作。

3. 实现多方共赢。发挥政府的引导和带动作用，运用市场机制，引导金融机构积极参与科技创新，突破科技型中小企业融资瓶颈，实现多方共赢和长远发展。

4. 突出特色优势。根据各地科技发展水平、金融资源聚集程度、产业特征和发展趋势等实际情况，明确地方发展目标和任务，充分发挥自身特色和优势，坚持整体推进与专项突破相结合，开展创新实践。

5. 发挥试点效应。试点由地方自愿申报，鼓励、支持和指导地方先行先试，及时总结和推广成功经验，发挥试点的示范效应。

（三）总体目标

通过开展试点，为全面推进科技金融工作提供实践基础，为地方实施科技金融创新营造政策空间，以试点带动示范，不断完善体制，创新机制模式，加快形成多元化、多层次、多渠道的科技投融资体系。

二　试点内容

针对科技支撑引领经济发展中面临的新形势、新任务，通过创新财政科技投入方式，引导和促进银行业、证券业、保险业金融机构及创业投资等各类资本创新金融产品、改进服务模式、搭建服务平台，实现科技创新链条与金融资本链条的有机结合，为从初创期到成熟期各发展阶段的科技企业提供差异化的金融服务。试点地区可以结合实际，选择具有基础和优势的试点内容，突出特色，大胆探索，先行先试。

（一）优化科技资源配置，创新财政科技投入方式

综合运用无偿资助、偿还性资助、风险补偿、贷款贴息以及后补助等方式引导金融资本参与实施国家科技重大专项、科技支撑计划、火炬计划等科技计划；进一步发挥科技型中小企业技术创新基金投融资平台的作用，运用贴息、后补助和股权投资等方式，增强中小企业商业融资能力；建立科技成果转化项目库，运用创业投资机制，吸引社会资本投资科技成果转化项目；扩大创业投资引导基金规模，鼓励和支持地方科技部门、国家高新区建立以支持初创期科技型中小企业为主的创业投资机构；建立贷款风险补偿基金，完善科技型中小企业贷款风险补偿机制，引导和支持银行业金融机构加大科技信贷投入；建立和完善科技保险保费补助机制，重点支持自主创新首台（套）产品的推广应用和科技企业融资类保险；发挥税收政策的引导作用，进一步落实企业研发费用加计扣除政策和创业投资税收优惠政策，研究对金融机构支持自主创新的税收政策。

（二）引导银行业金融机构加大对科技型中小企业的信贷支持

建立和完善科技专家库，组织开展科技专家参与科技型中小企业贷款项目评审工作，为银行信贷提供专业咨询意见，建立科技专家网上咨询工作平台。

在有效控制风险的基础上，地方科技部门（国家高新区）与银行合作建设一批主要为科技型中小企业提供信贷等金融服务的科技金融合作试点支行；组建为科技型中小企业提供小额、快速信贷服务的科技小额贷款公司，加强与银行、担保机构的合作，创新金融业务和金融产品，为科技型中小企业提供多种金融服务。加强与农村金融系统的合作，创新适应农村科技创新创业特点的科技金融服务方式。推动建立专业化的科技融资租赁公司，支持专业化的科技担保公司发展。

在有条件的地区开展高新技术企业信用贷款试点，推动开展知识产权质押贷款和高新技术企业股权质押贷款业务。

（三）引导和支持企业进入多层次资本市场

支持和推动科技型中小企业开展股份制改造，完善非上市公司股份公开转让的制度设计，支持具备条件的国家高新区内非上市股份公司进入代办系统进行股份公开转让。

进一步发挥技术产权交易机构的作用，统一交易标准和程序，建立技术产权交易所联盟和报价系统，为科技成果流通和科技型中小企业通过非公开方式进行股权融资提供服务。

培育和支持符合条件的高新技术企业在中小板、创业板及其他板块上市融资。组织符合条件的高新技术企业发行中小企业集合债券和集合票据；探索发行符合战略性新兴产业领域的高新技术企业高收益债券。

（四）进一步加强和完善科技保险服务

进一步深化科技保险工作，不断丰富科技保险产品，完善保险综合服务，鼓励各地区开展科技保险工作。鼓励保险公司开展科技保险业务，支持保险公司创新科技保险产品，完善出口信用保险功能，提高保险中介服务质量，加大对科技人员保险服务力度，完善科技保险财政支持政策，进一步拓宽保险服务领域。

建立自主创新首台（套）产品风险分散机制，实施科技保险保费补贴政策，支持开展自主创新首台（套）产品的推广应用、科技企业融资以及科技人员保障类保险。探索保险资金参与国家高新技术产业开发区基础设施建设、战略性新兴产业培育和国家重大科技项目投资等支持科技发展的方式方法。

（五）建设科技金融合作平台，培育中介机构发展

建立和完善科技成果评价和评估体系，培育一批专业化科技成果评估人员和机构。加快发展科技担保机构、创业投资机构和生产力促进中心、科技企业孵化器等机构，为科技型中小企业融资提供服务。推动地方科技部门和国家高新区建立科技金融服务平台，打造市场化运作的科技金融重点企业，集成科技金融资源为企业提供综合服务。

（六）建立和完善科技企业信用体系

推广中关村科技园区信用体系建设的经验和模式，开展科技企业信用征信和评级，依托试点地区建立科技企业信用体系建设示范区。引入专业信用评级机构，试点开展重点高新技术企业信用评级工作，推动建立高新技术企业信用报告制度。

（七）组织开展多种科技金融专项活动

组织开展农业科技创新、科技创业计划、大学生科技创新创业大赛等主题活动；实施科技金融专项行动，组织创业投资机构、银行、券商、保险、各类科技金融中介服务机构等的专业人员为科技企业提供全方位投融资和金融服务；举办各种科技金融论坛和对接活动；开展科技金融培训。

三　组织实施

（一）加强试点工作的组织领导

科技部会同中国人民银行、中国银监会、中国证监会、中国保监会等部门共同推进试点工作，建立与财政部、国家税务总局的沟通协调机制，定期召开部门协调会议，研究决定试点的重大事项，统筹规划科技与金融资源，督促检查试点进展，组织开展调查研究，总结推广试点经验，共同指导地方开展创新实践。

（二）建立部门协同、分工负责机制

根据实施方案，结合相关部门职能，发挥各自优势，落实相应责任；各部门及其地方分支机构加强对试点地区的对口工作指导和支持。各部门制定的有利于自主创新的政策，可在试点地区先行先试。加强部门间的协调配合，针对试点中出现的新情况、新问题，及时研究采取有效措施。

（三）形成上下联动的试点工作推进机制

试点地方要成立以主要领导同志为组长，科技、财政、税务、金融部门和机构参加的试点工作领导小组，加强组织保障，创造政策环境，结合试点地方经济社会发展水平，合理确定目标任务，研究制定试点工作实施方案，落实保障措施，充分调动地方有关部门的积极性和创造性，扎实推进试点工作，形成上下联动、协同推进的工作格局。试点实施方案报批后，要积极组织力量加快实施。科技部会同地方政府安排必要的经费，保障试点工作推动和开展。

（四）加强试点工作的研究、交流和经验推广

加强对试点重大问题的调查研究，为深化试点提供理论指导和政策支持。建立试点工作定期交流研讨制度，及时交流试点进展，研讨重点问题，总结工作经验。加大对试点地方典型经验的宣传和推广，发挥试点地方的示范作用，带动更多地方促进科技和金融结合，加快推进自主创新。

建立实施试点的监督检查机制，对在试点实施过程中表现突出的个人和机构给予表彰及奖励，对工作落实不到位、试点进展缓慢的地区加强督导，直至取消试点资格。

关于促进科技和金融结合加快实施自主创新战略的若干意见

（国科发财〔2011〕540号）

各省、自治区、直辖市、计划单列市科技厅（委、局）、财政厅（局），中国人民银行上海总部、各分行、营业管理部、省会（首府）城市中心支行、副省级城市中心支行，各省、自治区、直辖市、计划单列市国资监管机构、国家税务局、银监局、证监局、保监局，各中央企业：

为贯彻党的十七届五中全会精神，落实《国家中长期科学和技术发展规划纲要（2006～2020年）》和《国家"十二五"科学和技术发展规划》，促进科技和金融结合，推进自主创新，培育发展战略性新兴产业，支撑和引领经济发展方式转变，加快建设创新型国家，提出以下意见：

一 充分认识科技和金融结合的重要意义

科技创新能力的提升与金融政策环境的完善是加快实施自主创新战略的基础和保障。促进科技和金融结合是支撑和服务经济发展方式转变和结构调整的着力点。

（一）科学技术是第一生产力，金融是现代经济的核心。科技创新和产业化需要金融的支持，同时也为金融体系健康发展拓展了空间。就全球产业革命而言，每一次产业革命的兴起无不源于科技创新，成于金融创新。实践证明，科技创新和金融创新紧密结合是社会变革生产方式和生活方式的重要引擎。在当前全球孕育新一轮创新竞争高潮、我国加快转变经济发展方式的关键时期，加强引导金融资源向科技领域配置，促进科技和金融结合，是加快科技成果转化和培育战略性新兴产业的重要举措，是深化科技体制和金融体制改革的根本要求，是我国提高自主创新能力和建设创新型国家的战略选择。要站在全局和战略的高度，充分认识促进科技和金融结合对于转变经济发展方式和经济结构战略性调整，实现科学发展的重要意义。深化科技、金融和管理改革创新，实现科技资源与金融资源的有效对接，加快形成多元化、多层次、多渠道的科技投融资体系，为深入实施自主创新战略提供重要保障。

二 优化科技资源配置，建立科技和金融结合协调机制

（二）创新财政科技投入方式与机制。推动建立以企业为主体、市场为导向、产学研相结合的技术创新体系，加快推进科技计划和科技经费管理制度改革，促进政产学研用结合，综合运用无偿资助、偿还性资助、创业投资引导、风险补偿、贷款贴息以及后补助等多种方式，引导和带动社会资本参与科技创新。中央财政设立国家科技成果转化引导基金，通过设立创业投资子基金、贷款风险补偿和绩效奖励等方式，引导金融资本和民间资金促进科技成果转化，地方可以参照设立科技成果转化引导基金。

（三）建立和完善科技部门与金融管理部门、财税部门、国资监管机构的科技金融协调机制。重点围绕促进科技创新和产业化的目标制定和落实相关支持政策和措施。加强中央层面与地方层面的科技金融工作联动，构建以政府投入为引导、企业投入为主体，政府资金与社会资金、股权融资与债权融资、直接融资与间接融资有机结合的科技投融资体系。各地要加强对科技和金融结合工作的指导，推进科技部门、高新区与地方金融管理部门的合作，统筹协调科技金融资源，搭建科技金融合作平台，优选优育科技企业资源，推动创业投资机构、银行、券商和保险机构等创新金融产品及服务模式，优化金融生态环境，提升区域经济活力和创新能力。

三 培育和发展创业投资

（四）充分发挥创业投资引导基金的重要作用。扩大科技型中小企业创业投资引导基金规模，综合运用阶段参股、风险补助和投资保障等方式，引导创业投资机构向初创期科技型中小企业投资，促进科技型中小企业创新发展。鼓励和支持地方规范设立和运作创业投资引导基金，逐步形成上下联动的创业投资引导基金体系，引导更多社会资金进入创业投资领域，促进政府引导、市场运作的创业投资发展。

（五）充分发挥国有创业投资的重要作用，推动国有创业投资机构加大对初创期科技型中小企业投资力度。创新国有创业投资管理制度，探索建立适合创业投资发展规律的资本筹集、投资决策、考核评价、转让退出和激励约束等制度。国有创业投资机构和国有创业投资引导基金投资于未上市中小企业，符合条件的，可申请豁免国有股转持义务。

各类国有及国有控股科技型企业应根据自身特点探索整体或按科技成果转化项目引入私募股权基金、风险资本等，组合各类社会资本，实现投资主体多元化，改善治理结构，创新发展体制，增强自主创新能力，加快科技成果转化。

（六）鼓励民间资本进入创业投资行业。逐步建立以政府资金为引导、民间资本为主体的创业资本筹集机制和市场化的创业资本运作机制，完善创业投资退出渠道，引导和支持民间资本参与自主创新。

探索科技项目与创业投资的对接机制，引导金融资本进入工业、现代农业、民生等领域。

（七）加强创业投资行业自律与监管。充分发挥全国性创业投资行业自律组织的作用，加强行业自律，规范引导创业投资行业健康发展。完善全国创业投资调查统计和年报制度，加强和完善全国创业投资信息系统建设。

四 引导银行业金融机构加大对科技型中小企业的信贷支持

（八）优化信贷结构，加大对自主创新的信贷支持。金融机构要把落实自主创新战略放在突出位置，加强对重点科技工作的信贷支持和金融服务。金融机构要加强与科技部门合作，在国家科技重大专项、国家科技支撑计划、国家高技术研究发展计划（863计划）、星火计划、火炬计划等国家科技计划以及国家技术创新工程、国家高新区基础设施及地方科技重大专项和科技计划、科技型企业孵化抚育、科技成果转化、战略性新兴产业培育等重点科技工作领域内，进一步加大对自主创新的信贷支持力度。

（九）加强信用体系建设，推进科技型企业建立现代企业制度。在加强信用环境和金融生态建设的基础上，依托国家高新区建立科技企业信用建设示范区，优化区域投融资环境。发挥信用担保、信用评级和信用调查等信用中介的作用，利用中小企业信用担保资金等政策，扩大对科技型中小企业的担保业务，提升科技型中小企业信用水平。按照创新体制、转换机制的原则，推动科技型企业进行股份制改造，建立现代企业制度，更新投融资观念，为科技和金融结合奠定基础。

（十）引导政策性银行在风险可控原则下，积极支持国家科技重大专项、重大科技产业化项目，加大对科技成果转化项目以及高新技术企业发展所需的核心技术和关键设备进出口的支持力度，在其业务范围内为科技型企业提供金融服务。

（十一）鼓励商业银行先行先试，积极探索，进行科技型中小企业贷款模式、产品和服务创新。根据科技型中小企业融资需求特点，加强对新型融资模式、服务手段、信贷产品及抵（质）押方式的研发和推广。对处于成熟期、经营模式稳定、经济效益较好的科技型中小企业，鼓励金融机构优先给予信贷支持，简化审贷程序；对于具有稳定物流和现金流的科技型中小企业，可发放信用贷款、应收账款质押和仓单质押贷款。扩大知识产权质押贷款规模，推进高新技术企业股权质押贷款业务。综合运用各类金融工具和产品，开展信贷、投资、债券、信托、保险等多种工具相融合的一揽子金融服务。

（十二）鼓励商业银行创新金融组织形式，开展科技部门与银行之间的科技金融合作模式创新试点。依托国家高新区，鼓励商业银行新设或改造部分分（支）行作为专门从事科技型中小企业金融服务的专业分（支）行或特色分（支）行，积极向科技型中小企业提供优质的金融服务。完善科技专家为科技型中小企业贷款项目评审提供咨询服务的工作机制。

（十三）依托国家高新区等科技型企业聚集的地区，在统筹规划、合理布局、加强监管、防控风险的基础上，建立科技小额贷款公司。鼓励科技小额贷款公司积极探索适合科技型中小企业的信贷管理模式。推动银行业金融机构与非银行金融机构深入合作，鼓励民间资本进入金融领域，形成科技小额贷款公司、创业投资机构、融资租赁公司、担保公司、银行专营机构等资源集成、优势互补的创新机制，做好科技型中小企业从初创期到成熟期各发展阶段的融资方式衔接。

（十四）通过风险补偿、担保业务补助等增信方式，鼓励和引导银行进一步加大对科技型中小企业的信贷支持力度。建立科技型中小企业贷款风险补偿机制，形成政府、银行、企业以及中介机构多元参与的信贷风险分担机制。综合运用资本注入、业务补助等多种方式，提高担保机构对科技型中小企业的融资担保能力和积极性，创新担保方式，加快担保与创业投资的结合，推进多层次中小企业融资担保体系建设。

（十五）鼓励金融机构建立适应科技型企业特点的信贷管理制度和差异化的考核机制。引导商业银行继续深化利率的风险定价机制、独立核算机制、高效的贷款审批机制、激励约束机制、专业化的人员培训机制、违约信息通报机制等六项机制，按照小企业专营机构单列信贷计划、单独配置人力和财务资源、单独客户认定与信贷评审、单独会计核算等原则，加大对科技型中小企业业务条线的管理建设及资源配置力度。对于风险成本计量到位、资本与拨备充足、科技型中小企业金融服务良好的商业银行，经银行监管部门认定，相关监管指标可做差异化考核。根据商业银行科技型中小企业贷款的风险、成本和核销等具体情况，对科技型中小企业不良贷款比率实行差异化考核，适当提高科技型中小企业不良贷款比率容忍度。

五　大力发展多层次资本市场，扩大直接融资规模

（十六）加快多层次资本市场体系建设，支持科技型企业发展。探索建立科技部门和证券监管部门的信息沟通机制，支持符合条件的创新型企业上市。支持符合条件的已上市创新型企业再融资和进行市场化并购重组。加快推进全国场外交易市场建设，完善产权交易市场监管和交易制度，提高交易效率，为包括非上市科技型企业在内的中小企业的产权（股份）转让、融资提供服务。

（十七）支持科技型企业通过债券市场融资。进一步完善直接债务融资工具发行机制、简化发行流程。支持符合条件的科技型中小企业通过发行公司债券、企业债、短期融资券、中期票据、集合债券、集合票据等方式融资。探索符合条件的高新技术企业发行高收益债券融资。鼓励科技型中小企业进一步完善公司治理与财务结构，鼓励中介机构加强对其辅导力度，以促进其直接债务融资。

（十八）利用信托工具支持自主创新和科技型企业发展。推动公益信托支持科学技术研究开发。充分利用信托贷款和股权投资、融资租赁等多种方式的组合，拓宽科技型中小企业融资渠道。

（十九）探索利用产权交易市场为小微科技型企业股权流转和融资服务，促进科技成果转化和知识产权交易。建立技术产权交易所联盟和统一信息披露系统，为科技成果流通和科技型中小企业通过非公开方式进行股权融资提供服务。建立有利于技术产权流转的监管服务机制，利用产权交易所，依法合规开展产权交易，为股权转让、知识产权质押物流转、处置等提供服务。

六 积极推动科技保险发展

（二十）进一步加强和完善保险服务。在现有工作基础上，保险机构根据科技型中小企业的特点，积极开发适合科技创新的保险产品，积累科技保险风险数据，科学确定保险费率。加快培育和完善科技保险市场，在科技型中小企业自主创业、并购以及战略性新兴产业等方面提供保险支持，进一步拓宽科技保险服务领域。

（二十一）探索保险资金参与国家高新区基础设施建设、战略性新兴产业培育和国家重大科技项目投资等支持科技发展的方式方法。支持开展自主创新首台（套）产品的推广应用、科技型中小企业融资以及科技人员保障类保险。

七 强化有利于促进科技和金融结合的保障措施

（二十二）建立有利于科技成果转化和自主创新的激励机制。在国家高新区内实施企业股权和分红激励机制，促进科技成果转移、转化和产业化。根据财政部、国家税务总局《对中关村科技园区建设国家自主创新示范区有关股权奖励个人所得税试点政策的通知》（财税〔2010〕83号）精神，自2010年1月1日至2011年12月31日，在中关村国家自主创新示范区试点开展下列政策：对示范区内科技创新创业企业转化科技成果，以股份或出资比例等股权形式给予本企业相关技术人员的奖励，企业技术人员一次缴纳税款有困难的，经主管税务机关审核，可分期缴纳个人所得税，但最长不得超过5年。

（二十三）加强科技金融中介服务体系建设。建立规范的科技成果评估、定价、流转及监管等方面的中介机构，探索建立科技成果转化经纪人制度，加速科技成果转化。充分发挥各类基金以及生产力促进中心、大学科技园、科技企业孵化器、产业技术创新战略联盟、技术转移机构等的技术创新服务功能和投融资平台作用，逐步建立一批集评估、咨询、法律、财务、融资、培训等多种功能为一体的科技金融服务中心。

（二十四）培育科技金融创新的复合型人才，吸引高端人才进入创新创业领域。结合创新人才推进计划、青年英才开发计划、海外高层次人才引进计划和国家高技能人才振兴计划等各项国家重大人才工程的实施，依托高校和社会培训机构等开展相关培训工作，加快培育一批既懂科技又懂金融的复合型人才，支持科技型企业吸引和凝聚创新创业人才。

八　加强实施效果评估和政策落实

（二十五）加强科技和金融结合实施成效的监测评估。制订科技金融发展水平和服务能力评价指标，建立相应的统计制度和监测体系，并在监测基础上建立评估体系，对科技和金融结合实施成效进行动态评估。根据评估的结果，对促进科技和金融结合、支持自主创新表现突出的人员和相关机构给予表彰。

（二十六）加强政策落实。各级科技部门会同财政、人行、国资、税务、银监、证监、保监以及金融办等部门，根据本指导意见精神，结合本地实际，制定科技和金融结合的具体实施意见或办法。

科技部　财政部　中国人民银行

国家税务总局　中国银监会

二〇一一年十月二十日

中共中央　国务院关于深化科技体制改革加快国家创新体系建设的意见

（中发〔2012〕6号）

为加快推进创新型国家建设，全面落实《国家中长期科学和技术发展规划纲要（2006～2020年）》（以下简称科技规划纲要），充分发挥科技对经济社会发展的支撑引领作用，现就深化科技体制改革、加快国家创新体系建设提出如下意见。

一　充分认识深化科技体制改革、加快国家创新体系建设的重要性和紧迫性

科学技术是第一生产力，是经济社会发展的重要动力源泉。党和国家历来高度重视科技工作。改革开放 30 多年来，我国科技事业快速发展，取得历史性成就。特别是党的十六大以来，中央作出增强自主创新能力、建设创新型国家的重大战略决策，制定实施科技规划纲要，科技投入持续快速增长，激励创新的政策法律不断完善，国家创新体系建设积极推进，取得一批重大科技创新成果，形成一支高素质科技人才队伍，我国整体科技实力和科技竞争力明显提升，在促进经济社会发展和保障国家安全中发挥了重要支撑引领作用。

当前，我国正处在全面建设小康社会的关键时期和深化改革开放、加快转变经济发展方式的攻坚时期。国际金融危机深层次影响仍在持续，科技在经济社会发展中的作用日益凸显，国际科技竞争与合作不断加强，新科技革命和全球产业变革步伐加快，我国科技发展既面临重要战略机遇，也面临严峻挑战。面对新形势新要求，我国自主创新能力还不够强，科技体制机制与经济社会发展和国际竞争的要求不相适应，突出表现为：企业技术创新主体地位没有真正确立，产学研结合不够紧密，科技与经济结合问题没有从根本上解决，原创性科技成果较少，关键技术自给率较低；一些科技资源配置过度行政化，分散重复封闭低效等问题突出，科技项目及经费管理不尽合理，研发和成果转移转化效率不高；科技评价导向不够合理，科研诚信和创新文化建设薄弱，科技人员的积极性创造性还没有得到充分发挥。这些问题已成为制约科技创新的重要因素，影响我国综合实力和国际竞争力的提升。因此，抓住机遇大幅提升自主创新能力，激发全社会创造活力，真正实现创新驱动发展，迫切需要进一步深化科技体制改革，加快国家创新体系建设。

二 深化科技体制改革、加快国家创新体系建设的指导思想、主要原则和主要目标

（一）指导思想。高举中国特色社会主义伟大旗帜，以邓小平理论和"三个代表"重要思想为指导，深入贯彻落实科学发展观，大力实施科教兴国战略和人才强国战略，坚持自主创新、重点跨越、支撑发展、引领未来的指导方针，全面落实科技规划纲要，以提高自主创新能力为核心，以促进科技与经济社会发展紧密结合为重点，进一步深化科技体制改革，着力解决制约科技创新的突出问题，充分发挥科技在转变经济发展方式和调整经济结构中的支撑引领作用，加快建设中国特色国家创新体系，为 2020 年进入创新型国家行列、全面建成小康社会和新中国成立 100 周年时成为世界科技强国奠定坚实基础。

（二）主要原则。一是坚持创新驱动、服务发展。把科技服务于经济社会发展放在首位，大力提高自主创新能力，发挥科技支撑引领作用，加快实现创新驱动发展。二是坚持企业主体、协同创新。突出企业技术创新主体作用，强化产学研用紧密结合，促进科技资源开放共享，各类创新主体协同合作，提升国家创新体系整体效能。三是坚持政府支持、市场导向。统筹发挥政府在战略规划、政策法规、标准规范和监督指导等方面的作用与市场在资源配置中的基础性作用，营造良好环境，激发创新活力。注重发挥新型举国体制在实施国家科技重大专项中的作用。四是坚持统筹协调、遵循规律。统筹落实国家中长期科技、教育、人才规划纲要，发挥中央和地方两方面积极性，强化地方在区域创新中的主导地位，按照经济社会和科技发展的内在要求，整体谋划、有序推进科技体制改革。五是坚持改革开放、合作共赢。改革完善科技体制机制，充分利用国际国内科技资源，提高科技发展的科学化水平和国际化程度。

（三）主要目标。到 2020 年，基本建成适应社会主义市场经济体制、符合科技发展规律的中国特色国家创新体系；原始创新能力明显提高，集成创新、引进消化吸收再创新能力大幅增强，关键领域科学研究实现原创性重大突破，战略性高技术领域技术研发实现跨越式发展，若干领域创新成果进入世界前列；创新环境更加优化，创新效益大幅提高，创新人才竞相涌现，全民科学素质普遍提高，科技支撑引领经济社会发展的能力大幅提升，进入创新型国家行列。

"十二五"时期的主要目标：一是确立企业在技术创新中的主体地位，企业研发投入明显提高，创新能力普遍增强，全社会研发经费占国内生产总值的 2.2%，大中型工业企业平均研发投入占主营业务收入比例提高到 1.5%，行业领军企业逐步实现研发投入占主营业务收入的比例与国际同类先进企业相当，形成更多具有自主知识产权的核心技术，充分发挥大型企业的技术创新骨干作用，培育若干综合竞争力居世界前列的创新型企业和科技型中小企业创新集群。二是推进科研院所和高等学校科研体制机制改革，建立适应不同类型科研活动特点的管理制度和运行机制，提升创新能力和服务水平，在满足经济社会发展需求以及基础研究和前沿技术研发上取得重要突破。加快建设若干一流科研机构,创新能力和研究成果进入世界同类科研机构前列;加快建设一批高水平研究型大学,一批优势学科达到世界一流水平。三是完善国家创新体系,促进技术创新、知识创新、国防科技创新、区域创新、科技中介服务体系协调发展,强化相互支撑和联动,提高整体效能,科技进步贡献率达到55%左右。四是改革科技管理体制,推进科技项目和经费管理改革、科技评价和奖励制度改革,形成激励创新的正确导向,打破行业壁垒和部门分割,实现创新资源合理配置和高效利用。五是完善人才发展机制,激发科技人员积极性创造性,加快高素质创新人才队伍建设,每万名就业人员的研发人力投入达到43人/年;提高全民科学素质,我国公民具备基本科学素质的比例超过5%。六是进一步优化创新环境,加强科学道德和创新文化建设,完善保障和推进科技创新的政策措施,扩大科技开放合作。

三 强化企业技术创新主体地位,促进科技与经济紧密结合

(四)建立企业主导产业技术研发创新的体制机制。加快建立企业为主体、市场为导向、产学研用紧密结合的技术创新体系。充分发挥企业在技术创新决策、研发投入、科研组织和成果转化中的主体作用,吸纳企业参与国家科技项目的决策,产业目标明确的国家重大科技项目由有条件的企业牵头组织实施。引导和支持企业加强技术研发能力建设,"十二五"时期国家重点建设的工程技术类研究中心和实验室,优先在具备条件的行业骨干企业布局。科研院所和高等学校要更多地为企业技术创新提供支持和服务,促进技术、人才等创新要素向企业研发机构流动。支持行业骨干企业与科研院所、高等学校联合组建技术研发平台和产业技术创新战略联盟,合作开展核心关键技术研发和相关基础研究,联合培养人才,共享科研成果。鼓励科研院所和高等学校的科技人员创办科技型企业,促进研发成果转化。

进一步强化和完善政策措施,引导鼓励企业成为技术创新主体。落实企业研发费用税前加计扣除政策,适用范围包括战略性新兴产业、传统产业技术改造和现代服务业等领域的研发活动;改进企业研发费用计核方法,合理扩大研发费用加计扣除范围,加大企业研发设备加速折旧等政策的落实力度,激励企业加大研发投入。完善高新技术企业认定办法,落实相关优惠政策。建立健全国有企业技术创新的经营业绩考核制度,落实和完善国有企业研发投入的考核措施，加强对不同行业研发投入和产出的分类考核。加大国有资本经营预算对自主创新的支持力度，支持中央企业围绕国家重点研发任务开展技术创新和成果产业化。营造公平竞争的市场环境，大力支持民营企业创新活动。加大对中小企业、微型企业技术创新的财政和金融支持，落实好相关税收优惠政策。扩大科技型中小企业创新基金规模，通过贷款贴息、研发资助等方式支持中小企业技术创新活动。建立政府引导资金和社会资本共同支持初创科技型企业发展的风险投资机制，实施科技型中小企业创业投资引导基金及新兴产业创业投资计划，引导创业投资机构投资科技型中小企业。完善支持中小企业技术创新和向中小企业技术转移的公共服务平台，健全服务功能和服务标准。支持企业职工的技术创新活动。

（五）提高科研院所和高等学校服务经济社会发展的能力。加快科研院所和高等学校科研体制改革和机制创新。按照科研机构分类改革的要求，明确定位，优化布局，稳定规模，提升能力，走内涵式发展道路。公益类科研机构要坚持社会公益服务的方向，探索管办分离，建立适应农业、卫生、气象、海洋、环保、水利、国土资源和公共安全等领域特点的科技创新支撑机制。基础研究类科研机构要瞄准科学前沿问题和国家长远战略需求，完善有利于激发创新活力、提升原始创新能力的运行机制。对从事基础研究、前沿技术研究和社会公益研究的科研机构和学科专业，完善财政投入为主、引导社会参与的持续稳定支持机制。技术开发类科研机构要坚持企业化转制方向，完善现代企业制度，建立市场导向的技术创新机制。

充分发挥国家科研机构的骨干和引领作用。建立健全现代科研院所制度，制定科研院所章程，完善治理结构，进一步落实法人自主权，探索实行由主要利益相关方代表构成的理事会制度。实行固定岗位与流动岗位相结合的用人制度，建立开放、竞争、流动的用人机制。推进实施绩效工资。对科研机构实行周期性评估，根据评估结果调整和确定支持方向和投入力度。引导和鼓励民办科研机构发展，在承担国家科技任务、人才引进等方面加大支持力度，符合条件的民办科研机构享受税收优惠等相关政策。

充分发挥高等学校的基础和生力军作用。落实和扩大高等学校办学自主权。根据经济社会发展需要和学科专业优势，明确各类高等学校定位，突出办学特色，建立以服务需求和提升创新能力为导向的科技评价和科技服务体系。高等学校对学科专业实行动态调整，大力推动与产业需求相结合的人才培养，促进交叉学科发展，全面提高人才培养质量。发挥高等学校学科人才优势，在基础研究和前沿技术领域取得原创性突破。建立与产业、区域经济紧密结合的成果转化机制，鼓励支持高等学校教师转化和推广科研成果。以学科建设和协同创新为重点，提升高等学校创新能力。大力推进科技与教育相结合的改革，促进科研与教学互动、科研与人才培养紧密结合，培育跨学科、跨领域的科研教学团队，增强学生创新精神和创业能力，提升高等学校毕业生就业率。

（六）完善科技支撑战略性新兴产业发展和传统产业升级的机制。建立科技有效支撑产业发展的机制，围绕战略性新兴产业需求部署创新链，突破技术瓶颈，掌握核心关键技术，推动节能环保、新一代信息技术、生物、高端装备制造、新能源、新材料、新能源汽车等产业快速发展，增强市场竞争力，到2015年战略性新兴产业增加值占国内生产总值的比重力争达到8%左右，到2020年力争达到15%左右。以数字化、网络化、智能化为重点，推进工业化和信息化深度融合。充分发挥市场机制对产业发展方向和技术路线选择的基础性作用，通过制定规划、技术标准、市场规范和产业技术政策等进行引导。加大对企业主导的新兴产业链扶持力度，支持创新型骨干企业整合创新资源。加强技术集成、工艺创新和商业模式创新，大力拓展国内外市场。优化布局，防止盲目重复建设，引导战略性新兴产业健康发展。在事关国家安全和重大战略需求领域，进一步凝练重点，明确制约产业发展的关键技术，充分发挥国家重点工程、科技重大专项、科技计划、产业化项目和应用示范工程的引领和带动作用，实现电子信息、能源环保、生物医药、先进制造等领域的核心技术重大突破，促进产业加快发展。加大对中试环节的支持力度，促进从研究开发到产业化的有机衔接。

加强技术创新，推动技术改造，促进传统产业优化升级。围绕品种质量、节能降耗、生态环境、安全生产等重点，完善新技术新工艺新产品的应用推广机制，提升传统产业创新发展能力。针对行业和技术领域特点，整合资源构建共性技术研发基地，在重点产业领域建设技术创新平台。建立健全知识转移和技术扩散机制，加快科技成果转化应用。

（七）完善科技促进农业发展、民生改善和社会管理创新的机制。高度重视农业科技发展，发挥政府在农业科技投入中的主导作用，加大对农业科技的支持力度。打破部门、区域、学科界限，推进农科教、产学研紧密结合，有效整合农业相关科技资源。面向产业需求，围绕粮食安全、种业发展、主要农产品供给、生物安全、农林生态保护等重点方向，构建适应高产、优质、高效、生态、安全农业发展要求的技术体系。大力推进农村科技创业，鼓励创办农业科技企业和技术合作组织。强化基层公益性农技推广服务，引导科研教育机构积极开展农技服务，培育和支持新型农业社会化服务组织，进一步完善公益性服务、社会化服务有机结合的农业技术服务体系。

注重发展关系民生的科学技术，加快推进涉及人口健康、食品药品安全、防灾减灾、生态环境和应对气候变化等领域的科技创新，满足保障和改善民生的重大科技需求。加大投入，健全机制，促进公益性民生科技研发和应用推广；加快培育市场主体，完善支持政策，促进民生科技产业发展，使科技创新成果惠及广大人民群众。加强文化科技创新，推进科技与文化融合，提高科技对文化事业和文化产业发展的支撑能力。

加快建设社会管理领域的科技支撑体系。充分运用信息技术等先进手段，建设网络化、广覆盖的公共服务平台。着力推进政府相关部门信息共享、互联互通。建立健全以自主知识产权为核心的互联网信息安全关键技术保障机制，促进信息网络健康发展。

四　加强统筹部署和协同创新，提高创新体系整体效能

（八）推动创新体系协调发展。统筹技术创新、知识创新、国防科技创新、区域创新和科技中介服务体系建设，建立基础研究、应用研究、成果转化和产业化紧密结合、协调发展机制。支持和鼓励各创新主体根据自身特色和优势，探索多种形式的协同创新模式。完善学科布局，推动学科交叉融合和均衡发展，统筹目标导向和自由探索的科学研究，超前部署对国家长远发展具有带动作用的战略先导研究、重要基础研究和交叉前沿研究。加强技术创新基地建设，发挥骨干企业和转制院所作用，提高产业关键技术研发攻关水平，促进技术成果工程化、产业化。完善军民科技融合机制，建设军民两用技术创新基地和转移平台，扩大民口科研机构和科技型企业对国防科技研发的承接范围。培育、支持和引导科技中介服务机构向服务专业化、功能社会化、组织网络化、运行规范化方向发展，壮大专业研发设计服务企业，培育知识产权服务市场，推进检验检测机构市场化服务，完善技术交易市场体系，加快发展科技服务业。充分发挥科技社团在推动全社会创新活动中的作用。建立全国创新调查制度，加强国家创新体系建设监测评估。

（九）完善区域创新发展机制。充分发挥地方在区域创新中的主导作用，加快建设各具特色的区域创新体系。结合区域经济社会发展的特色和优势，科学规划、合理布局，完善激励引导政策，加大投入支持力度，优化区域内创新资源配置。加强区域科技创新公共服务能力建设，进一步完善科技企业孵化器、大学科技园等创新创业载体的运行服务机制，强化创业辅导功能。加强区域间科技合作，推动创新要素向区域特色产业聚集，培育一批具有国际竞争力的产业集群。加强统筹协调，分类指导，完善相关政策，鼓励创新资源密集的区域率先实现创新驱动发展，支持具有特色创新资源的区域加快提高创新能力。以中央财政资金为引导，带动地方财政和社会投入，支持区域公共科技服务平台建设。总结完善并逐步推广中关村等国家自主创新示范区试点经验和相关政策。分类指导国家自主创新示范区、国家高新技术产业开发区、国家高技术产业基地等创新中心完善机制，加强创新能力建设，发挥好集聚辐射带动作用。

（十）强化科技资源开放共享。建立科研院所、高等学校和企业开放科研设施的合理运行机制。整合各类科技资源，推进大型科学仪器设备、科技文献、科学数据等科技基础条件平台建设，加快建立健全开放共享的运行服务管理模式和支持方式，制定相应的评价标准和监督奖惩办法。完善国家财政资金购置科研仪器设备的查重机制和联合评议机制，防止重复购置和闲置浪费。对财政资金资助的科技项目和科研基础设施，加快建立统一的管理数据库和统一的科技报告制度，并依法向社会开放。

五 改革科技管理体制，促进管理科学化和资源高效利用

（十一）加强科技宏观统筹。完善统筹协调的科技宏观决策体系，建立健全国家科技重大决策机制，完善中央与地方之间、科技相关部门之间、科技部门与其他部门之间的沟通协调机制，进一步明确国家各类科技计划、专项、基金的定位和支持重点，防止重复部署。加快转变政府管理职能，加强战略规划、政策法规、标准规范和监督指导等方面职责，提高公共科技服务能力，充分发挥各类创新主体的作用。完善国家科技决策咨询制度，重大科技决策要广泛听取意见，将科技咨询纳入国家重大问题的决策程序。

探索社会主义市场经济条件下的举国体制，完善重大战略性科技任务的组织方式，充分发挥我国社会主义制度集中力量办大事的优势，充分发挥市场在资源配置中的基础性作用，保障国家科技重大专项等顺利实施。

（十二）推进科技项目管理改革。建立健全科技项目决策、执行、评价相对分开、互相监督的运行机制。完善科技项目管理组织流程，按照经济社会发展需求确定应用型重大科技任务，拓宽科技项目需求征集渠道，建立科学合理的项目形成机制和储备制度。建立健全科技项目公平竞争和信息公开公示制度，探索完善网络申报和视频评审办法，保证科技项目管理的公开公平公正。完善国家科技项目管理的法人责任制，加强实施督导、过程管理和项目验收，建立健全对科技项目和科研基础设施建设的第三方评估机制。完善科技项目评审评价机制，避免频繁考核，保证科研人员的科研时间。完善相关管理制度，避免科技项目和经费过度集中于少数科研人员。

（十三）完善科技经费管理制度。健全竞争性经费和稳定支持经费相协调的投入机制，优化基础研究、应用研究、试验发展和成果转化的经费投入结构。完善科研课题间接成本补偿机制。建立健全符合科研规律的科技项目经费管理机制和审计方式，增加项目承担单位预算调整权限，提高经费使用自主权。建立健全科研经费监督管理机制，完善科技相关部门预算和科研经费信息公开公示制度，通过实施国库集中支付、公务卡等办法，严格科技财务制度，强化对科技经费使用过程的监管，依法查处违法违规行为。加强对各类科技计划、专项、基金、工程等经费管理使用的综合绩效评价，健全科技项目管理问责机制，依法公开问责情况，提高资金使用效益。

（十四）深化科技评价和奖励制度改革。根据不同类型科技活动特点，注重科技创新质量和实际贡献，制定导向明确、激励约束并重的评价标准和方法。基础研究以同行评价为主，特别要加强国际同行评价，着重评价成果的科学价值；应用研究由用户和专家等相关第三方评价，着重评价目标完成情况、成果转化情况以及技术成果的突破性和带动性；产业化开发由市场和用户评价，着重评价对产业发展的实质贡献。建立评价专家责任制度和信息公开制度。开展科技项目标准化评价和重大成果产出导向的科技评价试点，完善国家科技重大专项监督评估制度。加强对科技项目决策、实施、成果转化的后评估。发挥科技社团在科技评价中的作用。

改革完善国家科技奖励制度，建立公开提名、科学评议、实践检验、公信度高的科技奖励机制。提高奖励质量，减少数量，适当延长报奖成果的应用年限。重点奖励重大科技贡献和杰出科技人才，强化对青年科技人才的奖励导向。根据不同奖项的特点完善评审标准和办法，增加评审过程透明度。探索科技奖励的同行提名制。支持和规范社会力量设奖。

六 完善人才发展机制，激发科技人员积极性创造性

（十五）统筹各类创新人才发展和完善人才激励制度。深入实施重大人才工程和政策，培养造就世界水平的科学家、科技领军人才、卓越工程师和高水平创新团队。改进和完善院士制度。大力引进海外优秀人才特别是顶尖人才，支持归国留学人员创新创业。加强科研生产一线高层次专业技术人才和高技能人才培养。支持创新人才到西部地区特别是边疆民族地区工作。支持35岁以下的优秀青年科技人才主持科研项目。鼓励大学生自主创新创业。鼓励在创新实践中脱颖而出的人才成长和创业。重视工程实用人才、紧缺技能人才和农村实用人才培养。

建立以科研能力和创新成果等为导向的科技人才评价标准，改变片面将论文数量、项目和经费数量、专利数量等与科研人员评价和晋升直接挂钩的做法。加快建设人才公共服务体系，健全科技人才流动机制，鼓励科研院所、高等学校和企业创新人才双向交流。探索实施科研关键岗位和重大科研项目负责人公开招聘制度。规范和完善专业技术职务聘任和岗位聘用制度，扩大用人单位自主权。探索有利于创新人才发挥作用的多种分配方式，完善科技人员收入分配政策，健全与岗位职责、工作业绩、实际贡献紧密联系和鼓励创新创造的分配激励机制。

（十六）加强科学道德和创新文化建设。建立健全科研活动行为准则和规范，加强科研诚信和科学伦理教育，将其纳入国民教育体系和科技人员职业培训体系，与理想信念、职业道德和法制教育相结合，强化科技人员的诚信意识和社会责任。发挥科研机构和学术团体的自律功能，引导科技人员加强自我约束、自我管理。加强科研诚信和科学伦理的社会监督，扩大公众对科研活动的知情权和监督权。加强国家科研诚信制度建设，加快相关立法进程，建立科技项目诚信档案，完善监督机制，加大对学术不端行为的惩处力度，切实净化学术风气。

引导科技工作者自觉践行社会主义核心价值体系，大力弘扬求真务实、勇于创新、团结协作、无私奉献、报效祖国的精神，保障学术自由，营造宽松包容、奋发向上的学术氛围。大力宣传优秀科技工作者和团队的先进事迹。加强科学普及，发展创新文化，进一步形成尊重劳动、尊重知识、尊重人才、尊重创造的良好风尚。

七 营造良好环境，为科技创新提供有力保障

（十七）完善相关法律法规和政策措施。落实科技规划纲要配套政策，发挥政府在科技投入中的引导作用，进一步落实和完善促进全社会研发经费逐步增长的相关政策措施，加快形成多元化、多层次、多渠道的科技投入体系，实现2020年全社会研发经费占国内生产总值2.5%以上的目标。

完善和落实促进科技成果转化应用的政策措施，实施技术转让所得税优惠政策，用好国家科技成果转化引导基金，加大对新技术新工艺新产品应用推广的支持力度，研究采取以奖代补、贷款贴息、创业投资引导等多种形式，完善和落实促进新技术新产品应用的需求引导政策，支持企业承接和采用新技术、开展新技术新工艺新产品的工程化研究应用。完善落实科技人员成果转化的股权、期权激励和奖励等收益分配政策。

促进科技和金融结合，创新金融服务科技的方式和途径。综合运用买方信贷、卖方信贷、融资租赁等金融工具，引导银行等金融机构加大对科技型中小企业的信贷支持。推广知识产权和股权质押贷款。加大多层次资本市场对科技型企业的支持力度，扩大非上市股份公司代办股份转让系统试点。培育和发展创业投资，完善创业投资退出渠道，支持地方规范设立创业投资引导基金，引导民间资本参与自主创新。积极开发适合科技创新的保险产品，加快培育和完善科技保险市场。

加强知识产权的创造、运用、保护和管理，"十二五"期末实现每万人发明专利拥有量达到3.3件的目标。建立国家重大关键技术领域专利态势分析和预警机制。完善知识产权保护措施，健全知识产权维权援助机制。完善科技成果转化为技术标准的政策措施，加强技术标准的研究制定。

认真落实科学技术进步法及相关法律法规，推动促进科技成果转化法修订工作，加大对科技创新活动和科技创新成果的法律保护力度，依法惩治侵犯知识产权和科技成果的违法犯罪行为，为科技创新营造良好的法治环境。

（十八）加强科技开放合作。积极开展全方位、多层次、高水平的科技国际合作，加强内地与港澳台地区的科技交流合作。加大引进国际科技资源的力度，围绕国家战略需求参与国际大科学计划和大科学工程。鼓励我国科学家发起和组织国际科技合作计划，主动提出或参与国际标准制定。加强技术引进和合作，鼓励企业开展参股并购、联合研发、专利交叉许可等方面的国际合作，支持企业和科研机构到海外建立研发机构。加大国家科技计划开放合作力度，支持国际学术机构、跨国公司等来华设立研发机构，搭建国内外大学、科研机构联合研究平台，吸引全球优秀科技人才来华创新创业。加强民间科技交流合作。

八　加强组织领导，稳步推进实施

（十九）加强领导，精心组织。各级党委和政府要把深化科技体制改革、加快国家创新体系建设工作摆上重要议事日程，把科技体制改革作为经济体制改革的重要内容，同部署、同落实、同考核。发挥专家咨询作用，充分调动广大科技工作者和全社会积极参与，共同做好深化科技体制改革工作。

（二十）明确责任，落实任务。在国家科技教育领导小组的领导下，建立健全工作协调机制，分解任务，明确责任，狠抓落实。各有关方面要增强大局意识、责任意识，加强协调配合，抓好各项任务实施。加强分类指导和评价考核，定期督促检查。各有关部门和单位要按照任务分工和要求，结合实际制定具体改革方案和措施，按程序报批。有关职能部门要尽快制定完善相关配套政策，加强政策落实情况评估。

（二十一）统筹安排，稳步推进。注重科技体制改革与其他方面改革的衔接配合，处理好改革发展稳定关系，把握好改革节奏和进度，认真研究和妥善解决改革中遇到的新情况新问题，对一些重大改革措施要做好试点工作，积极稳妥地推进改革。加强宣传和舆论引导，大力宣传科技发展的重大成就，宣传深化科技体制改革的重要意义、工作进展和先进经验，及时回应社会关切，引导社会舆论，形成支持改革的良好氛围。

进一步推动科技型中小企业创新发展的若干意见

（国科发高〔2015〕3号）

各省、自治区、直辖市及计划单列市科技厅（委、局），新疆生产建设兵团科技局：

为深入贯彻党的十八大、十八届三中全会精神，全面落实《中共中央国务院关于深化科技体制改革加快国家创新体系建设的意见》（中发〔2012〕6号），实施创新驱动发展战略，深化科技体制改革，充分发挥市场在资源配置中的决定性作用和更好发挥政府作用，激发科技型中小企业技术创新活力，促进科技型中小企业健康发展，现提出以下意见：

一　推动科技型中小企业创新发展的重要意义

科技型中小企业是指从事高新技术产品研发、生产和服务的中小企业群体，在提升科技创新能力、支撑经济可持续发展、扩大社会就业等方面发挥着重要作用。长期以来，在党中央国务院和各部门、各地方的大力支持下，科技型中小企业取得了长足发展。但是，我国科技型中小企业仍然面临创新能力有待加强、创业环境有待优化、服务体系有待完善、融资渠道有待拓宽等问题。因此，需要进一步凝聚各方力量，培育壮大科技型中小企业群体，带动科技型中小企业走创新发展道路，为经济社会发展提供重要支撑。

二　鼓励科技创业

（一）支持创办科技型中小企业。鼓励科研院所、高等学校科研人员和企业科技人员创办科技型中小企业，建立健全股权、期权、分红权等有利于激励技术创业的收益分配机制。支持高校毕业生以创业的方式实现就业，对入驻科技企业孵化器或大学生创业基地的创业者给予房租优惠、创业辅导等支持。

（二）加快推进创业投资机构发展。鼓励各类社会资本设立天使投资、创业投资等股权投资基金，支持科技型中小企业创业活动。探索建立早期创投风险补偿机制，在投资损失确认后可按损失额的一定比例，对创业投资企业进行风险补偿。

（三）加强创新创业孵化生态体系建设。推动建立支持科技创业企业成长的持续推进机制和全程孵化体系，促进大学科技园、科技企业孵化器等创业载体功能提升和创新发展。加大中小企业专项资金等对创业载体建设的支持力度。

三　支持技术创新

（四）支持科技型中小企业建立研发机构。支持科技型中小企业建立企业实验室、企业技术中心、工程技术研究中心等研发机构，提升对技术创新的支撑与服务能力。对拥有自主知识产权并形成良好经济社会效益的科技型中小企业研发机构给予重点扶持。

（五）支持科技型中小企业开展技术改造。鼓励和引导中小企业加强技术改造与升级，支持其采用新技术、新工艺、新设备调整优化产业和产品结构，将技术改造项目纳入贷款贴息等优惠政策的支持范围。

（六）通过政府采购支持科技型中小企业技术创新。进一步完善和落实国家政府采购扶持中小企业发展的相关法规政策。各级机关、事业单位和社团组织的政府采购活动，在同等条件下，鼓励优先采购科技型中小企业的产品和服务。鼓励科技型中小企业组成联合体共同参加政府采购与首台（套）示范项目。

四 强化协同创新

（七）推动科技型中小企业开展协同创新。推动科技型中小企业与大型企业、高等学校、科研院所开展战略合作，探索产学研深度结合的有效模式和长效机制。鼓励高等学校、科研院所等形成的科技成果向科技型中小企业转移转化。深入开展科技人员服务企业行动，通过科技特派员等方式组织科技人员帮助科技型中小企业解决技术难题。

（八）鼓励高校院所和大型企业开放科技资源。引导和鼓励有条件的高等学校、科研院所、大型企业的重点实验室、国家工程（技术）研究中心、大型科学仪器中心、分析测试中心等科研基础设施和设备进一步向科技型中小企业开放，提供检验检测、标准制定、研发设计等科技服务。

（九）吸纳科技型中小企业参与构建产业技术创新战略联盟。以产业技术创新关键问题为导向、形成产业核心竞争力为目标，引导行业骨干企业牵头，广泛吸纳科技型中小企业参与，按市场机制积极构建产业技术创新战略联盟。

五 推动集聚化发展

（十）充分发挥国家高新区、产业化基地的集聚作用。以国家高新区、高新技术产业化基地、现代服务业产业化基地、火炬计划特色产业基地、创新型产业集群等为载体，引导科技型中小企业走布局集中、产业集聚、土地集约的发展模式，促进科技型中小企业集群式发展。

（十一）引导科技型中小企业走专业化发展道路，提升产品质量、塑造品牌。支持科技型中小企业聚焦"新技术、新业态、新模式",走专业化、精细化发展道路。鼓励科技型中小企业做强核心业务,推进精益制造,打造具有竞争力和影响力的精品和品牌。

六　完善服务体系

(十二)完善科技型中小企业技术创新服务体系。充分发挥地方在区域创新中的主导作用,通过政策引导和试点带动,整合资源,加快建设各具特色的科技型中小企业技术创新公共服务体系。鼓励通过政府购买服务的方式,为科技型中小企业提供管理指导、技能培训、市场开拓、标准咨询、检验检测认证等服务。

(十三)充分发挥专业中介机构和科技服务机构作用。开放并扩大中小企业中介服务机构的服务领域、规范中介服务市场,促进各类专业机构为科技型中小企业提供优质服务。充分发挥科技服务机构作用,推动各类科技服务机构面向科技型中小企业开展服务。

七　拓宽融资渠道

(十四)完善多层次资本市场,支持科技型中小企业做大做强。支持科技型中小企业通过多层次资本市场体系实现改制、挂牌、上市融资。支持利用各类产权交易市场开展科技型中小企业股权流转和融资服务,完善非上市科技公司股份转让途径。鼓励科技型中小企业利用债券市场融资,探索对发行企业债券、信托计划、中期票据、短期融资券等直接融资产品的科技型中小企业给予社会筹资利息补贴。

(十五)引导金融机构面向科技型中小企业开展服务创新,拓宽融资渠道。引导商业银行积极向科技型中小企业提供系统化金融服务。支持发展多种形式的抵质押类信贷业务及产品。鼓励融资租赁企业创新融资租赁经营模式,开展融资租赁与创业投资相结合、租赁债权与投资股权相结合的创投租赁业务。鼓励互联网金融发展和模式创新,支持网络小额贷款、第三方支付、网络金融超市、大数据金融等新兴业态发展。

(十六)完善科技型中小企业融资担保和科技保险体系。引导设立多层次、专业化的科技担保公司和再担保机构,逐步建立和完善科技型中小企业融资担保体系,鼓励为中小企业提供贷款担保的担保机构实行快捷担保审批程序,简化反担保措施。鼓励保险机构大力发展知识产权保险、首台(套)产品保险、产品研发责任险、关键研发设备险、成果转化险等科技保险产品。

八 优化政策环境

（十七）进一步加大对科技型中小企业的财政支持力度。充分发挥中央财政资金的引导作用，逐步提高中小企业发展专项资金和国家科技成果转化引导基金支持科技创新的力度，凝聚带动社会资源支持科技型中小企业发展。加大各类科技计划对科技型中小企业技术创新活动的支持力度。鼓励地方财政加大对科技型中小企业技术创新的支持，对于研发投入占企业总收入达到一定比例的科技型中小企业给予补贴。鼓励地方政府在科技型中小企业中筛选一批创新能力强、发展潜力大的企业进行重点扶持，培育形成一批具有竞争优势的创新型企业和上市后备企业。

（十八）进一步完善落实税收支持政策。进一步完善和落实小型微利企业、高新技术企业、技术先进型服务企业、技术转让、研究开发费用加计扣除、研究开发仪器设备折旧、科技企业孵化器、大学科技园等税收优惠政策，加强对科技型中小企业的政策培训和宣传。结合深化税收制度改革，加快推动营业税改征增值税试点，完善结构性减税政策。

（十九）实施有利于科技型中小企业吸引人才的政策。结合创新人才推进计划、海外高层次人才引进计划、青年英才开发计划和国家高技能人才振兴计划等各项国家人才重大工程的实施，支持科技型中小企业引进和培养创新创业人才，鼓励在财政补助、落户、社保、税收等方面给予政策扶持。鼓励科技型中小企业与高等学校、职业院校建立定向、订单式的人才培养机制，支持高校毕业生到科技型中小企业就业，并给予档案免费保管等扶持政策。鼓励科技型中小企业加大对员工的培训力度。

（二十）加强统计监测与信用评价体系建设。建立公平开放透明的市场规则，加大对市场中侵害科技型中小企业合法利益行为的打击力度。研究发布科技型中小企业标准，建立科技型中小企业资源库，健全科技型中小企业统计调查、监测分析和定期发布制度。加快科技型中小企业信用体系建设，开展对科技型中小企业的信用评价。

推动科技型中小企业创新发展既是一项事关创新型国家建设的长期战略任务，也是加快转变经济发展方式的迫切需求，更是进一步落实创新驱动发展战略的关键路径之一。各地方科技管理部门要高度重视科技型中小企业工作，加强与有关部门的沟通协调，结合各地情况，制定本意见的贯彻落实办法，采取有效政策措施，切实推动科技型中小企业创新发展。

关于大力推进体制机制创新　扎实做好科技金融服务的意见

（银发〔2014〕9号）

为贯彻落实党的十八届三中全会精神和《中共中央　国务院关于深化科技体制改革　加快国家创新体系建设的意见》（中发〔2012〕6号）等中央文件要求，大力推动体制机制创新，促进科技和金融的深层次结合，支持国家创新体系建设，现提出如下意见：

一　大力培育和发展服务科技创新的金融组织体系

（一）创新从事科技金融服务的金融组织形式。鼓励银行业金融机构在高新技术产业开发区（以下简称高新区）、国家高新技术产业化基地（以下简称产业化基地）等科技资源集聚地区通过新设或改造部分分（支）行作为从事中小科技企业金融服务的专业分（支）行或特色分（支）行。对银行业金融机构新设或改造部分分（支）行从事科技金融服务的有关申请，优先受理和审核。鼓励银行业金融机构在财务资源、人力资源等方面给予专业分（支）行或特色分（支）行适当倾斜，加强业务指导和管理，提升服务科技创新的专业化水平。在加强监管的前提下，允许具备条件的民间资本依法发起设立中小型银行，为科技创新提供专业化的金融服务。

（二）积极发展为科技创新服务的非银行金融机构和组织。大力推动金融租赁公司等规范发展，为科技企业、科研院所等开展科技研发和技术改造提供大型设备、精密器材等的租赁服务。支持发展科技小额贷款公司，按照"小额、分散"原则，向小微科技企业提供贷款服务。鼓励符合条件的小额贷款公司、金融租赁公司通过开展资产证券化、发行债券等方式融资。积极推动产融结合，支持符合条件的大型科技企业集团公司按规定设立财务公司，强化其为集团内科技企业提供金融服务的功能。

（三）培育发展科技金融中介服务体系。指导和推动地方科技部门、国家高新区（或产业化基地）、金融机构和相关中介服务机构建立和培育发展科技金融服务中心等多种形式的服务平台，推动创业投资、银行信贷、科技企业改制服务、融资路演、数据增值服务、科技项目管理、人才引进等方面的联动合作，为科技企业提供全方位、专业化、定制化投融资解决方案。加快发展科技企业孵化、法律会计服务、人力资源管理等机构，为中小科技企业融资提供服务。

二　加快推进科技信贷产品和服务模式创新

（四）完善科技信贷管理机制。鼓励银行业金融机构完善科技企业贷款利率定价机制，充分利用贷款利率风险定价和浮动计息规则，根据科技企业成长状况，动态分享相关收益。完善科技贷款审批机制，通过建立科技贷款绿色通道等方式，提高科技贷款审批效率；通过借助科技专家咨询服务平台，利用信息科学技术提升评审专业化水平。完善科技信贷风险管理机制，探索设计专门针对科技信贷风险管理的模型，提高科技贷款管理水平。完善内部激励约束机制，建立小微科技企业信贷业务拓展奖励办法，落实授信尽职免责机制，有效发挥差别风险容忍度对银行开展科技信贷业务的支撑作用。

（五）丰富科技信贷产品体系。在有效防范风险的前提下，支持银行业金融机构与创业投资、证券、保险、信托等机构合作，创新交叉性金融产品，建立和完善金融支持科技创新的信息交流共享机制和风险共控合作机制。全面推动符合科技企业特点的金融产品创新，逐步扩大仓单、订单、应收账款、产业链融资以及股权质押贷款的规模。充分发挥政策性金融功能，支持国家重大科技计划成果的转化和产业化、科技企业并购、国内企业自主创新和引进消化吸收再创新、农业科技创新、科技企业开展国际合作和"走出去"。

（六）创新科技金融服务模式。鼓励银行业金融机构开展还款方式创新，开发和完善适合科技企业融资需求特点的授信模式。积极向科技企业提供开户、结算、融资、理财、咨询、现金管理、国际业务等一站式、系统化的金融服务。加快科技系统改造升级，在符合监管要求的前提下充分利用互联网技术，为科技企业提供高效、便捷的金融服务。

（七）大力发展知识产权质押融资。加强知识产权评估、登记、托管、流转服务能力建设，规范知识产权价值分析和评估标准，简化知识产权质押登记流程，探索建立知识产权质物处置机制，为开展知识产权质押融资提供高效便捷服务。积极推进专利保险工作，有效保障企业、行业、地区的创新发展。

三　拓宽适合科技创新发展规律的多元化融资渠道

（八）支持科技企业上市、再融资和并购重组。推进新股发行体制改革，继续完善和落实促进科技成果转化应用的政策措施，促进科技成果资本化、产业化。适当放宽科技企业的财务准入标准，简化发行条件。建立创业板再融资制度，形成"小额、快速、灵活"的创业板再融资机制，为科技企业提供便捷的再融资渠道。支持符合条件的科技企业在境外上市融资。支持科技上市企业通过并购重组做大做强。推进实施并购重组分道制审核制度，对符合条件的企业申请实行豁免或快速审核。鼓励科技上市企业通过并购基金等方式实施兼并重组，拓宽融资渠道。研究允许科技上市企业发行优先股、定向可转债等作为并购工具的可行性，丰富并购重组工具。

（九）鼓励科技企业利用债券市场融资。支持科技企业通过发行企业债、公司债、短期融资券、中期票据、中小企业集合票据、中小企业集合债券、小微企业增信集合债券、中小企业私募债等产品进行融资。鼓励和支持相关部门通过优化工作流程，提高发行工作效率，为科技企业发行债券提供融资便利。对符合条件的科技企业发行直接债务融资工具的，鼓励中介机构适当降低收费，减轻科技企业的融资成本负担。继续推动并购债、可转债、高收益债等产品发展，支持科技企业滚动融资，行业收购兼并和创投公司、私募基金投资和退出。

（十）推动创业投资发展壮大。发挥政府资金杠杆作用，充分利用现有的创业投资基金，完善创业投资政策环境和退出机制，鼓励更多社会资本进入创业投资领域。推动各级政府部门设立的创业投资机构通过阶段参股、跟进投资等多种方式，引导创业投资资金投向初创期科技企业和科技成果转化项目。完善和落实创业投资机构相关税收政策，推动运用财政税收等优惠政策引导创业投资机构投资科技企业，支持符合条件的创业投资企业、股权投资企业、产业投资基金发行企业债券；支持符合条件的创业投资企业、股权投资企业、产业投资基金的股东或有限合伙人发行企业债券。鼓励发展天使投资。

（十一）鼓励其他各类市场主体支持科技创新。支持科技企业通过在全国中小企业股份转让系统实现股份转让和定向融资。探索研究全国中小企业股份转让系统挂牌公司的并购重组监管制度，规范引导其并购重组活动。

探索利用各类产权交易机构为非上市小微科技企业提供股份转让渠道，建立健全未上市科技股份公司股权集中托管、转让、市场监管等配套制度。加快发展统一的区域性技术产权交易市场，推动地方加强省级技术产权交易市场建设，完善创业风险投资退出机制。支持证券公司直投子公司、另类投资子公司、基金管理公司专业子公司等，在风险可控前提下按规定投资非上市科技企业股权、债券类资产、收益权等实体资产，为不同类型、不同发展阶段的科技企业提供资金支持。

四 探索构建符合科技创新特点的保险产品和服务

（十二）建立和完善科技保险体系。按照政府引导、商业保险机构运作、产寿险业务并重的原则，进一步建立和完善科技保险体系。加大对科技保险的财政支持力度，鼓励有条件的地区建立科技保险奖补机制和科技再保险制度，对重点科技和产业领域给予补贴、补偿等奖励和优惠政策，充分发挥财政资金的引导和放大作用，促进科技保险长效发展。支持符合条件的保险公司设立专门服务于科技企业的科技保险专营机构，为科技企业降低风险损失、实现稳健经营提供支持。

（十三）加快创新科技保险产品，提高科技保险服务质量。鼓励保险公司创新科技保险产品，为科技企业、科研项目、科研人员提供全方位保险支持。推广中小科技企业贷款保证保险、贷款担保责任保险、出口信用保险等新型保险产品，为科技企业提供贷款保障。加快制定首台（套）重大技术装备保险机制的指导意见，建立政府引导、市场化运作的首台（套）重大技术装备保险机制和示范应用制度，促进首台（套）重大技术装备项目的推广和科技成果产业化。

（十四）创新保险资金运用方式，为科技创新提供资金支持。根据科技领域需求和保险资金特点，支持保险资金以股权、基金、债权、资产支持计划等形式，为高新区和产业化基地建设、战略性新兴产业的培育与发展以及国家重大科技项目提供长期、稳定的资金支持。探索保险资金投资优先股等新型金融工具，为科技企业提供长期股权投资。推动科技保险综合实验区建设，在更好地服务科技创新方面先行先试，探索建立综合性科技保险支持体系。

五 加快建立健全促进科技创新的信用增进机制

（十五）大力推动科技企业信用示范区建设。鼓励各地依托高新区和产业化基地，因地制宜建设科技企业信用示范区，充分利用金融信用信息基础数据库等信用信息平台，加大对科技企业信用信息的采集，建立和完善科技企业的信用评级和评级结果推介制度，为金融机构推广信用贷款等金融产品提供支持。充分发挥信用促进会等信用自律组织的作用，完善科技企业信用示范区管理机制，逐步建立守信激励、失信惩戒的信用环境。

（十六）积极发挥融资性担保增信作用。建立健全政府资金引导、社会资本参与、市场化运作的科技担保、再担保体系。支持融资性担保机构加大对科技企业的信用增进，提高融资性担保机构服务能力。鼓励科技企业成立联保互助组织，通过建立科技担保互助基金，为协会成员提供融资担保支持。支持融资性担保机构加强信息披露与共享，开展同业合作，集成科技企业资源，进一步增强融资担保能力。

（十七）创新科技资金投入方式。充分发挥国家科技成果转化引导基金的作用，通过设立创业投资子基金、贷款风险补偿等方式，引导金融资本和民间投资向科技成果转化集聚。进一步整合多种资源，综合运用创业投资、风险分担、保费补贴、担保补助、贷款贴息等多种方式，发挥政府资金在信用增进、风险分散、降低成本等方面的作用，引导金融机构加大对科技企业的融资支持。

六　进一步深化科技和金融结合试点

（十八）加快推进科技和金融结合试点工作。完善"促进科技和金融结合试点工作"部际协调机制，总结试点工作的成效和创新实践，研究制定继续深化试点工作的相关措施，适时启动第二批试点工作，将更多地区纳入试点范围。及时宣传和推广试点地区典型经验，发挥试点地区的示范作用。加大资源条件保障和政策扶持力度，进一步调动和发挥地方深化试点工作的积极性与创造性。鼓励地方因地制宜、大胆探索、先行先试，不断拓展科技与金融结合的政策和实践空间，开展具有地方特色的科技和金融结合试点工作建设。

（十九）推动高新区科技与金融的深层次结合。建立完善高新区管委会、金融机构和科技企业之间的信息沟通机制，通过举办多种形式的投融资对接活动，加强科技创新项目和金融产品的宣传、推介，推动高新区项目资源、政策资源与金融资源的有效对接。支持银行业金融机构在风险可控的前提下，在业务范围内综合运用统贷平台、集合授信等多种方式，加大对高新区建设和小微科技企业的融资支持。发挥高新区先行先试的优势，加快构建科技金融服务体系，鼓励金融机构开展各类金融创新实践活动。

七 创新政策协调和组织实施机制

（二十）综合运用多种金融政策工具，拓宽科技创新信贷资金来源。充分运用差别存款准备金动态调整机制，引导地方法人金融机构加大对科技企业的信贷投入。发挥再贴现支持结构调整的作用，对小微科技企业票据优先予以再贴现支持。支持符合条件的银行发行金融债专项用于支持小微科技企业发展，加强对小微科技企业的金融服务。积极稳妥推动信贷资产证券化试点，鼓励金融机构将通过信贷资产证券化业务腾挪出的信贷资金支持科技企业发展。

（二十一）加强科技创新资源与金融资源的有效对接。探索金融资本与国家科技计划项目结合的有效方式和途径，建立科技创新项目贷款的推荐机制，支持国家科技计划项目的成果转化和产业化；建立国家科技成果转化项目库，引导和支持金融资本及民间投资参与科技创新；指导地方科技部门建立中小微科技企业数据库，与金融机构开展投融资需求对接；开展面向中小微科技企业的科技金融培训，培育科技金融复合型人才。

（二十二）建立科技、财政和金融监管部门参加的科技金融服务工作协调机制。健全跨部门、跨层级的协调沟通和分工负责机制，加强科技、财政、税收、金融等政策的协调，形成推进科技金融发展的政策合力。依托科技部门与金融管理部门、金融机构的合作机制，将科技部门在政策、信息、项目、专家等方面的综合优势与金融机构的产品、服务优势结合起来，实现科技创新与金融创新的相互促进。

（二十三）探索建立科技金融服务监测评估体系。人民银行各分支机构可根据辖区实际情况，按照地方科技部门制定的科技企业认定标准与名录，推动各金融机构研究建立科技金融服务专项统计制度，加强对科技企业贷款的统计与监测分析，并探索建立科技金融服务的专项信贷政策导向效果评估制度。

请人民银行上海总部，各分行、营业管理部、省会（首府）城市中心支行、副省级城市中心支行会同所在省（区、市）科技、知识产权、银监、证监、保监等部门将本意见联合转发至辖区内相关机构，并协调做好本意见的贯彻实施工作。

中国人民银行　科技部　银监会

证监会　保监会　知识产权局

2014 年 1 月 7 日

国务院关于大力推进大众创业万众创新若干政策措施的意见

（国发〔2015〕32 号）

各省、自治区、直辖市人民政府，国务院各部委、各直属机构：

推进大众创业、万众创新，是发展的动力之源，也是富民之道、公平之计、强国之策，对于推动经济结构调整、打造发展新引擎、增强发展新动力、走创新驱动发展道路具有重要意义，是稳增长、扩就业、激发亿万群众智慧和创造力，促进社会纵向流动、公平正义的重大举措。根据 2015 年《政府工作报告》部署，为改革完善相关体制机制，构建普惠性政策扶持体系，推动资金链引导创业创新链、创业创新链支持产业链、产业链带动就业链，现提出以下意见。

一　充分认识推进大众创业、万众创新的重要意义

——推进大众创业、万众创新，是培育和催生经济社会发展新动力的必然选择。随着我国资源环境约束日益强化，要素的规模驱动力逐步减弱，传统的高投入、高消耗、粗放式发展方式难以为继，经济发展进入新常态，需要从要素驱动、投资驱动转向创新驱动。推进大众创业、万众创新，就是要通过结构性改革、体制机制创新，消除不利于创业创新发展的各种制度束缚和桎梏，支持各类市场主体不断开办新企业、开发新产品、开拓新市场，培育新兴产业，形成小企业"铺天盖地"、大企业"顶天立地"的发展格局，实现创新驱动发展，打造新引擎、形成新动力。

——推进大众创业、万众创新，是扩大就业、实现富民之道的根本举措。我国有 13 亿多人口、9 亿多劳动力，每年高校毕业生、农村转移劳动力、城镇困难人员、退役军人数量较大，人力资源转化为人力资本的潜力巨大，但就业总量压力较大，结构性矛盾凸显。推进大众创业、万众创新，就是要通过转变政府职能、建设服务型政府，营造公平竞争的创业环境，使有梦想、有意愿、有能力的科技人员、高校毕业生、农民工、退役军人、

失业人员等各类市场创业主体"如鱼得水",通过创业增加收入,让更多的人富起来,促进收入分配结构调整,实现创新支持创业、创业带动就业的良性互动发展。

——推进大众创业、万众创新,是激发全社会创新潜能和创业活力的有效途径。目前,我国创业创新理念还没有深入人心,创业教育培训体系还不健全,善于创造、勇于创业的能力不足,鼓励创新、宽容失败的良好环境尚未形成。推进大众创业、万众创新,就是要通过加强全社会以创新为核心的创业教育,弘扬"敢为人先、追求创新、百折不挠"的创业精神,厚植创新文化,不断增强创业创新意识,使创业创新成为全社会共同的价值追求和行为习惯。

二 总体思路

按照"四个全面"战略布局,坚持改革推动,加快实施创新驱动发展战略,充分发挥市场在资源配置中的决定性作用和更好发挥政府作用,加大简政放权力度,放宽政策、放开市场、放活主体,形成有利于创业创新的良好氛围,让千千万万创业者活跃起来,汇聚成经济社会发展的巨大动能。不断完善体制机制、健全普惠性政策措施,加强统筹协调,构建有利于大众创业、万众创新蓬勃发展的政策环境、制度环境和公共服务体系,以创业带动就业、创新促进发展。

——坚持深化改革,营造创业环境。通过结构性改革和创新,进一步简政放权、放管结合、优化服务,增强创业创新制度供给,完善相关法律法规、扶持政策和激励措施,营造均等普惠环境,推动社会纵向流动。

——坚持需求导向,释放创业活力。尊重创业创新规律,坚持以人为本,切实解决创业者面临的资金需求、市场信息、政策扶持、技术支撑、公共服务等瓶颈问题,最大限度释放各类市场主体创业创新活力,开辟就业新空间,拓展发展新天地,解放和发展生产力。

——坚持政策协同,实现落地生根。加强创业、创新、就业等各类政策统筹,部门与地方政策联动,确保创业扶持政策可操作、能落地。鼓励有条件的地区先行先试,探索形成可复制、可推广的创业创新经验。

——坚持开放共享,推动模式创新。加强创业创新公共服务资源开放共享,整合利用全球创业创新资源,实现人才等创业创新要素跨地区、跨行业自由流动。依托"互联网+"、大数据等,推动各行业创新商业模式,建立和完善线上与线下、境内与境外、政府与市场开放合作等创业创新机制。

三　创新体制机制，实现创业便利化

（一）完善公平竞争市场环境。进一步转变政府职能，增加公共产品和服务供给，为创业者提供更多机会。逐步清理并废除妨碍创业发展的制度和规定，打破地方保护主义。加快出台公平竞争审查制度，建立统一透明、有序规范的市场环境。依法反垄断和反不正当竞争，消除不利于创业创新发展的垄断协议和滥用市场支配地位以及其他不正当竞争行为。清理规范涉企收费项目，完善收费目录管理制度，制定事中事后监管办法。建立和规范企业信用信息发布制度，制定严重违法企业名单管理办法，把创业主体信用与市场准入、享受优惠政策挂钩，完善以信用管理为基础的创业创新监管模式。

（二）深化商事制度改革。加快实施工商营业执照、组织机构代码证、税务登记证"三证合一"、"一照一码"，落实"先照后证"改革，推进全程电子化登记和电子营业执照应用。支持各地结合实际放宽新注册企业场所登记条件限制，推动"一址多照"、集群注册等住所登记改革，为创业创新提供便利的工商登记服务。建立市场准入等负面清单，破除不合理的行业准入限制。开展企业简易注销试点，建立便捷的市场退出机制。依托企业信用信息公示系统建立小微企业名录，增强创业企业信息透明度。

（三）加强创业知识产权保护。研究商业模式等新形态创新成果的知识产权保护办法。积极推进知识产权交易，加快建立全国知识产权运营公共服务平台。完善知识产权快速维权与维权援助机制，缩短确权审查、侵权处理周期。集中查处一批侵犯知识产权的大案要案，加大对反复侵权、恶意侵权等行为的处罚力度，探索实施惩罚性赔偿制度。完善权利人维权机制，合理划分权利人举证责任，完善行政调解等非诉讼纠纷解决途径。

（四）健全创业人才培养与流动机制。把创业精神培育和创业素质教育纳入国民教育体系，实现全社会创业教育和培训制度化、体系化。加快完善创业课程设置，加强创业实训体系建设。加强创业创新知识普及教育，使大众创业、万众创新深入人心。加强创业导师队伍建设，提高创业服务水平。加快推进社会保障制度改革，破除人才自由流动制度障碍，实现党政机关、企事业单位、社会各方面人才顺畅流动。加快建立创业创新绩效

评价机制，让一批富有创业精神、勇于承担风险的人才脱颖而出。

四　优化财税政策，强化创业扶持

（五）加大财政资金支持和统筹力度。各级财政要根据创业创新需要，统筹安排各类支持小微企业和创业创新的资金，加大对创业创新支持力度，强化资金预算执行和监管，加强资金使用绩效评价。支持有条件的地方政府设立创业基金，扶持创业创新发展。在确保公平竞争前提下，鼓励对众创空间等孵化机构的办公用房、用水、用能、网络等软硬件设施给予适当优惠，减轻创业者负担。

（六）完善普惠性税收措施。落实扶持小微企业发展的各项税收优惠政策。落实科技企业孵化器、大学科技园、研发费用加计扣除、固定资产加速折旧等税收优惠政策。对符合条件的众创空间等新型孵化机构适用科技企业孵化器税收优惠政策。按照税制改革方向和要求，对包括天使投资在内的投向种子期、初创期等创新活动的投资，统筹研究相关税收支持政策。修订完善高新技术企业认定办法，完善创业投资企业享受70%应纳税所得额税收抵免政策。抓紧推广中关村国家自主创新示范区税收试点政策，将企业转增股本分期缴纳个人所得税试点政策、股权奖励分期缴纳个人所得税试点政策推广至全国范围。落实促进高校毕业生、残疾人、退役军人、登记失业人员等创业就业税收政策。

（七）发挥政府采购支持作用。完善促进中小企业发展的政府采购政策，加强对采购单位的政策指导和监督检查，督促采购单位改进采购计划编制和项目预留管理，增强政策对小微企业发展的支持效果。加大创新产品和服务的采购力度，把政府采购与支持创业发展紧密结合起来。

五　搞活金融市场，实现便捷融资

（八）优化资本市场。支持符合条件的创业企业上市或发行票据融资，并鼓励创业企业通过债券市场筹集资金。积极研究尚未盈利的互联网和高新技术企业到创业板发行上市制度，推动在上海证券交易所建立战略性新兴产业板。加快推进全国中小企业股份转让系统向创业板转板试点。研究解决特殊股权结构类创业企业在境内上市的制度性障碍，完善资本市场规则。规范发展服务于中小微企业的区域性股权市场，推动建立工商登记部门与区域性股权市场的股权登记对接机制，支持股权质押融资。支持符合条件的发行主体发行小微企业增信集合债等企业债券创新品种。

（九）创新银行支持方式。鼓励银行提高针对创业创新企业的金融服务专业化水平，不断创新组织架构、管理方式和金融产品。推动银行与其他金融机构加强合作，对创业创新活动给予有针对性的股权和债权融资支持。鼓励银行业金融机构向创业企业提供结算、融资、理财、咨询等一站式系统化的金融服务。

（十）丰富创业融资新模式。支持互联网金融发展，引导和鼓励众筹融资平台规范发展，开展公开、小额股权众筹融资试点，加强风险控制和规范管理。丰富完善创业担保贷款政策。支持保险资金参与创业创新，发展相互保险等新业务。完善知识产权估值、质押和流转体系，依法合规推动知识产权质押融资、专利许可费收益权证券化、专利保险等服务常态化、规模化发展，支持知识产权金融发展。

六　扩大创业投资，支持创业起步成长

（十一）建立和完善创业投资引导机制。不断扩大社会资本参与新兴产业创投计划参股基金规模，做大直接融资平台，引导创业投资更多向创业企业起步成长的前端延伸。不断完善新兴产业创业投资政策体系、制度体系、融资体系、监管和预警体系，加快建立考核评价体系。加快设立国家新兴产业创业投资引导基金和国家中小企业发展基金，逐步建立支持创业创新和新兴产业发展的市场化长效运行机制。发展联合投资等新模式，探索建立风险补偿机制。鼓励各地方政府建立和完善创业投资引导基金。加强创业投资立法，完善促进天使投资的政策法规。促进国家新兴产业创业投资引导基金、科技型中小企业创业投资引导基金、国家科技成果转化引导基金、国家中小企业发展基金等协同联动。推进创业投资行业协会建设，加强行业自律。

（十二）拓宽创业投资资金供给渠道。加快实施新兴产业"双创"三年行动计划，建立一批新兴产业"双创"示范基地，引导社会资金支持大众创业。推动商业银行在依法合规、风险隔离的前提下，与创业投资机构建立市场化长期性合作。进一步降低商业保险资金进入创业投资的门槛。推动发展投贷联动、投保联动、投债联动等新模式，不断加大对创业创新企业的融资支持。

（十三）发展国有资本创业投资。研究制定鼓励国有资本参与创业投资的系统性政策措施，完善国有创业投资机构激励约束机制、监督管理机制。

引导和鼓励中央企业和其他国有企业参与新兴产业创业投资基金、设立国有资本创业投资基金等，充分发挥国有资本在创业创新中的作用。研究完善国有创业投资机构国有股转持豁免政策。

（十四）推动创业投资"引进来"与"走出去"。抓紧修订外商投资创业投资企业相关管理规定，按照内外资一致的管理原则，放宽外商投资准入，完善外资创业投资机构管理制度，简化管理流程，鼓励外资开展创业投资业务。放宽对外资创业投资基金投资限制，鼓励中外合资创业投资机构发展。引导和鼓励创业投资机构加大对境外高端研发项目的投资，积极分享境外高端技术成果。按投资领域、用途、募集资金规模，完善创业投资境外投资管理。

七　发展创业服务，构建创业生态

（十五）加快发展创业孵化服务。大力发展创新工场、车库咖啡等新型孵化器，做大做强众创空间，完善创业孵化服务。引导和鼓励各类创业孵化器与天使投资、创业投资相结合，完善投融资模式。引导和推动创业孵化与高校、科研院所等技术成果转移相结合，完善技术支撑服务。引导和鼓励国内资本与境外合作设立新型创业孵化平台，引进境外先进创业孵化模式，提升孵化能力。

（十六）大力发展第三方专业服务。加快发展企业管理、财务咨询、市场营销、人力资源、法律顾问、知识产权、检验检测、现代物流等第三方专业化服务，不断丰富和完善创业服务。

（十七）发展"互联网＋"创业服务。加快发展"互联网＋"创业网络体系，建设一批小微企业创业创新基地，促进创业与创新、创业与就业、线上与线下相结合，降低全社会创业门槛和成本。加强政府数据开放共享，推动大型互联网企业和基础电信企业向创业者开放计算、存储和数据资源。积极推广众包、用户参与设计、云设计等新型研发组织模式和创业创新模式。

（十八）研究探索创业券、创新券等公共服务新模式。有条件的地方继续探索通过创业券、创新券等方式对创业者和创新企业提供社会培训、管理咨询、检验检测、软件开发、研发设计等服务，建立和规范相关管理制度和运行机制，逐步形成可复制、可推广的经验。

八　建设创业创新平台，增强支撑作用

（十九）打造创业创新公共平台。加强创业创新信息资源整合，建立创业政策集中发布平台，完善专业化、网络化服务体系，增强创业创新信息透明度。鼓励开展各类公益讲坛、创业论坛、创业培训等活动，丰富创业平台形式和内容。支持各类创业创新大赛，定期办好中国创新创业大赛、中国农业科技创新创业大赛和创新挑战大赛等赛事。加强和完善中小企业公共服务平台网络建设。充分发挥企业的创新主体作用，鼓励和支持有条件的大型企业发展创业平台、投资并购小微企业等，支持企业内外部创业者创业，增强企业创业创新活力。为创业失败者再创业建立必要的指导和援助机制，不断增强创业信心和创业能力。加快建立创业企业、天使投资、创业投资统计指标体系，规范统计口径和调查方法，加强监测和分析。

（二十）用好创业创新技术平台。建立科技基础设施、大型科研仪器和专利信息资源向全社会开放的长效机制。完善国家重点实验室等国家级科研平台（基地）向社会开放机制，为大众创业、万众创新提供有力支撑。鼓励企业建立一批专业化、市场化的技术转移平台。鼓励依托三维（3D）打印、网络制造等先进技术和发展模式，开展面向创业者的社会化服务。引导和支持有条件的领军企业创建特色服务平台，面向企业内部和外部创业者提供资金、技术和服务支撑。加快建立军民两用技术项目实施、信息交互和标准化协调机制，促进军民创新资源融合。

（二十一）发展创业创新区域平台。支持开展全面创新改革试验的省（区、市）、国家综合配套改革试验区等，依托改革试验平台在创业创新体制机制改革方面积极探索，发挥示范和带动作用，为创业创新制度体系建设提供可复制、可推广的经验。依托自由贸易试验区、国家自主创新示范区、战略性新兴产业集聚区等创业创新资源密集区域，打造若干具有全球影响力的创业创新中心。引导和鼓励创业创新型城市完善环境，推动区域集聚发展。推动实施小微企业创业基地城市示范。鼓励有条件的地方出台各具特色的支持政策，积极盘活闲置的商业用房、工业厂房、企业库房、物流设施和家庭住所、租赁房等资源，为创业者提供低成本办公场所和居住条件。

九　激发创造活力，发展创新型创业

（二十二）支持科研人员创业。加快落实高校、科研院所等专业技术人员离岗创业政策，对经同意离岗的可在3年内保留人事关系，建立健全科研人员双向流动机制。进一步完善创新型中小企业上市股权激励和员工持股计划制度规则。鼓励符合条件的企业按照有关规定，通过股权、期权、分红等激励方式，调动科研人员创业积极性。支持鼓励学会、协会、研究会等科技社团为科技人员和创业企业提供咨询服务。

（二十三）支持大学生创业。深入实施大学生创业引领计划，整合发展高校毕业生就业创业基金。引导和鼓励高校统筹资源，抓紧落实大学生创业指导服务机构、人员、场地、经费等。引导和鼓励成功创业者、知名企业家、天使和创业投资人、专家学者等担任兼职创业导师，提供包括创业方案、创业渠道等创业辅导。建立健全弹性学制管理办法，支持大学生保留学籍休学创业。

（二十四）支持境外人才来华创业。发挥留学回国人才特别是领军人才、高端人才的创业引领带动作用。继续推进人力资源市场对外开放，建立和完善境外高端创业创新人才引进机制。进一步放宽外籍高端人才来华创业办理签证、永久居留证等条件，简化开办企业审批流程，探索由事前审批调整为事后备案。引导和鼓励地方对回国创业高端人才和境外高端人才来华创办高科技企业给予一次性创业启动资金，在配偶就业、子女入学、医疗、住房、社会保障等方面完善相关措施。加强海外科技人才离岸创业基地建设，把更多的国外创业创新资源引入国内。

十 拓展城乡创业渠道，实现创业带动就业

（二十五）支持电子商务向基层延伸。引导和鼓励集办公服务、投融资支持、创业辅导、渠道开拓于一体的市场化网商创业平台发展。鼓励龙头企业结合乡村特点建立电子商务交易服务平台、商品集散平台和物流中心，推动农村依托互联网创业。鼓励电子商务第三方交易平台渠道下沉，带动城乡基层创业人员依托其平台和经营网络开展创业。完善有利于中小网商发展的相关措施，在风险可控、商业可持续的前提下支持发展面向中小网商的融资贷款业务。

（二十六）支持返乡创业集聚发展。结合城乡区域特点，建立有市场竞争力的协作创业模式，形成各具特色的返乡人员创业联盟。引导返乡创业人员融入特色专业市场，打造具有区域特点的创业集群和优势产业集群。深入实施农村青年创业富民行动，支持返乡创业人员因地制宜围绕休闲农业、农产品深加工、乡村旅游、农村服务业等开展创业，完善家庭农场等新型农业经营主体发展环境。

（二十七）完善基层创业支撑服务。加强城乡基层创业人员社保、住房、教育、医疗等公共服务体系建设，完善跨区域创业转移接续制度。健全职业技能培训体系，加强远程公益创业培训，提升基层创业人员创业能力。引导和鼓励中小金融机构开展面向基层创业创新的金融产品创新，发挥社区地理和软环境优势，支持社区创业者创业。引导和鼓励行业龙头企业、大型物流企业发挥优势，拓展乡村信息资源、物流仓储等技术和服务网络，为基层创业提供支撑。

十一　加强统筹协调，完善协同机制

（二十八）加强组织领导。建立由发展改革委牵头的推进大众创业万众创新部际联席会议制度，加强顶层设计和统筹协调。各地区、各部门要立足改革创新，坚持需求导向，从根本上解决创业创新中面临的各种体制机制问题，共同推进大众创业、万众创新蓬勃发展。重大事项要及时向国务院报告。

（二十九）加强政策协调联动。建立部门之间、部门与地方之间政策协调联动机制，形成强大合力。各地区、各部门要系统梳理已发布的有关支持创业创新发展的各项政策措施，抓紧推进"立、改、废"工作，将对初创企业的扶持方式从选拔式、分配式向普惠式、引领式转变。建立健全创业创新政策协调审查制度，增强政策普惠性、连贯性和协同性。

（三十）加强政策落实情况督查。加快建立推进大众创业、万众创新有关普惠性政策措施落实情况督查督导机制，建立和完善政策执行评估体系和通报制度，全力打通决策部署的"最先一公里"和政策落实的"最后一公里"，确保各项政策措施落地生根。

各地区、各部门要进一步统一思想认识，高度重视、认真落实本意见的各项要求，结合本地区、本部门实际明确任务分工、落实工作责任，主动作为、敢于担当，积极研究解决新问题，及时总结推广经验做法，加大宣传力度，加强舆论引导，推动本意见确定的各项政策措施落实到位，不断拓展大众创业、万众创新的空间，汇聚经济社会发展新动能，促进我国经济保持中高速增长、迈向中高端水平。

国务院

2015 年 6 月 11 日

附录3 陕西省关于科技金融发展的重要文件

陕西省人民政府关于进一步促进科技和金融结合的若干意见
（陕政发〔2012〕39号）

各设区市人民政府、省人民政府各工作部门、各直属机构：

根据《中共中央国务院关于深化科技体制改革加快国家创新体系建设的意见》（中发〔2012〕6号）及科技部等八部委《关于促进科技和金融结合加快实施自主创新战略的若干意见》（国科发财〔2011〕540号）精神，为进一步发挥金融在推进企业创新主体地位建设中的作用，加快科技成果产业化进程，推动科技型中小微企业健康快速发展，加快创新型区域建设步伐，现就促进我省科技和金融紧密结合提出如下意见。

一 开展科技和金融结合试点

（一）推进国家科技和金融结合试点。以"关中－天水经济区（陕西）"列为国家促进科技和金融结合首批试点地区为契机，以平台建设为基础，以机制创新为切入点，以财政科技投入为杠杆，推进金融机构、金融产品和金融服务方式创新，着力做好国家促进科技和金融结合试点工作。

（二）开展省级科技和金融结合试点。科技和金融基础较好的设区市、国家级高新区，可以根据本地科技发展和金融资源聚集特点，在科技和金融结合方面先行先试，开展不同类型和层次的试点。

二 创新财政科技投入方式

（三）创新财政科技投入方式。各级科技、财政部门联合有关部门，开展拨改补（风险补偿）、拨改保（融资担保）等新型财政资助工作，综合运用无偿资助、偿还性资助、创业投资引导、贷款贴息以及后补助等多种方式，发挥财政资金的引导作用，带动社会资本参与科技创新。

（四）设立科技成果转化引导基金。支持具备条件的设区市、省级以上高新区设立科技成果转化引导基金及相应的管理机构。引导、带动社会资本设立专业化子基金，支持企业科技成果转化、分担金融机构科技贷款风险、对科技成果转化进行绩效奖励。省科技成果转化引导基金到2015年达到5亿元，引导社会资本形成总规模40亿元的若干科技成果转化子基金。

（五）支持风险投资参与科技型企业股权投资。通过政策引导，支持风险投资基金、社会风险投资机构对科技型企业进行股权投资。创业投资企业采取股权投资方式，投资于未上市的科技型企业 2 年以上的，可以按照其投资额的 70%，在股权持有满 2 年的当年抵扣该创业投资企业的应纳税所得额；当年不足抵扣的，可以在以后纳税年度结转抵扣。

三　加强对科技信贷的引导

（六）加大科技信贷投入。金融机构要加大对企业自主创新和成果转化的信贷支持力度，安排专项信贷规模和资金支持科技创新，"十二五"期间，金融机构的科技贷款年均增长率要高于其他各类贷款的年均增长率。金融机构逐步建立适应科技型企业特点的信贷管理制度和差异化考核机制，适当提高科技型中小企业不良贷款比率容忍度。

（七）创新科技金融组织和金融产品。鼓励金融机构设立为科技型中小微企业提供金融服务的科技支行等新型金融服务组织。在审贷委员会中吸纳技术专家参与审贷决策；探索推广供应链融资、应收账款融资、保理、贸易融资等业务；积极开展知识产权、高新技术企业股权质押贷款。

（八）完善科技贷款风险补助机制。省及各设区市、省级以上高新区，设立科技贷款风险补助资金。省级科技贷款风险补助资金在"十二五"末达到 5000 万元。对科技型中小微企业科技转化项目贷款及自主知识产权质押贷款的本金损失，经追偿、处置后，对最终本金损失额按一定比例予以风险补助。

（九）加强科技型企业信用体系建设。建设以高新技术企业为主的科技型企业和科技人员信用信息系统，健全科技型企业信用信息共享、信用评价、科技信用管理机制。以西安高新区为重点，示范建立高新技术企业信用服务体系，建立入区企业信息有效传递机制、企业守信激励机制、企业失信约束机制和惩罚机制。

（十）完善知识产权质押融资激励机制。完善以知识产权质押、知识产权证券化等形式进行融资或直接投资的机制。对以知识产权质押获得贷款并按期偿还本息的企业进行二年贴息，贴息比例为企业应支付贷款利息额的 30%。

（十一）引导担保机构支持科技融资。按照《陕西省融资性信用担保机构风险补偿资金管理办法》的要求，建立担保机构风险补偿机制，对融资性担保机构进行担保风险补偿。纳入全国试点范围的非营利性中小企业信用担保机构从事科技型中小微企业信用担保或者再担保业务取得的收入（不含信用评级、咨询、培训等收入）3 年内免征营业税，免税时间自纳税人享受免税之日起算起。

四　大力发展多层次资本市场

（十二）支持科技型企业多渠道融资。建立科技型企业上市后备资源库，各地、各有关部门要积极推荐符合条件的科技企业入库，按照"一事一议"方式，从科技资源配置、财税等方面加大培育力度。对重点拟上市企业，给予一定的上市前期费用补助。

支持符合条件的科技型中小企业，通过发行企业债、短期融资券、中期票据、集合债券、集合票据等方式融资。对整体改制并进入证监部门辅导备案阶段的拟上市科技企业，经审批，可在三年内缓缴整体改制政策要求缴纳的个人所得税。

（十三）建立科技型企业股权流转和融资服务产权交易平台。建立技术交易、技术产权报价系统、创业投资联盟等服务平台；继续支持西安高新区、杨凌示范区进入"新三板"扩容试点园区；积极争取建设区域性股权交易市场。促进科技成果流通，企业股权交易和技术产权交易。

五　积极推动科技保险发展

（十四）建立科技保险补贴机制。对参加出口信用类保险的科技型中小微企业，按照年度实际保费支出的 40% 给予补贴，对于参加贷款信用保证类保险的科技型中小微企业，按照年度实际保费支出的 50% 给予补贴。对每户企业的年科技保险费补贴最高不超过 20 万元。

（十五）创新科技保险产品和服务。积极开发首台（套）重大技术装备质量保证保险、首台（套）重大技术装备产品责任保险等险种，扩大信用保证保险在科技领域的综合性服务，制订和完善个性化的保险方案。

六　强化有利于促进科技和金融结合的保障措施

（十六）加强科技金融服务体系建设。充分发挥各类投资基金和技术创新服务机构的作用，在省科技资源统筹中心建立集政策咨询、资产评估、法律服务、财务顾问、投资融资、成果拍卖、专业培训等功能为一体的科技金融超市和科技金融服务中心。鼓励各试点市、区采取多样化方式，建立相应的服务体系。

依托高等院校和社会培训机构开展专业化培训，培养一批懂科技、懂金融、懂管理的复合型人才。

（十七）加强科技和金融结合实施成效的监测评估。制订科技金融发展水平和服务能力评价指标，建立相应的统计制度和监测体系，并在监测基础上建立评估体系，对科技和金融结合实施成效进行动态评估。对促进科技和金融结合、支持自主创新贡献突出的相关机构和人员给予表彰。

（十八）加强组织保障。成立省促进科技和金融结合工作领导小组，负责全省促进科技和金融结合工作的领导和组织，协调解决科技金融结合以及我省开展国家试点工作中的有关重大问题。

陕西省人民政府
2012 年 9 月 10 日

促进科技和金融结合若干意见任务分工

（陕政办发〔2012〕113 号）

为贯彻落实《陕西省人民政府关于进一步促进科技和金融结合的若干意见》（陕政发〔2012〕39 号），现提出如下任务分工。

一　开展科技和金融结合试点

（一）推进国家科技和金融结合试点。推进金融机构、金融产品和金融服务方式创新，着力做好国家促进科技和金融结合试点工作（省科技厅、省促进科技和金融结合领导小组其他成员单位、各试点市政府和区管委会。列在首位的为牵头单位，其他有关部门或单位按职责分工负责，下同）。

（二）开展省级科技和金融结合试点。科技和金融基础较好的设区市、国家级高新区，可以根据本地科技发展和金融资源聚集特点，在科技和金融结合方面先行先试，开展不同类型和层次的试点（省科技厅、省促进科技和金融结合领导小组其他成员单位、各试点市政府和区管委会）。

二　创新财政科技投入方式

（三）创新财政科技投入方式。开展拨改补（风险补偿）、拨改保（融资担保）等新型财政资助工作，综合运用无偿资助、偿还性资助、创业投资引导、贷款贴息以及后补助等多种方式，发挥财政资金的引导作用，带动社会资本参与科技创新（省科技厅、省促进科技和金融结合领导小组其他各成员单位、各试点市政府和区管委会、省级相关部门）。

（四）设立科技成果转化引导基金。支持具备条件的设区市、省级以上高新区设立科技成果转化引导基金及相应的管理机构。引导、带动社会资本设立专业化子基金，支持企业科技成果转化、分担金融机构科技贷款风险、对科技成果转化进行绩效奖励。省科技成果转化引导基金到 2015 年达到 5 亿元，引导社会资本形成总规模 40 亿元的若干科技成果转化子基金（省科技厅、省财政厅）。

（五）支持风险投资参与科技型企业股权投资。通过政策引导，支持风险投资基金、社会风险投资机构对科技型企业进行股权投资。创业投资企业采取股权投资方式，投资于未上市的科技型企业 2 年以上的，可以按照其投资额的 70%，在股权持有满 2 年的当年抵扣该创业投资企业的应纳税所得额；当年不足抵扣的，可以在以后纳税年度结转抵扣（省财政厅、省国税局、省科技厅）。

三　加强对科技信贷的引导

（六）加大科技信贷投入。金融机构要加大对企业自主创新和成果转化的信贷支持力度，安排专项信贷规模和资金支持科技创新，"十二五"期间，金融机构的科技贷款年均增长率要高于其他各类贷款的年均增长率。金融机构逐步建立适应科技型企业特点的信贷管理制度和差异化考核机制，适当提高科技型中小企业不良贷款比率容忍度（省金融办、人民银行西安分行、陕西银监局、省科技厅）。

（七）创新科技金融组织和金融产品。鼓励金融机构设立为科技型中小微企业提供金融服务的科技支行等新型金融服务组织。在审贷委员会中吸纳技术专家参与审贷决策；探索推广供应链融资、应收账款融资、保理、贸易融资等业务；积极开展知识产权、高新技术企业股权质押贷款（陕西银监局、省科技厅、人民银行西安分行）。

（八）完善科技贷款风险补助机制。省及各设区市、省级以上高新区，设立科技贷款风险补助资金。省级科技贷款风险补助资金在"十二五"末达到 5000 万元。对科技型中小微企业科技转化项目贷款及自主知识产权质押贷款的本金损失，经追偿、处置后，对最终本金损失额按一定比例予以风险补偿（省财政厅、省科技厅、陕西银监局）。

（九）加强科技型企业信用体系建设。建设以高新技术企业为主的科技型企业和科技人员信用信息系统，健全科技型企业信用信息共享、信用评价、科技信用管理机制（省信用办、省科技厅）。

以西安高新区为重点，示范建立高新技术企业信用服务体系，建立入区企业信息有效传递机制、企业守信激励机制、企业失信约束机制和惩罚机制（省信用办、西安高新区管委会）。

（十）完善知识产权质押融资激励机制。完善以知识产权质押、知识产权证券化等形式进行融资或直接投资的机制。对以知识产权质押获得贷款并按期偿还本息的企业进行 2 年贴息，贴息比例为企业应支付贷款利息额的 30%（省知识产权局、省财政厅、省科技厅、陕西银监局）。

（十一）引导担保机构支持科技融资。按照《陕西省融资性信用担保机构风险补偿资金管理办法》的要求，建立担保机构风险补偿机制，对融资性担保机构进行担保风险补偿（省财政厅、省科技厅、省金融办、陕西银监局）。

纳入全国试点范围的非营利性中小企业信用担保机构从事科技型中小微企业信用担保或者再担保业务取得的收入（不含信用评级、咨询、培训等收入）3 年内免征营业税，免税时间自纳税人享受免税待遇之日起算起（省财政厅、省金融办、省地税局）。

四　大力发展多层次资本市场

（十二）支持科技型企业多渠道融资。建立科技型企业上市后备资源库，各地、各有关部门要积极推荐符合条件的科技企业入库，按照"一事一议"方式，从科技资源配置、财税等方面加大培育力度（省科技厅）。

对重点拟上市企业，给予一定的上市前期费用补助。支持符合条件的科技型中小企业，通过发行企业债、短期融资券、中期票据、集合债券、集合票据等方式融资。对整体改制并进入证监部门辅导备案阶段的拟上市科技企业，经审批，可在 3 年内缓缴整体改制政策要求缴纳的个人所得税（省金融办、省财政厅、人民银行西安分行、陕西银监局、陕西证监局、省地税局）。

（十三）建立科技型企业股权流转和融资服务产权交易平台。建立技术交易、技术产权报价系统、创业投资联盟等服务平台；继续支持西安高新区、杨凌示范区进入"新三板"扩容试点园区；积极争取建设区域性股权交易市场。促进科技成果流通、企业股权交易和技术产权交易（省金融办、省科技厅、陕西证监局、西安高新区管委会、杨凌示范区管委会）。

五　积极推动科技保险发展

（十四）建立科技保险补贴机制。对参加出口信用类保险的科技型中小微企业，按照年度实际保费支出的 40% 给予补贴；对于参加贷款信用保证类保险的科技型中小微企业，按照年度实际保费支出的 50% 给予补贴。对每户企业的年科技保险费补贴最高不超过 20 万元（省科技厅、省财政厅、陕西保监局）。

（十五）创新科技保险产品和服务。积极开发首台（套）重大技术装备质量保证保险、首台（套）重大技术装备产品责任保险等险种，扩大信用保证保险在科技领域的综合性服务范围，制定和完善个性化的保险方案（陕西保监局、省科技厅）。

六　强化有利于促进科技和金融结合的保障措施

（十六）加强科技金融服务体系建设。充分发挥各类投资基金和技术创新服务机构的作用，在省科技资源中心建立集政策咨询、资产评估、法律服务、财务顾问、投资融资、成果拍卖、专业培训等功能为一体的科技金融超市和科技金融服务中心。鼓励各试点市、区采取多样化方式，建立相应的服务体系。依托高等院校和社会培训机构开展专业化培训，培养一批懂科技、懂金融、懂管理的复合型人才（省科技厅、各试点市政府和区管委会）。

（十七）加强科技和金融结合实施成效的监测评估。制订科技金融发展水平和服务能力评价指标，建立相应的统计制度和监测体系，并在监测基础上建立评估体系，对科技和金融结合实施成效进行动态评估（省金融办、省科技厅、省统计局）。

对促进科技和金融结合、支持自主创新贡献突出的相关机构和人员给予表彰（省促进科技和金融结合领导小组）。

陕西省人民政府办公厅

2012 年 12 月 7 日

陕西省科技成果转化引导基金管理暂行办法

第一章 总则

第一条 为贯彻落实《中共陕西省委 陕西省人民政府关于深化科技体制改革加快区域创新体系建设的意见》（陕发〔2012〕4号）、《陕西省人民政府关于进一步促进科技和金融结合的若干意见》（陕政发〔2012〕39号）精神，引导社会资金投资科技成果转化，根据《国家科技成果转化引导基金管理暂行办法》（财教〔2011〕289号），省政府设立陕西省科技成果转化引导基金（以下简称转化基金）。为规范转化基金管理，制定本办法。

第二条 转化基金的资金来源为省财政拨款、投资收益、社会捐赠。到2015年，省财政拨款的累计额达到5亿元人民币。

第三条 转化基金以设立创业投资子基金、科技贷款风险补偿和绩效奖励等方式，支持在我省实施的科技成果转化，促进科技创业和科技型中小企业发展。

第四条 转化基金遵循引导性、间接性、非营利性和市场化原则。

第二章 科技成果转化项目库

第五条 省科技厅联合省财政厅建立陕西省科技成果转化项目库（以下简称成果库），为转化基金的运行提供信息和项目运作支持。

第六条 成果库的建设与运行由省科技厅主管，陕西省科技资源统筹中心协助实施。

第七条 省内外企事业单位承担国家级、省级科技计划（项目）形成的科技成果直接入库；行业、部门的科技计划支持形成的科技成果，经省级主管部门审核推荐后入库；由设区市级、县级科技计划（项目）形成的科技成果，社会资金支持形成的科技成果，由县级以上科技主管部门组织专家论证后，由省级科技主管部门审查合格后入库。

第八条 外资企业、外资研发机构可直接向省科技厅申请入库，经省科技厅审核后入库。

第九条 成果库中的科技成果摘要信息，除涉及国家安全、重大社会公共利益和商业秘密外，向社会公开。

第三章 转化基金的管理与运行

第十条 转化基金的使用以陕西省科技资源统筹中心为出资人代表，

由省科技厅会同省财政厅成立转化基金管理委员会（以下简称管委会），决策转化基金使用的重大事项。

转化基金形成的收益，划入转化基金托管银行专户。

第十一条　管委会设一名主任，二名副主任、委员四名。管委会主任由省科技厅领导担任，副主任、委员由省科学技术厅和省财政厅联合选派，任期三年，可连任。

管委会办公室设在省科学技术厅，为管委会日常办事机构。

陕西省科技资源统筹中心设立转化基金管理中心，负责转化基金的经营管理等事项。

第十二条　管委会的职能主要包括：

（一）审议并批准转化基金资金使用方案，包括创业投资子基金（以下简称子基金）的设立、退出方案，科技贷款风险补偿方案和绩效奖励方案等；

（二）向创业投资子基金委派出资人代表、董事、监事或合伙人代表；

（三）审定子基金的合作投资人、科技贷款与科技保险的合作机构；

（四）审议子基金经营团队资质；

（五）审定服务转化基金、子基金科学决策的服务机构目录，包括商业银行、会计师事务所、律师事务所、管理咨询公司等；

（六）审定转化基金的管理费用与资金使用方案；

（七）审定转化基金管理中心的年度工作计划和年度工作报告等；

（八）审定转化基金的年度报告；

（九）其他决策事项。

第十三条　转化基金重大事项的决策采取民主投票制方式，一人一票，由管委会以全体委员的三分之二以上的多数通过。

投票表决的出席委员人数超过全体委员人数三分之二或以上的，投票表决有效。

委员可以、必须以书面委托函的形式委托其他委员代理投票。

第十四条　转化基金管理中心的主要职能包括：

（一）向管委会提交转化基金的资金使用方案，包括提交子基金的组建、投资与退出方案，子基金的公司章程或合伙人协议等建议；

（二）向管委会推荐子基金出资人代表；

（三）受管委会委托，管理转化基金使用形成的产权，包括股权、债权等；

（四）协助管委会遴选投资合作机构和中介服务机构；

（五）监督子基金的运营管理、投资决策、收益分配等事项的合规、合法性；

（六）负责向管委会提交子基金的年度报告；

（七）向管委会提交转化基金的年度管理费用使用方案、年度报告；

（八）承办管委会交办的其他事项。

第十五条 转化基金每年按照转化基金到位资金总额的 1% 计提管理费用。管理费用的 40% 用于保障管委会、管委会办公室的运行，其余用于保障转化基金管理中心的运行。

第十六条 管委会从金融、中介服务机构，以及研究机构聘任专家，组成咨询委员会，服务管委会科学决策。

第十七条 选聘服务机构目录中的商业银行，作为转化基金的托管银行；托管银行每月向管委会出具转化基金托管报告。

第十八条 选聘服务机构目录中的会计师事务所，对转化基金实施年度审计。

第十九条 转化基金建立公示制度。

第四章 创业投资子基金

第二十条 转化基金与社会投资人共同发起设立创业投资子基金。

子基金应依法完成相关审批、登记、备案等事项。

子基金设立后可根据条件，依程序向国家发展改革委、财政部申请"中央联合地方政府共同设立高技术创业投资基金"补助资金。

第二十一条 子基金可以采取有限合伙制、公司制和其他合法形式。

采用有限合伙制的，转化基金为有限合伙人，其他合伙人不得向转化基金追偿债务或其他偿付义务。

第二十二条 子基金的全体投资人可以一次或分次到位投资资金。

资金分次到位的顺序与数额，由全体投资人一致约定；未按约定投入资金的，视为自动退出。

若分次到位，转化基金的资金按比例到位；若另有约定，从其约定。

后到位资金的投资人不得享有先到位资金获得的收益。

第二十三条　子基金的投资资金应当专户托管于服务机构目录中的商业银行，由其出具资金托管报告。

子基金以合伙企业、公司或其他合法形式创办的法人实体，作为子基金对外投资的出资人。

子基金应当按合伙人协议、公司章程或其他协议中载明的约定，决策子基金的使用及收益分配等事项。

第二十四条　转化基金在单个子基金中的投入比例不高于子基金总额的30%，且投入金额最高不超过5000万元人民币。

第二十五条　子基金60%以上应优先投资陕西科技型中小企业，具体比例在子基金章程中约定。

子基金的投资应当符合陕西省、国家的技术政策和产业政策。

第二十六条　子基金不得从事贷款或上市股票（投资企业上市除外）、期货、房地产、证券投资基金、企业债券、金融衍生品等投资，也不得用于赞助、捐赠等支出。

子基金在存续期内不得对外提供担保、保证等，形成或有债务。

子基金的待投资金应存放银行或购买国债，不得购买高风险的理财产品。

第二十七条　子基金对单一公司或单一实际控制人控制的公司的投资额原则不超过子基金规模的30%。

第二十八条　子基金的存续期一般不超过8年；转化基金在存续期满前退出时，联合投资人有优先购买权。

第二十九条　全体投资人对子基金的投入资金和子基金投资回收的资金，应当分别专户存储，并分别托管于服务机构目录中的商业银行。

第三十条　子基金存续期产生的股权转让、分红、清算等资金，应进入子基金的托管账户，不得循环投资。

第三十一条　转化基金与合作投资人可以按照如下方式分配收益：

（一）转化基金与其他投资人按照同股同权原则，分配、共担子基金的收益与损失；

（二）若子基金出现亏损，转化基金可将收回资金的一定比例给予合作投资人风险损失补偿；

（三）转化基金与其他投资人约定的分配方式。

第三十二条　转化基金向每个子基金派驻一名出资人代表，担任子基金的董事、监事，或合伙企业顾问，在子基金中行使如下权利：

（一）参与任免子基金管理团队主要成员的决策；

（二）参与子基金的投资决策，但不参与日常管理；

（三）监督子基金投资行为的合法、合规性；

（四）查阅、复制子基金的财务账册、投资文件等经营管理文件；

（五）参与审定子基金的年度管理报告、年度财务审计报告；

（六）转化基金与其他投资人约定的其他权益。

第三十三条　子基金应当向子基金的管理团队支付子基金管理费。子基金的管理费由子基金全部投资人约定，最高不超过子基金到位投资资金总额的 2.5%；对分次到位的投资资金，应按投资资金的到位时间计算年度管理费用。管理团队应当向子基金的全体投资人报告管理费用的使用情况。

第三十四条　转化基金退出子基金或子基金清算时，若转化基金出现盈利，可对管理团队实施一次性奖励。

第三十五条　子基金应当编制季度与年度财务报告，并向子基金的全部投资人披露。

第三十六条　子基金应当在服务机构目录中选聘会计师事务所，实施年度审计。

第三十七条　子基金应当在公司章程或合伙人协议等载明本章规定的相关事项。

第五章　科技贷款风险补偿

第三十八条　省科技厅和省财政厅联合招标银行、小额贷款公司、融资性担保公司等，承办科技型中小企业的科技贷款和科技贷款担保。

转化基金设立科技贷款风险补偿资金，对银行、小额贷款公司的科技贷款的本金损失、融资性担保公司的代偿贷款的本金损失给予补偿。

第三十九条　科技贷款分为：

（一）成果库中科技型中小企业的贷款、转化成果库中科技成果发生的贷款；

（二）不在成果库中但经管委会认定的科技型中小微企业贷款。

第四十条　转化基金每年给予每家银行、小额贷款公司的科技贷款的本金损失额、融资性担保公司的代偿贷款的本金损失额的一定比例给予补偿。

第四十一条　银行、小额贷款公司、融资性担保公司向管委会提交科技贷款风险补偿申请，经审核批准后，由转化基金拨付补偿额。

第四十二条　对科技贷款业绩突出的合作银行、小额贷款公司、融资性担保公司及其个人给予表彰奖励。

第六章　绩效奖励

第四十三条　转化基金设立绩效奖励资金，对于转化科技成果作出突出贡献的企业、科研院所、高等学校、创业投资企业、金融机构、中介服务机构和个人，给予一次性资金奖励。

第四十四条　绩效奖励对象所转化的科技成果应符合如下条件：

（一）成果库中科技成果；

（二）在培育战略性新兴产业和支撑当前国家、省重点行业、关键领域发展中发挥了重要作用；

（三）未曾获得中央和地方财政用于科技成果转化方面的资金支持。

第七章　附则

第四十五条　有条件的设区市、国家级高新区，可参照本办法设立科技成果转化引导基金。

第四十六条　转化成果库中科技成果的企事业单位，优先享受本省的科技政策优惠。

第四十七条　本办法自印发之日起施行，由省财政厅会同省科学技术厅解释。

陕西省财政厅　陕西省科技厅

2013 年 1 月 30 日

陕西省科技金融中介服务机构补贴奖励实施细则

（陕科产发〔2014〕22 号）

第一条　为了引导科技金融中介服务机构丰富服务内容，创新服务方式，提高服务科技型中小企业融资能力，促进科技成果转化与推广应用，依据《陕西省科技成果转化引导基金管理暂行办法》，制订本实施细则。

第二条　本细则所称的科技金融服务中介机构（以下简称中介机构）

是指为科技型企业发展提供科技金融服务业务（如资产评估、担保、保险、风险投资、融资服务等）的中介服务机构，包括经省科技厅遴选入驻省科技资源统筹中心或设窗口的中介服务机构，各设区市科技资源统筹分中心，以及经省科技厅遴选入库为省级科技项目提供评估、审计服务的中介服务机构。

第三条　坚持客观公正、鼓励创新、分类评价的原则，以中介机构为科技型中小企业提供的服务业绩为依据，通过评价实施补贴奖励。

第四条　对中介机构的评价工作由省科技厅组织，省科技资源统筹中心协助实施。通过聘请有关专家、第三方中介机构组成评价小组，对中介机构的服务业绩进行评价。

第五条　评价通过定性和定量相结合的方式进行。定性评价通过抽查、回访、测评等方式，由被服务对象做出；定量评价根据年度科技金融服务中介机构补贴奖励评价指标体系，通过审查申报材料打分做出。

第六条　对中介机构的评价主要包括服务能力、服务业绩、科技金融工作参与程度等三方面。

（一）服务能力，指科技金融服务中介机构具备的相应从业资质，从业人员数量、职业素质和专业技能等，机构或个人获得国家、省、市或行业协会的表彰与奖励情况。

（二）服务业绩，指中介机构服务科技型企业融资的数量及服务质量，服务科技型企业所获得的收入情况，对科技型企业开展服务的费用优惠情况，以及客户满意度。

（三）科技金融工作参与程度，指中介机构针对科技型企业融资所开发的新的服务产品和服务形式；积极配合、参与省科技厅组织开展的各类融资服务、培训、金融产品推介等活动。

第七条　开展中介机构补贴奖励须递交以下材料：

1. 陕西省科技金融服务中介机构补贴奖励申请表（见附表）；

2. 业绩证明材料，一年来主要服务项目的合同和服务收入证明（发票、税票等），开展技术咨询、服务等证明材料的复印件，反映中介机构信誉和在行业内影响、实力的证明材料；

3. 申请表一式三份，业绩证明材料一式一份（用 A4 纸统一装订）。

第八条　补贴奖励工作以年度为单位，评价周期为上年 11 月至当年 10

月。申请享受补贴奖励的科技金融中介服务机构应于每年 10 月底前向省科技厅提交有关申报材料，每年 12 月底前完成评价及补贴发放工作。

第九条 补贴奖励经费主要用于中介机构为科技型企业融资开展中介服务的条件装备、数据库建设，科技项目审计评估，工作人员业务培训，以及举办各种融资对接活动等。

第十条 对有下列情形之一的中介机构不予支持：

1. 服务业绩评价不合格的；

2. 在经营过程中因造假、帮助他人造假或侵犯他人知识产权受到查处的；

3. 因从事的经营活动违法受到投诉或被诉讼，并被有关部门或司法机关查处或败诉的。

第十一条 补贴奖励经费按照"陕西省科技计划经费监督管理办法"实施监督管理。

第十二条 本细则自 2014 年 3 月 17 日起施行。

附表 陕西省科技金融服务中介机构补贴奖励申请表

考核内容	评价指标	具体内容	备注
服务能力	1. 从业人员数量（人）		
	2. 拥有本行业执业资格的员工数量（人）		
	3. 为科技型企业设计开发新产品或新业务		
	4. 本年度获得国家、省、市（区）或行业协会的表彰奖励或处罚情况		如果没有填"无"
工作业绩	5. 全年综合收入（万元）		
	6. 本年度为科技型企业提供专业咨询或为科技项目提供评估审计的数量（家）		
	7. 本年度与科技型企业签订服务合同/协议的数量（家）		
	8. 针对科技型企业的服务收费优惠情况		如果没有填"无"
	9. 合同履约率（%）		

考核内容	评价指标	具体内容	备注
科技金融工作参与程度	10. 参加省科技厅组织的各类融资对接活动的次数（次）		
	11. 承办科技金融对接活动的次数（次）		
主要业务及工作亮点			（可加页）

陕西省人民政府关于大力推进大众创业万众创新工作的实施意见

（陕政发〔2016〕10 号）

各设区市人民政府，省人民政府各工作部门、各直属机构：

为贯彻落实《国务院关于大力推进大众创业万众创新若干政策措施的意见》（国发〔2015〕32 号）、《国务院关于加快构建大众创业万众创新支撑平台的指导意见》（国发〔2015〕53 号）及《国务院办公厅关于发展众创空间推进大众创新创业的指导意见》（国办发〔2015〕9 号）精神，立足我省建设创新型省份实际，全面推进大众创业万众创新，加快推动众创、众包、众扶、众筹等新模式、新业态发展，打造发展新引擎，增强发展新动力，提出如下实施意见：

一　深化体制机制改革

（一）加快商事制度改革。采取一站式窗口、网上申报、多证联办等措施，为创业企业提供便利的工商登记服务，实行登记注册"零收费"。加快推进"三证合一""一照一码"改革，逐步实现企业设立、变更、注销等登记业务全程电子化。加快推行电子营业执照，企业设立实行"一表申报"，允许"一址多照""一照多址"、按工位注册企业（省工商局、省国税局、省地税局、省质监局、省商务厅等负责。列第一位者为牵头单位，其他有关部门或单位按职责分工负责，下同）。

（二）减免规费。对初创企业免收登记类、证照类、管理类行政事业性收费。事业单位开展各类行政审批前置性、强制性评估、检测、论证等服务并收费的，对初创企业按不高于政府价格主管部门核定标准的 50% 收取

（省财政厅、省物价局等负责）。

（三）完善市场准入制度。积极探索交通出行、无车承运物流、快递、金融、医疗、教育等领域的准入制度创新，通过分类管理、试点示范等方式，为众包、众筹等新模式新业态的发展营造良好环境。针对众包资产轻、平台化、受众广、跨地域等特点，放宽市场准入条件，降低行业准入门槛（省交通运输厅、省卫生计生委、省教育厅、省邮政局、省金融办、人民银行西安分行、陕西证监局、陕西银监局、省通信管理局按照职责分别负责）。

二 加快构建众创空间

（四）推广新型孵化模式。充分发挥陕西创新创业联盟作用，依托省科技资源统筹中心建设"创新创业工场""众创空间""新创天地"，搭建企业快速成长服务平台；依托国家级、省级高新技术产业开发区以及其他各类产业园区，围绕新兴产业链培育设立专业孵化器，改造升级传统孵化器，拓展孵化功能、增强孵化能力。到 2017 年底前建成 300 家、面积达到 500 万平方米以上的创业创新孵化平台（省科技厅、省发展改革委、省国土资源厅、省住房城乡建设厅、省质监局等负责）。

（五）培育一批创业示范园区。各地要积极争取国家小微企业创业创新基地城市示范，充分发挥战略性新兴产业集聚区、高新技术产业园区（基地）、高技能人才培养示范基地和创新型龙头企业等优势，依托现有机构或引进国内外高层次创业运营团队，各打造 1 家运行模式先进、配套设施完善、服务环境优良、影响力和带动力强的示范创业创新中心。每个市（区）至少建立 1 家以上科技企业孵化器（包括孵化大楼、孵化工场、孵化园区等），在全省加速形成"创业苗圃＋孵化器＋加速器＋产业园"阶梯形孵化体系（各设区市政府、杨凌示范区管委会、西咸新区管委会负责，省科技厅、省人力资源社会保障厅配合）。

（六）提升一批传统孵化器。建立"众创空间"孵化基地认定体系。对由省科技厅牵头组织认定的省级以上孵化器，由省科技厅给予 20 万~50 万元奖励。鼓励各级小微企业创业基地完善服务功能、提高服务质量、提升孵化水平（省科技厅、省财政厅等负责）。

三 完善公共服务功能

（七）发挥各类科技创新平台作用。充分发挥省科技资源统筹中心服务平台作用，各级政府建设的重点（工程）实验室、工程（技术）研究中心等科技基础设施利用财政资金购置的重大科学仪器设备按照成本价向创业创新企业开放。建设集创新创业联盟、创业苗圃、创客中心、种子基金、创业课堂、创业导师、商务秘书服务等于一体的、市场化运作的创新创业服务体系；支持众创空间、创业社区、孵化器等面向创业企业发展（省科技厅、省发展改革委等负责）。

（八）发展"互联网＋"创业创新服务。通过"互联网＋"整合盘活全省创业创新服务资源，加强资源共享与合作，为创业创新者提供绿色通道。推进政府和社会信息资源共享，以特许经营等方式优先支持省内企业和创业创新团队开发运营政务信息资源。发挥创业创新各类服务平台作用，定期举办创客与投资机构对接活动（省科技厅、省发展改革委、省工业和信息化厅、省委网信办、省商务厅、省质监局等负责）。

四　充分激发人才活力

（九）支持科技人员创业创新。建立更为灵活的人才管理机制，打通人才流动、使用、发挥作用中的体制障碍，最大限度支持和帮助科技人员创业创新。高等学校、科研院所职务科技成果转化收益可由重要贡献人员、所属单位约定分配，未约定的，转化收益的至少 80% 划归成果完成人及其团队所有。从事创业创新活动的业绩作为职称评定、岗位聘用、绩效考核的重要依据（省科技厅、省人力资源社会保障厅、省教育厅等负责）。

（十）建立科技人员双向流动机制。积极落实国有企事业单位科技人员离岗创业政策，对在陕转化科技成果或创办科技型中小企业、经同意离岗的可在 3 年内保留人事关系，并与原单位其他在岗人员同等享有参加职称评定、社会保险等方面的待遇；3 年内要求返回原单位的，按原职级待遇安排工作。在职科技人员在完成本职工作的基础上，经单位同意，可在不侵占职务发明、单位知识产权的前提下，采取兼职兼薪方式创业或服务企业创新。支持高校科研院所高级科研人员带领团队参与企业协同创新（省人力资源社会保障厅、省科技厅、省国资委、省教育厅等负责）。

（十一）积极吸引高端人才，鼓励大学生创业创新。完善医疗养老等社会保障和子女就学、居留居住、进出境、外汇等服务机制，吸引海外高层次人才来陕创新创业。大学生自主创业可申请最高 10 万元创业担保贷款，合伙创业可申请最高 50 万元创业担保贷款。大学生回原籍创业，可获不高于 2 万元的一次性创业补贴。加强对高校毕业生创业的管理和服务，建立健全弹性学制管理办法。鼓励教师带领或辅导学生创业，在校大学生休学创业保留 2 年学籍。对众创空间内企业招用有困难的高校毕业生，给予一次性补贴支持（省人力资源社会保障厅、省科技厅、省教育厅等负责）。

五　着力拓宽融资渠道

（十二）完善投融资机制。加快实施国家新兴产业创业投资计划，新设立一批新兴产业专业领域创业投资基金和天使基金，吸引社会资本支持创业创新，强化创业投资和天使投资基金的引导作用，鼓励基金投向早期创业创新项目。支持科技成果孵化和各类人才创业，对初创项目给予额度不超过 5 万元、期限不超过 2 年的贷款，鼓励各类基金收购和转化初创成果（省财政厅、省科技厅、省发展改革委、省教育厅等负责）。

（十三）创新金融服务模式。引导天使投资、创业投资基金等支持众创、众包、众扶、众筹平台发展，鼓励符合条件的企业在创业板、新三板等上市挂牌。对于符合要求的种子基金，省科技成果转化引导基金可采取股权投入形式予以支持（投资金额不超过基金规模的 10%，单个基金支持金额不超过 1500 万元）。到 2017 年，全省创业风险投资基金数量达到 100只以上，资金规模超过 100 亿元。拓宽创客融资渠道，鼓励银行等金融机构为创客提供个人担保贷款、知识产权质押贷款、股权质押贷款等融资服务。建立知识产权质物处置机制，对以专利权质押获得贷款并按期偿还本息的创业企业，按同期银行贷款基准利率的 30% ~ 50%（总额最高不超过 50 万元）予以贴息（省财政厅、省金融办、省科技厅、省教育厅、省知识产权局、省证监局，各设区市政府、杨凌示范区管委会、西咸新区管委会等负责）。

（十四）加大资金扶持力度。通过市场化方式引导和调动社会资本支持创业示范基地、创客天地、新型孵化器等众创空间发展。社会资本投资建设的"众创空间"孵化基地，对其相关硬件建设给予不超过 30 万元的补贴，并根据运行情况、新入驻企业的数量、获得种子基金或者天使基金投资等择优给予不超过 20 万元的奖励。对于基地内孵化项目形成的专利，给予代办费 70% 的补助（省财政厅、省科技厅、省工业和信息化厅、省教育厅、省人力资源社会保障厅、省质监局、省金融办、省知识产权局，各设区市政府、杨凌示范区管委会、西咸新区管委会等负责）。

（十五）落实税收和采购政策。全面落实小微企业、科技企业孵化器、大学科技园、研发费用加计扣除、固定资产加速折旧等各项税收优惠政策。更好地发挥政府采购支持作用，不得以注册资本金、资产总额、营业收入、从业人员数量、利润、纳税额等设置政府采购准入条件。加快推广使用电子发票，支持众创、众包、众扶、众筹平台企业和采用众包模式的中小微企业及个体经营者按规定开具电子发票，并允许将电子发票作为报销凭证（省国税局、省地税局、省财政厅、省科技厅、省工业和信息化厅等负责）。

六　积极营造发展环境

（十六）加强创业创新教育。在普通高等院校、职业学校、技工学校开设创业创新类课程，并融入专业课程和就业指导课程体系。成立"陕西创业学院"，聘任高校教师、金融机构专家、天使投资人、企业家、律师等组建"双创"认证导师团队，为"众创空间"孵化基地等提供项目咨询、诊断、评价以及法律咨询等服务。对于符合条件的科技创业导师授予陕西"众创空间"创业导师证书；每年评选全省优秀创业导师10名，分别给予1万元奖励，特别优秀的导师可给予重奖（省人力资源社会保障厅、省科技厅、省教育厅、省农业厅等负责）。

（十七）加大创业创新文化宣传力度。加强各类媒体对创业创新的新闻宣传和舆论引导，报道一批先进事迹，树立一批典型人物，让大众创业万众创新在全社会蔚然成风。积极倡导敢为人先、宽容失败的创新文化，树立崇尚创新、创业致富的价值导向，大力培育创业精神和创客文化。鼓励创业孵化机构举办创业沙龙、创业创新论坛、创业创新训练营等。继续办好西安"双创"周活动（省科技厅、省人力资源社会保障厅、省财政厅，各设区市政府、杨凌示范区管委会、西咸新区管委会等负责）。

（十八）完善知识产权环境。加大网络知识产权执法力度，进一步完善众创、众包、众扶、众筹领域的知识产权保护政策。促进在线创意、研发成果及时申请知识产权保护，运用技术手段加强知识产权执法，切实维护创业创新者权益。结合典型案例，有针对性地加强知识产权相关法律法规的宣传和培训，增强中小微企业知识产权意识和管理能力（省知识产权局牵头负责）。

（十九）鼓励地方探索先行。支持各地积极探索适应新模式新业态发展特点的管理模式，及时总结形成可复制、可推广的经验。加快推进西安全面创新改革试验和西安高新区国家自主创新示范区建设，支持省内高新技术产业开发区、经济技术开发区等园区结合各自优势加大改革力度，强化对创业创新公共服务平台的扶持，充分发挥众创、众包、众扶、众筹发展的示范带动作用（省发展改革委、省科技厅、省商务厅，相关市区政府和管委会等负责）。

七 强化组织保障体系

（二十）健全工作协调机制。建立由省发展改革委牵头，省科技厅、省人力资源社会保障厅、省教育厅、省财政厅、省工业和信息化厅、省国土资源厅、省住房城乡建设厅、省农业厅、省商务厅、省工商局、省地税局、省知识产权局、省国税局、省金融办、西安市等参加的大众创业、万众创新协调推进机制，及时研究解决有关重大事项，开展创业创新政策的调查与评估，加强统筹协调，建立相关督察机制。各地、各部门要结合实际制定具体的政策措施，明确目标任务，落实工作分工，加强协调联动，形成推进合力，扎实做好创业创新各项工作，推进大众创业、万众创新蓬勃发展。

陕西省人民政府

2016 年 3 月 20 日

图书在版编目（CIP）数据

科技金融发展的理论与实践：以陕西科技金融体系
构建为例／杨琳著. －－北京：社会科学文献出版社，
2016.12
   ISBN 978 - 7 - 5201 - 0083 - 0

   Ⅰ.①科…   Ⅱ.①杨…   Ⅲ.①科学技术－金融－研究
－陕西   Ⅳ.①F832.741

中国版本图书馆 CIP 数据核字（2016）第 296910 号

科技金融发展的理论与实践
—— 以 陕 西 科 技 金 融 体 系 构 建 为 例

著　　者／杨　琳

出 版 人／谢寿光
项目统筹／恽　薇　冯咏梅
责任编辑／冯咏梅

出　　版／社会科学文献出版社·经济与管理出版分社（010）59367226
　　　　　　地址：北京市北三环中路甲 29 号院华龙大厦　邮编：100029
　　　　　　网址：www.ssap.com.cn
发　　行／市场营销中心（010）59367081　59367018
印　　装／三河市尚艺印装有限公司

规　　格／开　本：787mm×1092mm　1/16
　　　　　　印　张：15　字　数：247 千字
版　　次／2016 年 12 月第 1 版　2016 年 12 月第 1 次印刷
书　　号／ISBN 978 - 7 - 5201 - 0083 - 0
定　　价／75.00 元

本书如有印装质量问题，请与读者服务中心（010 - 59367028）联系